RAINER W. DURING

LACHNUMMER BER

RAINER W. DURING

LACHNUMMER BER

DAS DEBAKEL UM DEN HAUPTSTADTFLUGHAFEN

EINE CHRONIK

ROTBUCH VERLAG

ISBN 978-3-86789-187-5

1. Auflage

Umschlaggestaltung: fuxbux, Berlin
Umschlagabbildung: fuxbux, Berlin unter Verwendung jeweils eines Motivs von photocase/fmatte (Landebahn) und photocase/Marc Schwarz (Flugzeug)
Druck und Bindung: CPI Moravia Books GmbH

Ein Verlagsverzeichnis schicken wir Ihnen gern:
Rotbuch Verlag
Alexanderstraße 1
10178 Berlin
Tel. 01805/30 99 99
(0,14 Euro/Min., Mobil max. 0,42 Euro/Min.)

www.rotbuch.de

INHALTSVERZEICHNIS

VORWORT

Bei »straffer Behördenarbeit« könnte der neue Flughafen der deutschen Hauptstadtregion im Jahr 2000 eröffnet werden, stellte der damalige Umweltminister und spätere Ministerpräsident Brandenburgs, Matthias Platzeck, 1991 in Aussicht. 22 Jahre nach dieser Ankündigung und 13 Jahre nach der geplanten Fertigstellung ist noch immer offen, wann der BBI, der inzwischen Flughafen Berlin Brandenburg (FBB) heißt und BER genannt wird, tatsächlich seinen vollen Betrieb aufnehmen kann.

2007, Herbst 2010, 30. Oktober 2011, 3. Juni 2012, August 2012, Oktober 2012, 17. März 2013, 27. Oktober 2013, 20?? – der Eröffnungstermin wurde nicht weniger als neunmal verschoben und der Hauptstadtflughafen vom europäischen Luftkreuz über den Groß- zum Single-Flughafen degradiert. Während Ostdeutschlands größtes Infrastrukturprojekt angesichts der Sparvorgaben der Politik immer mehr seine Zukunftsträchtigkeit verlor, ließ die nur allzu bereitwillige Übernahme immer neuer Änderungswünsche von Politikern und Airlines die Kosten explodieren, was die Steuerzahler heute teuer zu stehen kommt. Aus ursprünglich kalkulierten 1,7 Milliarden Euro werden wohl gut fünf Milliarden Euro werden. Und während in regelmäßigen Abständen darüber gestritten wurde, ob der neue Flughafen nun viel zu groß oder viel zu klein geplant werde, verloren die Führungsspitze der Flughafengesellschaft und ihr von den Landesherren geführtes

Aufsichtsgremium immer mehr den Überblick und übersahen, dass auf der Großbaustelle mangels ausreichender Koordination längst das Chaos herrschte.

Der Einreisebeamte am Flughafen von Las Vegas blickt in den Reisepass des Besuchers aus Germany, dann hebt er den Kopf mit einem mitleidigen Lächeln und sagt mitfühlend in fließendem Deutsch: »Aus Berlin kommen Sie, der Stadt, die ihren Flughafen nicht fertig bekommt.« Dort in Nevada ist das neue Terminal gerade termin- und budgetgerecht fertiggestellt worden. Während man sich rund um den Globus über die Hauptstadtregion amüsiert und nach der legendären Präzision der deutschen Ingenieure fragt, endet der Kommentar von Berlins Regierendem Bürgermeister Klaus Wowereit (SPD) zu jeder neuen Pleite mit der Aussage, dass der seit Jahren dümpelnde Hauptstadtflughafen eine »Erfolgsgeschichte« sei und die ständig steigenden Mehrausgaben – jeder Monat kostet den Steuerzahler allein für den Unterhalt der Gebäude und Anlagen nach unterschiedlichen Angaben bis zu 40 Millionen Euro – »gut angelegt« wären. Während längst der abgewandelte Ulbricht-Spruch die Runde macht, dass niemand die Absicht habe, einen Flughafen zu bauen, gibt der Airport sogar den Hamburgern Auftrieb, die selbst mit dem Bau der Elbphilharmonie gebeutelt sind. In der Hansestadt ist längst die Rede davon, dass man es schaffen will, dort noch ein Benefizkonzert für den unfertigen BER zu geben.

Ein wirklich aktuelles Buch über das Drama um den neuen Berliner Flughafen zu schreiben, ist angesichts dieser »Neverending Story« ein unmögliches Unterfangen. So muss sich auch dieses Werk darauf beschränken, an einem Punkt zu enden, an dem die Geschichte noch lange nicht ihr Ende erreicht hat. Nach Redaktionsschluss soll ein neuer Zeitplan für die Fertigstellung und Inbetriebnahme des Airports verkündet werden, ob er diesmal eingehalten werden kann, wird die Zukunft zeigen.

Doch allein die bisherige Geschichte ist ebenso spannend wie unglaublich. Sie zeichnet das erschreckende Bild, wie in fast einem Vierteljahrhundert aus einer weitsichtigen Idee eines der größten Chaosprojekte in der Geschichte der Bundesrepublik wurde. Die Entwicklung des BER ist geprägt von Pleiten, Pech und Pannen und verdeutlicht, wie sich Politiker, statt im Interesse der Region an einem Strang zu ziehen, im parteipolitischen Geklüngel verlieren und letztendlich gemeinsam mit ebenso eitlen wie vom Alltagsgeschehen abgerückten Flughafenchefs den Überblick verlieren. Wann immer der BER auch in Betrieb geht, wird er bereits wieder an den Grenzen seiner Kapazität liegen, längst hätte mit der Planung der ersten Erweiterung begonnen werden müssen, für die noch nicht einmal die erforderlichen Vorkehrungen getroffen wurden.

Rainer W. During im September 2013

PROLOG – DIE AUSGANGSLAGE

Berlin, 1988. Nach dem Ende des Zweiten Weltkrieges wurde die im Herzen der Sowjetischen Besatzungszone liegende Hauptstadt Berlin von den Siegermächten in vier Sektoren geteilt. Ostberlin, der sowjetische Sektor, bildet die Hauptstadt der DDR, das seit 1961 eingemauerte Westberlin setzt sich aus dem amerikanischen, britischen und französischen Sektor zusammen. Im Westsektor haben noch immer die Stadtkommandanten der drei Westmächte die Oberhoheit, machen davon aber nur noch selten Gebrauch. Nur beim Luftverkehr, dem einzigen nicht von der DDR und der Sowjetunion kontrollierten Zugangsweg, gelten nach wie vor die Bedingungen, die von den Alliierten 1946 ausgehandelt wurden. Danach führen drei jeweils 32 Kilometer breite Luftkorridore, deren Nutzung nur Luftverkehrsgesellschaften aus Frankreich, Großbritannien und den Vereinigten Staaten gestattet ist, von Hamburg, Bückeburg und Frankfurt am Main aus zur Berliner Kontrollzone, die sich um das alliierte Kontrollratsgebäude im Kleistpark erstreckt. In diesem befindet sich als letzte Viermächteeinrichtung noch das Berlin Air Safety Center (BASC), von dem alle Flüge freigegeben werden müssen.

In Westberlin gibt es in jedem der drei Sektoren einen Airport: den Zentralflughafen Tempelhof im amerikanischen, den reinen Militärflugplatz Gatow im britischen und den während der Berlin-Blockade für die Luftbrücke gebauten Flughafen Tegel im französischen Sektor. Alle drei Plätze dürfen nur von

Luftverkehrsgesellschaften der drei Westmächte angesteuert werden. Für den Ostberliner Flughafen Schönefeld gelten diese Beschränkungen nicht, weil er außerhalb des Stadtgebietes liegt. Deshalb dürfen ihn alle Airlines einschließlich der DDR-Fluggesellschaft Interflug benutzen. Eine Tatsache, von der aber nur wenige westliche Luftverkehrsgesellschaften Gebrauch machen. Nach Schönefeld führt eine einzige Luftstraße, sie überquert die DDR in Nord-Süd-Richtung von der Ostsee bis zur tschechoslowakischen Grenze mit einem Abzweig nach Osten.

Seit einem Jahr nimmt der Flugverkehr von und nach Westberlin einen gewaltigen Aufschwung. Immer mehr alliierte Luftverkehrsgesellschaften wollen die Stadt anfliegen. Das Passagieraufkommen steigt um 14,7 Prozent auf 5,27 Millionen. Während in Tempelhof neben den Militärflügen der USA nur noch ein bescheidener Regionalverkehr stattfindet, nutzt das Gros der Reisenden das 1974 eröffnete Terminal in Tegel-Süd, dessen Kapazität bei 5,5 Millionen Fluggästen pro Jahr liegt.

Vor diesem Hintergrund beschließt der schwarz-gelbe Senat unter dem Regierenden Bürgermeister Eberhard Diepgen (CDU) am 13. Januar 1988, den Flughafen Tegel in drei Stufen auszubauen. Binnen sieben Monaten entstehen durch den Umbau der nach einem Raketenforscher benannten Nebel-Halle neben der Haupthalle weitere Abfertigungspositionen. Bis 1989 soll der westlich der Zufahrt gelegene Parkplatz P 2 überbaut werden. Ferner sind die Aufstellung von Bürocontainern für die Airlines und zusätzliche Flugzeugabstellplätze geplant. Und bis zum Ende des Jahres 1991 soll für 230 Millionen D-Mark ein zweites Terminal entstehen, um die Kapazität auf acht Millionen Passagiere zu erhöhen. Doch bereits zu diesem Zeitpunkt läuft es nicht wie geplant. In den folgenden Monaten lehnt das Bezirksamt Reinickendorf als zuständige Baugenehmigungsbehörde wiederholt die zweite Ausbauphase ab.

Im Januar 1989 finden in Westberlin Abgeordnetenhauswahlen statt. Überraschend ergibt sich eine Mehrheit für die SPD und die Alternative Liste. Obwohl die Passagierzahlen weiter steigen und in diesem Jahr allein in Tegel 5,89 Millionen Reisende gezählt werden, beschließt der neue rot-grüne Senat unter dem Regierenden Bürgermeister Walter Momper (SPD), den weiteren Ausbau von Tegel zu stoppen und das Volumen des Westberliner Luftverkehrs auf das Niveau von 1987 zurückzufahren. Das führt zu heftigen Kontroversen, nicht nur mit der Berliner Flughafen-Gesellschaft und deren Aufsichtsrat. Die Forderung des Senats nach einer Reduzierung von Flügen wird von den bei den jeweiligen Botschaften in Bonn angesiedelten alliierten Zivilluftfahrtattachés als Genehmigungsbehörde ignoriert und von der Bundesregierung als Vernachlässigung der Berliner Interessen bezeichnet. Auf Drängen des französischen Stadtkommandanten – für Flugsicherung und Flugbetriebsflächen in Tegel ist die Armée de l'Air verantwortlich – muss der Senator für Bau- und Wohnungswesen, Wolfgang Nagel (SPD), das Bezirksamt Reinickendorf im Rahmen der Dienstaufsicht anweisen, die Einrichtung von drei zusätzlichen Flugzeugabstellplätzen zu genehmigen.

Zwar hatte US-Präsident Ronald Reagan den Generalsekretär des Zentralkomitees der KPdSU, Michail Gorbatschow, bereits 1987 in seiner legendären Rede vor dem Brandenburger Tor aufgefordert: »Reißen Sie diese Mauer nieder!«, doch trotz des von Gorbatschow mit der Perestroika eingeleiteten Endes des Kalten Krieges kommt noch niemand auf die Idee, dass die Mauer tatsächlich bald fallen könnte. Am 4. April 1989 meldet sich David Anderson mit einem aufsehenerregenden Gastkommentar in der Westberliner Tageszeitung *Volksblatt* zu Wort. Der ehemalige US-Diplomat, der 1971 zur amerikanischen Delegation bei der Ausarbeitung des Vier-Mächte-Abkommens über Berlin gehörte, war von 1978 bis 1981 ziviler Gesandter der amerikanischen Militärregierung in Berlin und somit stellvertretender Stadtkommandant. Er hat gerade die Leitung der Berliner Dependance des Aspen Institute übernommen, einer internationalen, gemeinnützigen Organisation zur Förderung der wertebasierten Führungsqualitäten, zur Pflege zeitloser Ideen und beständiger Werte sowie für einen offenen Dialog über Fragen der Zeit. Er präsentiert weitsichtig den damals nur auf den ersten Blick noch unrealistisch wirkenden Vorschlag, einen neuen Großflughafen für beide Teile Berlins auf DDR-Gebiet zu bauen.

Er sei anlässlich des 40. Jahrestages der Luftbrücke, bei der die Westmächte Westberlin während der sowjetischen Blockade 1948/49 ausschließlich per Flugzeug versorgten, zu dem Schluss gekommen, dass die Rahmenbedingungen für die zivile Luftfahrt in Berlin nicht mehr den Anforderungen der Stadt gerecht werden: »Wenn die Stadt ihr Luftfahrtproblem nicht sehr bald löst, dann wird Berlin den Anschluss verlieren – und zwar nicht nur auf diesem speziellen Gebiet«, begründet Anderson (gestorben 1997) seine These. Dabei geht es ihm nicht nur um die Bewältigung des permanent steigenden Passagieraufkommens, er hat auch die Bedeutung des Standortes als ideales Drehkreuz für den Nord-Süd- ebenso wie für den Ost-West-Verkehr erkannt. Ost- und Westberlin, so seine Überzeugung, brauchten als Großstädte noch vor dem Jahr 2000 einen neuen Großflughafen.

Der neue Airport, so Andersons Vorschlag, solle am Rande der Stadt gebaut und durch ein Hochgeschwindigkeitseisenbahnsystem für Passagiere, Gepäck und Fracht mit dem östlichen ebenso wie mit dem westlichen Stadtzentrum verbunden werden. In der Diskussion ist ein unkontrollierter Korridor nach dem Beispiel des Flughafens Basel-Mülhausen, der auf französischem Gebiet liegt, von der Schweiz aus aber über eine zollfreie Straße erreichbar ist. Auch einen möglichen Standort kann der Ex-Diplomat, ein exzellenter Kenner der speziellen Situation Berlins, bereits nennen: den noch von den sowjetischen Militärs genutzten Flugplatz Oranienburg nördlich der Stadt.

Die Erweiterung der Anlagen sowohl in Tegel als auch in Schönefeld stellt für Anderson keine Alternative dar. Sinnvoller ist es aus seiner Sicht, angesichts der immensen Kosten, die Mittel gleich in den Bau eines Flughafens zu investieren, der auch den zukünftigen Anforderungen Berlins gerecht wird. Dieser soll parallel zum Fortbestand der alliierten Lufthoheit entstehen und – so wie Schönefeld – nicht unter deren Beschränkungen fallen. Die beiden alten Plätze sollen für Notfälle im kommerziellen Luftverkehr, Tegel zudem für Militärflüge der drei Westmächte, erhalten bleiben. Auch die Luftkorridore und deren Kontrolle durch die alliierte Luftsicherheitszentrale will Anderson nicht antasten, um den freien Zugang von und nach Westberlin auch weiterhin zu gewährleisten. Die Flugplätze Gatow und Tempelhof dagegen könnten dann geschlossen werden, hält er fest. Das würde viele Berliner vom Fluglärm entlasten, Sicherheitsrisiken ausschließen und Westberlin neue Areale für den Wohnungsbau liefern.

»Die Ost-West-Beziehungen ändern sich, und da sollte die Ausarbeitung von praktischen Lösungen und Vereinbarungen die Klugheit von intelligenten Diplomaten und von Luftfahrt- und Transport-Experten nicht überfordern«, so Anderson, der somit zu Recht als Urvater des Gedankens an den Flughafen Berlin Brandenburg betrachtet werden kann. Auch mit der Mentalität der Westberliner, die nach dem Mauerfall den Weg nach Schönefeld als zu weit ablehnen werden, setzt sich der Aspen-Direktor auseinander: »Ich höre meine Westberliner Freunde schon darüber klagen, dass die Anreise per Bahn aus der City zum neuen Flughafen zu lange dauern würde, dass der Weg zu unbequem wäre und zu sehr abhängig vom Einfluss der DDR und/oder Sowjetunion. Meine Antwort ist: Diese Stadt darf nicht statisch bleiben, sie muss vielmehr ständig modernisiert werden, sie muss die Zukunft mutig bewältigen und also zum Vorteil aller Berliner jene Vorteile nutzen, die sich aus dem veränderten politischen Klima ergeben.«

Interessant ist, dass bei den Reaktionen des rot-grünen Senats auf die Vorschläge Andersons die wirtschaftliche Bedeutung des Luftverkehrs für die Stadt keine Rolle spielt. Der damalige Wirtschaftssenator Horst Wagner (SPD, gestorben 2011) bezeichnet die Idee als »beachtenswert« und »sehr lobenswert« vor dem Hintergrund der Koalitionsvereinbarung, den Flugverkehr in Tegel zurückzuschrauben. Michael Cramer, Abgeordneter der Alternativen Liste und heute für die Grünen im Europäischen Parlament, spricht dagegen von einem »sinnlosen Großprojekt«.

Vier Tage später schießen DDR-Grenzsoldaten am innerstädtischen Grenzübergang Chausseestraße auf einen Flüchtling, Andersons Thesen scheinen ihrer Zeit weit voraus. Doch nur fünf Monate später beginnen in Leipzig die Montagsdemonstrationen für eine politische Neuordnung, die sich rasend schnell auf die gesamte DDR ausdehnen und zu einer friedlichen Revolution werden. Am 9. November führt die von Politbüromitglied Günter Schabowski verkündete Reisefreiheit zuerst zum Ansturm der DDR-Bürger auf die Grenzen und schließlich zum Fall der Mauer. Die schnelle Wiedervereinigung Deutschlands steht zwar noch in den Sternen, doch schon im Dezember vereinbaren Bundeskanzler Helmut Kohl (CDU) und DDR-Ministerpräsident Hans Modrow (SED) bei einem Treffen in Dresden die Aufnahme von Luftverkehrsverhandlungen, die den freien Zugang zum Westberliner Flughafen Tegel außerhalb der alliierten Luftkorridore für alle Airlines einschließen sollen.

Erneut gibt es weitsichtige Fachleute, die die Zeichen der Zeit für den Berliner Luftverkehr erkennen. Bereits am 19. Januar 1989 bitten sie zu einer Pressekonferenz am DDR-Flughafen Schönefeld: Heinz Ruhnau, der sich als Vorstandsvorsitzender der Deutschen Lufthansa vehement dafür einsetzt, dass die Lufthansa wieder nach Berlin fliegt, sowie Klaus Henkes, stellvertretender Verkehrsminister der DDR und Generaldirektor der Fluggesellschaft Interflug, die auch die Flughäfen und die zivile Flugsicherung der DDR betreibt. Auch sie gehen noch von einer Ausweitung des Gesamtberliner Flugverkehrs parallel zu den fortbestehenden Hoheitsrechten der Alliierten aus. Beides ist »durchaus nebeneinander machbar«, verkündet Henkes.

Was die schnelle Entwicklung des Luftverkehrs betrifft, haben die beiden Airline-Chefs unterschiedliche Auffassungen. Während Henkes bis zum Jahr 2005 mit 20 Millionen Berlin-Passagieren rechnet, geht Ruhnau bereits von 30 Millionen Reisenden aus (tatsächlich wurden 2005 dann 17,1 Millionen Fluggäste in Tegel, Schönefeld und Tempelhof gezählt, den Löwenanteil davon hatte mit 11,5 Millionen Tegel zu tragen). Eine neue Luftstraße soll südlich der alliierten Luftkorridore von Hof nach Fürstenwalde führen und von dort über Frankfurt/Oder an die Transsibirienroute nach Fernost anschließen. Gemeinsam, so kündigen Ruhnau und Henkes an, wolle man auch nach einem geeigneten Standort für einen neuen Flughafen suchen, für den sie bereits den Namen »Berlin International« prägen. Im Gegensatz zu David Anderson vertreten sie erstmals die Auffassung, dass dieser voraussichtlich südlich der Stadt liegen müsste, um dichter besiedelte Gebiete nicht mit Fluglärm zu belasten. Der privatwirtschaftlich finanzierte Bau soll 1995 beginnen.

1. DIE LANGE SUCHE NACH DEM SCHLECHTESTEN STANDORT

Wenige Tage nach dem gemeinsamen Vorstoß von Ruhnau und Henkes wird die Politik aktiv – und damit beginnt der erste Teil des Flughafendramas. Am 23. Januar 1990 beschließt der Berliner Senat zu prüfen, »ob innerhalb der nächsten zehn bis zwölf Jahre« ein neuer Großflughafen außerhalb der Berliner Stadtgrenzen in der DDR gebaut werden soll. Sollte man sich dafür entscheiden, so heißt es, sollen die Flughäfen Tempelhof, Tegel und Schönefeld geschlossen werden. Doch zunächst einmal müssen die vorhandenen Plätze den neuen Andrang bewältigen, der nach dem Mauerfall eingesetzt hat.

Der rot-grüne Senat unter dem Regierenden Bürgermeister Walter Momper (SPD) lehnt einen weiteren Ausbau des Flughafens Tegel kategorisch ab. Doch auf der Aufsichtsratssitzung der (West-)Berliner Flughafen-Gesellschaft (BFG) am 24. Januar kann sich das Land nicht durchsetzen. Mehrheitlich wird beschlossen, den Parkplatz P2 – wie seit zwei Jahren geplant – mit einer Terminalerweiterung zu überbauen. Bausenator Wolfgang Nagel (SPD) müsse das Bezirksamt Reinickendorf anweisen, den zuvor abgelehnten Bauantrag zu genehmigen, sagt BFG-Geschäftsführer Robert Grosch und droht andernfalls mit dem Gang zum Verwaltungsgericht. Gut zwei Monate lässt sich Nagel mit seiner Anweisung Zeit, im Juli erteilt dann Reinickendorf endlich die Genehmigung. Durch die fast zweieinhalbjährige Blockade verteuert sich das Projekt um rund fünf Millionen D-Mark.

Indessen beginnt am 12. Juli 1990 eine Arbeitsgruppe, welcher Vertreter der Verkehrsministerien der Bundesrepublik und der DDR, diverser Senatsverwaltungen, des Potsdamer Amtes für Territorialentwicklung, der BFG und der noch als Betreiber von Schönefeld fungierenden Interflug angehören, mit der Suche nach dem Standort für einen möglichen neuen Airport. Im Vorfeld soll aber erst einmal der Flughafen Schönefeld bis Ende 1991 erweitert werden. Geplant wird der Bau eines neuen Terminals, mit dem Ziel, die Kapazität auf sechs Millionen Passagiere zu verdoppeln. 200 bis 250 Millionen D-Mark sind für das Projekt veranschlagt, das dann wieder auf Eis gelegt wird. Stattdessen werden für rund 100 Millionen D-Mark das bestehende Terminal modernisiert sowie die Hauptstart- und Landebahn erneuert. Noch 1990 wird die Betriebsgesellschaft als Flughafen Berlin Schönefeld GmbH (FBS) aus der Interflug ausgegliedert.

Mit dem Tag der Deutschen Einheit am 3. Oktober 1990 und dem zweieinhalb Wochen später in Kraft tretenden Winterflugplan setzt ein neuer Luftverkehrs-Boom ein. Nicht nur die Lufthansa und andere bundesdeutsche Fluggesellschaften zieht es nach Berlin, Airlines aus ganz Europa nehmen Kurs auf die wiedervereinte Stadt. Die Mehrheit landet in Tegel, der Regionalverkehr wird in Tempelhof gebündelt. Am 2. Dezember 1990 finden die ersten Gesamtberliner Wahlen statt, bei denen die CDU wieder stärkste Partei wird. Es kommt zur großen Koalition unter dem Regierenden Bürgermeister Eberhard Diepgen.

Im Februar 1991 wird im sächsischen Schkeuditz ein in nur vier Monaten erstellter vierstufiger Masterplan zum Ausbau des Flughafens Leipzig/Halle vorgestellt. In der Hauptstadtregion macht drei Monate später zumindest der damalige brandenburgische Umweltminister Matthias Platzeck (seinerzeit Bündnis 90) Druck. Angesichts der »dramatischen Entwicklung« im Luftverkehr sei ein neuer Großflughafen »unausweichlich« und könne bei »straffer Behördenarbeit« im ersten Bauabschnitt bis zum Jahr 2000 realisiert werden, so der Politiker. Am 10. Mai 1991 einigen sich die Länder Berlin und Brandenburg darauf, drei von ursprünglich 53 geprüften Standorten in die engere Wahl zu ziehen: Schönefeld-Süd, die Genshagener Heide bei Großbeeren sowie den noch von der russischen Luftwaffe genutzten Militärflugplatz in Sperenberg. Alle drei seien »zügig realisierbar« und könnten bis zur Olympiade 2000 (um die sich Berlin damals beworben hatte) betriebsbereit sein, erklärt Brandenburgs Verkehrsminister Jochen Wolf (SPD).

Der Deutschen Bundesbahn, der Lufthansa und Daimler Benz geht das alles zu langsam. Sie beklagen drei Wochen später »Kompetenzgerangel« sowie »Bürokratie« und fordern mit Hinweis auf den Schub, den der Luftverkehr für die Anziehungskraft der Region bedeutet, »überfällige Entscheidungen« ein. Der neue Flughafen müsse südlich von Berlin liegen und über drei Start- und Landebahnen verfügen, heißt es. Erstmals wird Kritik an Schönefeld-Süd laut. Begrenzte Flächenreserven, Fluglärmbelastung, die Beeinträchtigung bedeutender Naturschutzgebiete sowie die kritische Hindernissituation ließen den Standort als ungeeignet erscheinen, so Lufthansa Consulting.

Doch aufseiten der Politik werden erst einmal weitere potentielle Flughafengebiete diskutiert. Der in Mecklenburg-Vorpommern beheimatete Bundesverkehrsminister Günther Krause (CDU) bringt den Militärflughafen Parchim ins Gespräch, der mit Berlin durch eine Transrapidstrecke verbunden werden soll. Mit der Idee findet er auch Unterstützung bei Forschungsminister Heinz Riesenhuber (CDU). Die Stadt Jüterbog bringt sich ebenfalls als möglichen Standort ins Gespräch.

Zunächst wird jedoch, wie gehabt, an einer Erweiterung des alten Flughafens Schönefeld geplant. Dafür hat der FBS-

Aufsichtsrat bereits am 25. November 1991 den Kauf von Grundstücken östlich der vorhandenen Gebäude beschlossen. Am 18. Dezember kommen BFG und FBS unter das gemeinsame Dach der neugegründeten Berlin Brandenburg Flughafen Holding (BBF). Die Betreibergesellschaft der Pariser Flughäfen, Aéroport de Paris (AdP), erhält am 3. März 1992 den Auftrag, für fünf Millionen Mark einen Masterplan für Schönefeld anzufertigen und stellt ein Vierteljahr später ein Modell der geplanten Anlage vor. Doch schon im Dezember 1992 werden die Pläne auf Eis gelegt, und es ist nur noch von einem abgespeckten Ausbau die Rede. Im Westen des bestehenden Abfertigungsgebäudes soll jetzt das Terminal-West mit einer Jahreskapazität von 4,5 Millionen Passagieren entstehen. Die FBS-Geschäftsführung hat aber bereits von der Brandenburger Landesentwicklungsgesellschaft für teures Geld die Flächen des sogenannten »Baufeld Ost« kaufen lassen. Rund 500 Millionen D-Mark sind in den märkischen Sand gesetzt worden.

Im Mai 1991 kommt die kuriose Idee auf, wesentliche Teile des neuen Airports unterirdisch zu bauen. Nicht nur Autobahn und Bahntrasse sollen in einem Tunnel enden, auch das Terminal soll unter die Erde verlegt werden. Lediglich die Start- und Landebahnen müssten zwangsläufig oberirdisch angelegt sein und könnten sogar mit der Abwärme der unterirdischen Gebäude beheizt werden, so der Vorschlag. Damit ließen sich sowohl der Flächenbedarf als auch die ökologische Belastung durch den Flughafenbau minimieren. Fachleute geben zu bedenken, dass sich die Baukosten um rund 20 Prozent erhöhen würden.

Im Juni 1991 gibt Umweltminister Platzeck bekannt, dass fast alle betroffenen Minister, Landräte und Bürgermeister den Standort Sperenberg bevorzugen und sich auch 76 Prozent der Sperenberger selbst für den Bau des Großflughafens in der strukturschwachen Region ausgesprochen haben. Man verspricht sich wirtschaftlichen Aufschwung im Gebiet südlich von Zossen, das bisher von Investoren eher gemieden wurde. Als Vorteil gilt auch, dass das riesige Areal nach dem Abzug der russischen Luftwaffe ohnehin in den Bundesbesitz übergeht. Schönefeld-Süd und die Genshagener Heide würden dagegen im direkten Erweiterungsbereich Berlins liegen, heißt es. Und innerhalb des Berliner Autobahnringes boomt die Wirtschaft ohnehin. »Ich könnte auch mit Sperenberg leben«, sagt Platzeck und betont, dass der neue Flughafen bei einem Baubeginn »frühestens 1995« im Jahr 2000 in Betrieb gehen könnte. Berlins Verkehrssenator Herwig Haase (CDU) habe bereits zugestimmt, dass Schönefeld, Tempelhof und Tegel dann geschlossen würden, so der Minister.

Verkehrsminister Wolf (SPD) geht davon aus, dass der Airport mit einem Shuttle-Verkehr aus dem Zentrum der Hauptstadt binnen 30 Minuten erreicht werden kann. Er kündigt an, dass Raumordnungsverfahren und Umweltverträglichkeitsprüfung für alle drei Standorte noch vor der Sommerpause des Landtages auf den Weg gebracht und »frühestens 1992« abgeschlossen werden.

Einen Monat später stellt Platzeck nach einer Ortsbesichtigung in Sperenberg den Standort angesichts der wertvollen Naturräume schon wieder in Frage. »Ich halte Sperenberg von der Umweltverträglichkeit her nicht für optimal«, sagt er bei der anschließenden Diskussion mit Einwohnern in der Gaststätte *Zum Märkischen Landmann*. Doch die Anwesenden wollen den Großflughafen.

Am 21. August stellt ein internationales Expertenteam unter Federführung der Planungsgruppe Lahmeyer in Potsdam ein Gutachten vor. Es empfiehlt, ein Raumordnungsverfahren für die Standorte Jüterbog-Ost und -West, den Truppenübungsplatz Lehnin bei Borkheide sowie ein Gelände bei Michendorf einzuleiten. Sperenberg wird ebenso wie das nördlich von Berlin gelegene Hennigsdorf aus Gründen des Naturschutzes abgelehnt. Hinsichtlich des alternativen Maximalausbaus von

Schönefeld werden größte Bedenken im Hinblick auf Lärmschutz, Kapazität und Sicherheit geäußert. Brandenburgs Umwelt-Staatssekretär Paul Engstfeld (CDU) erklärt, dass die Landesregierung ihre Standortentscheidung nach Abschluss des Raumordnungsverfahrens im Sommer 1993 treffen werde und der Probebetrieb des neuen Flughafens im Dezember 1999 beginne.

Der Airport soll nach der aktuellen Planung über vier paarweise angeordnete Start- und Landebahnen mit dem dazwischen liegenden Terminal verfügen. Denn die Lahmeyer-Prognose sieht für das Jahr 2010 rund 35 Millionen Passagiere vor (tatsächlich werden es 22,3 Millionen sein). Aus Sicht von Brandenburgs Wirtschaftsminister Walter Hirche (FDP) haben alle vier Standorte die gleichen Chancen. Bis zum September soll die BBF-Geschäftsführung entscheiden, ob sie das Gutachten akzeptiert und für welche Standorte sie ein Raumordnungsverfahren beantragt. »Es sollte bis Mitte 1993 beendet sein, damit dann eine rasche Entscheidung getroffen werden kann«, sagt Brandenburgs Ministerpräsident Manfred Stolpe (SPD).

Berlins Regierender Bürgermeister Eberhard Diepgen (CDU) betont prompt, dass er Schönefeld-Süd auch weiterhin für eine »prüfenswerte Alternative« halte. Schützenhilfe bekommt er von seinem Parteifreund Günther Krause, der seine Parchim-Initiative mittlerweile aufgegeben hat. Anlässlich der entscheidenden Aufsichtsratssitzung am 4. September fordert der Bundesverkehrsminister vehement den Ausbau von Schönefeld. Nur hier seien die für den Berliner Flugverkehr dringend benötigten Kapazitäten sowohl kurz- als auch langfristig zu realisieren, und es sei auch keine neue Straßen- oder Schienenanbindung nötig. Zu einer Entscheidung kommt es nicht, und Brandenburgs Finanzminister Klaus-Dieter Kühbacher (SPD) wirft der Berliner Seite vor, den Bau des Großflughafens bewusst zu verzögern. Anfang September beschließen

Stolpe und Diepgen die Gründung einer interministeriellen Arbeitsgruppe unter Vorsitz von Wirtschaftsminister Hirche, die alle offenen Fragen klären soll.

Damit ist die Zeitplanung zum ersten Mal hinfällig. Am 20. Januar 1993 muss Hirche einräumen, dass sich der Baubeginn um drei Jahre auf 1998 verschieben werde. Ein Eröffnungstermin kann nach seinen Worten nicht genannt werden, da die Inbetriebnahme auch vom Ausgang eventueller Gerichtsverfahren abhängig ist. Auch die »Atmosphäre zwischen den drei Gesellschaftern der Flughafenholding« spiele eine Rolle, so der Minister. Denn in diesem Punkt ist die Lage nach wie vor gespannt. Berlin setzt auf Schönefeld, Brandenburg auf einen weiter südlich gelegenen Standort. Und während sich beide Länder einig sind, die bestehenden Flughäfen dann zu schließen, befürwortet der Bund inzwischen ein System von mehreren Plätzen. Im Potsdamer Landtag ist die Rede davon, dass der neue Flughafen frühestens 2004 ans Netz gehen könne.

Eine Woche später beschließt der Aufsichtsrat der BBF, nun doch erst einmal den Flughafen Schönefeld auszubauen. 1994 soll mit der Errichtung des dreigeschossigen Terminals West begonnen werden. Es sind eine Ankunfts- und zwei Abflugebenen vorgesehen, sechs Fluggastbrücken und sieben Außenpositionen. Die Kosten werden auf 278 Millionen D-Mark beziffert, dazu kommen weitere 126 Millionen D-Mark für Außenanlagen. Der Neubau soll 1996 in Betrieb gehen und die Kapazität des Airports von 4 auf 8,5 Millionen Reisende pro Jahr erhöhen. Es ist geplant, ihn erst nach Eröffnung des neuen Flughafens einer alternativen Nachnutzung beispielsweise als Messehalle zuzuführen.

Gleichzeitig vergrault die Politik die erste Luftverkehrsgesellschaft, die sich neu in Berlin ansiedeln möchte. Aus dem innerdeutschen Verkehr von British Airways war nach der Vereinigung auf Basis der Friedrichshafener Regionalfluggesellschaft Delta Air die Deutsche BA entstanden, die 1992 den Flugbetrieb aufnahm. Ihre Zentrale will die neue Airline am Flughafen Tegel errichten. Da der Airport aber nach dem Willen des Berliner Senats nicht mehr ausgebaut werden soll, ist eine Unterbringung der Büros nur in Containern möglich. Sogar damit ist der damalige Deutsche-BA-Geschäftsführer Richard Heideker einverstanden. Nur Bausenator Wolfgang Nagel (SPD) meldet Bedenken an und will prüfen, ob nicht auch das Aufstellen der Container einen Ausbau bedeutet, dem man eine Genehmigung versagen muss. Den folgenden Machtkampf mit dem Regierenden Bürgermeister gewinnt der Sozialdemokrat, indem er auf Anweisung Diepgens zwar die Aufstellung der Bürocontainer erlaubt, diese aber von einem Verzicht der Fluggesellschaft auf eine Ausweitung des Flugverkehrs in Tegel abhängig macht. Im November 1993 teilt die Deutsche BA mit, dass sie sich für den Standort München entschieden habe.

Mit rund einem Dreivierteljahr Verspätung kommt der unter dem Vorsitz von Minister Hirche stehende Aufsichtsrat der BBF am 28. Juni 1993 endlich zur Sache. Sieben Standorte stehen zur Diskussion, Borkheide, Jüterbog-West, Michendorf und Tietzow wurden aussortiert. Für die drei favorisierten Alternativen Jüterbog-Ost, Schönefeld-Süd und Sperenberg soll bis spätestens Februar 1994 das Raumordnungsverfahren (ROV) beantragt werden. Zuvor sind noch vertiefende Untersuchungen geplant, die man im August auf einer Konferenz der Potsdamer Raumordnungsbehörde erörtern will, um eventuell noch einen Standort auszuschließen. Der Zeitplan sieht jetzt vor, das ROV bis zum Oktober 1994 abzuschließen. Dann könnte sich von 1995 bis Herbst 1997 das Planfeststellungsverfahren anschließen.

BBF-Geschäftsführer Manfred Hölzel bezeichnet einen Baubeginn Ende des Jahres 1998 als »ein sehr ehrgeiziges Ziel«, das nur zu erreichen sei, wenn es keine Gerichtsprozesse gebe.

Als Voraussetzung für einen attraktiven Airport nennt er die Schließung der Alt-Flughäfen und die Gewährleistung eines 24-Stunden-Betriebs. Sein Geschäftsführungs-Kollege Knut Henne sagt, die erste Baustufe mit zwei Start- und Landebahnen und einer Jahreskapazität von 30 Millionen Passagieren könnte 2004 in Betrieb gehen. In der zweiten Baustufe sind dann zwei weitere Runways sowie eine Verdoppelung der Kapazität vorgesehen. Denn die Lahmeyer-Erwartung von 30 Millionen Fluggästen im Jahr 2010 ist laut Henne eine »sehr vorsichtige Prognose«, da andere Schätzungen von bis zu 48 Millionen Passagieren ausgehen.

Längst wird die Standortsuche für den neuen Flughafen durch einen Nebenkriegsschauplatz aus den Schlagzeilen verdrängt. Hat doch der Kauf des inzwischen nutzlosen Baufeldes Ost die BBF an den Rand des Ruins gebracht. Folglich werden Schuldige gesucht. Wegen des umstrittenen Grundstückserwerbs wird der kaufmännische Geschäftsführer Knut Henne am 20. Dezember 1993 entlassen. Sein für den technischen Bereich zuständiger Kollege Robert Grosch wird zwar offiziell in den verdienten Ruhestand verabschiedet, doch verweigert man ihm einen zuvor zugesicherten anschließenden Beratervertrag. Sowohl das Berliner Abgeordnetenhaus als auch der Brandenburger Landtag setzen Untersuchungsausschüsse ein, die klären sollen, wie es zu dem für die BBF finanziell desaströsen Kaufs des Baufeld Ost kommen konnte.

Während Tegel mit sieben Millionen Passagieren weiter im Aufwind ist und Tempelhof mit 1,1 Millionen Reisenden seinen Rekordwert nach der Reaktivierung verbucht, stagniert die Entwicklung in Schönefeld, wo der Flughafen noch nicht einmal wieder die Zahl aus dem Vereinigungsjahr 1990 (1,9 Millionen) erreicht. So stellt die BBF im März 1994 zwar noch ein Modell des Terminal-West vor, beschließt aber wenige Tage später, den Baubeginn um ein Jahr auf 1995 zu verschieben.

Anfang März gibt die BBF im Potsdamer Umwelt- und Raumordnungsministerium die Unterlagen für das Raumordnungsverfahren ab, welche mehrfach ergänzt werden müssen. Am 16. Mai – in Leipzig/Halle wird der Grundstein für das neue Terminal B gelegt – kann das Verfahren dann endlich beginnen. Vier Monate später meldet der Berliner Rechnungshof in einem Prüfbericht erhebliche Zweifel am Zeitplan für den neuen Flughafen an. Angesichts mangelnder Konzepte und ausstehender Entscheidungen sei eine Fertigstellung im Jahr 2004 »nicht realistisch«. In der Politik diskutiert man stattdessen lieber über Personalien. Ein Nachfolger für Brandenburgs Ex-Wirtschaftsminister Hirche an der Spitze des Aufsichtsrates wird gesucht, weshalb es in der schwarz-roten Berliner Senatskoalition zu einem heftigen Streit kommt. Eberhard Diepgen will mit dem ehemaligen Europa-Präsidenten von IBM, Hans-Olaf Henkel, einen Spitzenmanager aus der Wirtschaft zum Chef des Gremiums machen und damit für »kaufmännischen Sachverstand« sorgen, während Wirtschaftssenator Norbert Meisner (SPD) selbst scharf auf den Posten ist und damit droht, sein Aufsichtsratsmandat niederzulegen. Standortfrage und Entschuldung der BBF müssten von der Politik bewerkstelligt werden, so die Sozialdemokraten. Am 28. September stimmt die Mehrheit für Henkel, Sperenberg-Befürworter Meisner verlässt den Aufsichtsrat.

Die ausstehenden Entscheidungen für den neuen Großflughafen führen erneut zu kuriosen Entwicklungen. Im November 1994 verkünden Brandenburgs Ministerpräsident Manfred Stolpe (SPD) und Österreichs Bundeskanzler Franz Vranitzky (SPÖ) nach einem Treffen, dass die Betreibergesellschaft des Flughafens Wien 300 Millionen D-Mark in den Ausbau des ehemaligen Militärflugplatzes Eberswalde-Finow investieren wolle. Zeitgleich tritt die private Airail AG für integrierte Verkehrsanlagen mit ihrem Vorschlag an die Öffentlichkeit, im rund 100 Kilometer westlich der Hauptstadt gelegenen Stendal (Sachsen-Anhalt) einen privat finanzierten Großflughafen Berlin International zu bauen, bei Schließung von Tegel und Schönefeld sowie Erhalt von Tempelhof als City- und Regierungsflughafen.

Am 17. November 1994 legt das Brandenburger Umwelt- und Raumordnungsministerium die 260 Seiten umfassende landesplanerische Stellungnahme als Ergebnis des Raumordnungsverfahrens vor und erteilt Schönefeld eine weitere Absage. 40 000 Stunden haben interne und externe Gutachter an der Bewertung gearbeitet und dabei mehr als 5000 Stellungnahmen und Einsprüche bewertet. Das Resultat ist ernüchternd für die Schönefeld-Fraktion und zeigt bereits zu diesem Zeitpunkt auf, dass der angestrebte 24-Stunden-Betrieb an diesem Standort wohl nicht realisierbar sein wird. Der Standort entspreche »nicht den Erfordernissen der Raumordnung und Landesplanung«, heißt es unter Hinweis auf die Tatsache, dass bei einem Dauerbetrieb »unverhältnismäßig viele Einwohner« von Fluglärm und Luftverschmutzung betroffen wären. Die Orte Diepensee, Glasow, Karlshof, Rotberg und Selchow müssten ganz oder teilweise umgesiedelt werden.

Mit 6 der 15 geprüften Kriterien ist Schönefeld überhaupt nicht, mit 5 weiteren nur bedingt vereinbar. Gegen Jüterbog-Ost und Sperenberg gibt es dagegen keine Bedenken, doch geht man in der Stellungnahme davon aus, dass im Jahr 2004 lediglich mit 17 Millionen Fluggästen zu rechnen ist. Deshalb hält man drei Start- und Landebahnen für ausreichend, von denen zwei in der ersten Ausbaustufe realisiert werden sollen.

Aufseiten der Politik bleibt man stur. Übereinstimmend erklären Diepgen, Stolpe und Wilhelm Knittel (CSU), Staatssekretär im Bundesverkehrsministerium, dass das Raumordnungsverfahren keine Rechtsverbindlichkeit für das kommende Planfeststellungsverfahren habe, keine Standortfestlegung bedeute und lediglich die letztendliche Entscheidung für den Flughafenstandort einvernehmlich fallen müsse. Aufsichtsratschef Henkel teilt mit, dass man noch einmal die Wirtschaftlichkeit und Finanzierbarkeit aller drei Standorte untersuchen werde. Dass sich der neue Flughafen rechnet, ist von entscheidender Bedeutung. Schließlich soll der Airport, dessen Baukosten mit sechs bis acht Milliarden D-Mark veranschlagt sind, von privaten Investoren errichtet werden.

Am 7. Dezember sorgt der Aufsichtsrat für personelle Verstärkung und beruft Götz Herberg zum Sprecher der nunmehr dreiköpfigen Geschäftsführung der Flughafen-Holding. Wenn nichts mehr schiefgeht, so heißt es optimistisch, könnte mit dem Bau nach einer Überprüfung durch das Bundesverwaltungsgericht 1999 oder 2000 begonnen und so das ehrgeizige Ziel einer Inbetriebnahme im Jahr 2004 eingehalten werden. Nur zwei Monate später treten Diepgen, Stolpe und Bundesverkehrsminister Wissmann auf die Bremse und verkünden, dass der Flughafen erst 2010 in Betrieb gehen solle. Der Bundesrechnungshof warnt davor, dass der Airport »deutlich zu groß« geplant wird und »Risiken für die öffentliche Hand in Milliardenhöhe« birgt.

Und wieder geht es ums Sparen: Minister Wissmann (CDU) befürwortet aus Kostengründen einen sukzessiven Ausbau von Schönefeld. Auch für Eberhard Diepgen hat diese Version ihren Reiz. Man könne die Kapazität in Schönefeld-Nord zunächst auf bis zu 15 Millionen Jahrespassagiere und den Flughafen erst danach in Richtung Süden erweitern, sagt der Regierende Bürgermeister im März 1995 in einem Interview mit der *Berliner Zeitung*. »Die neue Startbahn braucht man frühestens im Jahr 2030.« Innerhalb der nächsten zehn Jahre gilt es zu entscheiden, ob die anderen Berliner Flughäfen geschlossen werden.

Ministerpräsident Stolpe bietet an, dass das Land Brandenburg bei einer Entscheidung für Sperenberg eine halbe Milliarde D-Mark an Zusatzkosten beim Bau der notwendigen Straßenanbindung für den Bund vorfinanzieren könnte. Insgesamt wird mit Mehrkosten von rund 1,2 Milliarden Mark gerechnet, die letztendlich der Bund bezahlen müsste. Im Mai 1995 feiert man in Leipzig/Halle das Richtfest für Terminal B.

Obwohl Wissmann im Sommer 1995 mit einem Ausstieg des Bundes aus der Flughafen-Holding droht, geht das Hin und Her der Landespolitiker zur Standortfrage weiter. Am 26. Juni soll der Aufsichtsrat eine Entscheidung treffen, doch auch daraus wird nichts. Die Politiker überhäufen sich wieder einmal mit gegenseitigen Schuldzuweisungen für die erneute Verzögerung. Für den Berliner SPD-Fraktionsvorsitzenden Klaus Böger droht der Aufsichtsrat »große Chancen für die Region« zu verspielen. Auch der Zwischenausbau von Schönefeld mit dem Terminal-West liegt auf Eis. Es soll nur noch »in sparsamer Ausführung« mit einer Kapazität für drei Millionen Passagiere errichtet und Tempelhof nach dessen Inbetriebnahme geschlossen werden. Zwar beschließt das Gremium auf einer Sondersitzung am 26. Juli, dafür ein Planfeststellungsverfahren einzuleiten, ein konkreter Zeitplan wird jedoch nicht festgelegt.

Dem Land Brandenburg wird Zeit bis zum Jahresende gegeben, um die Finanzierung der Mehrkosten für den Standort Sperenberg sicherzustellen, an denen sich Berlin und der Bund nicht beteiligen wollen. Bis dahin soll die BBF vorsorglich für beide Standorte die Rahmenbedingungen einer Privatfinanzierung festlegen und die vorbereitenden Unterlagen für ein Planfeststellungsverfahren erstellen. Im Rahmen einer beschränkten Ausschreibung werden internationale Investoren schon einmal zur Abgabe von Angeboten für den privat finanzierten Bau und Betrieb des Flughafens in Schönefeld oder Sperenberg aufgefordert.

Darüber hinaus wird die nächste Fluggesellschaft vergrault. Die Germania will in Schönefeld Neubauten errichten, um dort ihre Hauptverwaltung und ihr Wartungszentrum anzusiedeln. Zwar kommen die Airline und das Land Brandenburg

Ende August 1995 nach monatelangem Hin und Her zu einer Übereinkunft, doch nur zwei Wochen später lässt die BBF-Geschäftsführung die Pläne platzen, indem sie die Garantie, dass Schönefeld mindestens noch 20 Jahre geöffnet bleibt, versagt.

Im September 1995 legt der Berliner Untersuchungsausschuss zum Baufeld Ost seinen Bericht vor und kommt zu einem vernichtenden Urteil: »Der Aufsichtsrat der BBF ist seinen Überwachungspflichten gegenüber der Geschäftsleitung in Bezug auf die Grundstückskäufe unzureichend nachgekommen. Der Aufsichtsrat hat sich vielmehr auf die Erfahrung und die Kenntnisse der Geschäftsführung verlassen. Diese hatte für die Grundstückskäufe in dem erfolgten Umfang jedoch keine Wirtschaftlichkeitsprüfung vorgenommen, sondern diese durch spekulative Erwartungen ersetzt.«

Ferner schließt sich der Ausschuss der Bewertung des Berliner Rechnungshofes an, der das Engagement Berlins bei der BBF geprüft hat. In dessen Bericht heißt es: »Es ist nicht erkennbar, dass die vier Vertreter Berlins im Aufsichtsrat der BBF Einfluss auf Entscheidungen genommen haben, obwohl sie dazu im Interesse Berlins verpflichtet gewesen wären.« Es habe eine präzise Zuständigkeitsaufteilung zwischen den Senatsverwaltungen hinsichtlich der wirtschaftlichen und finanziellen Konsequenzen des Grunderwerbs gefehlt.

Zu einem ähnlichen Schluss kommt der Brandenburger Untersuchungsausschuss: »Die Geschäftsführung der BBF war durch vereinigungsbedingte Probleme der Gesellschaft voll in Anspruch genommen und konnte sich der Flughafenplanung nur am Rande annehmen. Sie stand dem durch den Aufsichtsrat bezüglich der Grundstücksgeschäfte ausgehenden Druck (nicht kleckern, sondern klotzen) völlig hilflos gegenüber. Wirtschaftlichkeitsberechnungen ersetzte sie durch Spekulationen und unrealistische Wertvorstellungen.«

Und schließlich: »Der Informationsfluss zwischen Geschäftsführung und Aufsichtsrat war lückenhaft, es gab zwar

Einzelinformationen, aber keinen geschlossenen Überblick. Der Aufsichtsrat hätte die Managementfehler der Geschäftsführung gleichwohl schon frühzeitiger erkennen können, wenn er seinen Überwachungspflichten gegenüber der Geschäftsführung in Bezug auf die Grundstückserwerbe in ausreichendem Maße nachgekommen wäre. Die mit dem Ausbau des Flughafens befassten Ministerien beschränkten ihre Verantwortungsbereiche zu eng auf ihre fachliche Zuständigkeit, und auch die Einsetzung der interministeriellen Kommission trug nicht zur Klärung der Gesamtverantwortlichkeit bei.«

Auch Brandenburgs Ministerpräsident Stolpe spricht sich im November 1995 überraschend für einen schnellen und umfassenden Ausbau des Altflughafens in Schönefeld aus und vertritt plötzlich die These, dass ein neuer Großflughafen in Sperenberg erst in 10 bis 15 Jahren benötigt werde. Dies löst eine Diskussion darüber aus, ob sich auch Brandenburg nun langsam vom Standort Sperenberg verabschiedet. Offenbar verfrüht, im Januar 1996 legt man ein Finanzierungskonzept vor, nach dem die Verkehrsanbindung von Sperenberg nur noch eine gute halbe Milliarde D-Mark kosten soll, die das Land notfalls allein finanzieren will. Möglich wird die Kostensenkung unter anderem durch den Verzicht auf eine viergleisige Bahnanbindung zugunsten einer zweispurigen Schienentrasse.

Bei der geplanten Privatisierung formieren sich zwei Konsortien, die zunächst unterschiedliche Marschrichtungen verfolgen. Die Industrieverwaltungsgesellschaft (IVG) gibt im Verbund mit Daimler Benz Airport Systems, der Dresdner Bank und der Flughafenbetreibergesellschaft AGI ein Angebot zur Übernahme von 75 Prozent der Holding ab, will alle drei Berliner Flughäfen übernehmen und Schönefeld zum BBI ausbauen. Sie geht davon aus, dass sich der öffentliche Finanzierungsanteil in Höhe von mehr als drei Milliarden Euro durch den Verkauf der Grundstücke der Flughäfen Tempelhof und

Tegel finanzieren lässt. Der Baukonzern Philipp Holzmann hat die Deutsche Bank sowie die Lufthansa im Boot und befürwortet dagegen den Bau des neuen Flughafens in Sperenberg, ohne die Alternative Schönefeld völlig auszuschließen. Die Gruppe erwartet, dass der Staat selbst für seinen Finanzierungsanteil aufkommt.

Am 7. Februar 1996 beschließt der Aufsichtsrat, die Entscheidung über den Standort des neuen Airports auf den 24. Juni zu vertagen. Bis dahin soll die Geschäftsführung eine vergleichende Darstellung beider Alternativen erstellen. Statt vom Großflughafen ist jetzt vom »Single-Flughafen« die Rede, mit dem man die Absicht betonen möchte, die übrigen Berliner Flughäfen zugunsten des BER zu schließen. Damit ist auch der vorläufige Ausbau von Schönefeld-Nord wieder vom Tisch. Ohne Standortentscheidung sei eine solche Investition nicht zu verantworten, betont Holding-Chef Herberg. Das würde nur neuen Ärger heraufbeschwören, der wiederum mit hohen Kosten verbunden sein könnte. Die Corona Hotelbetriebs- und Beratungsgesellschaft, die neben dem Terminal-West für gut eine halbe Milliarde D-Mark eine Airport City mit Hotels, Parkhäusern, Kino und Einkaufszentrum bauen wollte und dafür eine 20-jährige Bestandsgarantie für den Flughafen forderte, sieht ihre Pläne schwinden. Denn das Großprojekt würde sich nur bei Förderung durch das 1998 auslaufende Programm »Aufschwung Ost« rechnen.

Bei einer Bürgerversammlung in Eichwalde appelliert Ex-Lufthansa-Chef Ruhnau, der inzwischen als einer der Vertreter des Landes Brandenburg im BBF-Aufsichtsrat sitzt, an die Beteiligten, wirtschaftliche Vernunft vor politische Entscheidungen zu stellen. Er hält ein Plädoyer für Sperenberg und erinnert daran, dass Schönefeld im Raumordnungsverfahren für ungeeignet befunden worden sei und der für ein Drehkreuz notwendige 24-Stunden-Betrieb dort nicht durchsetzbar sei. Ferner gibt es aus seiner Sicht zu wenig Erweiterungsflächen für einen zukunftsträchtigen Airport. Wenige Tage später berichtet die *Berliner Zeitung* über eine interne Analyse der gemeinsamen Landesplanungsbehörde Berlin-Brandenburg. Danach widerspricht der Standort Schönefeld dem im Entwurf des Fusionsvertrages zwischen den beiden Ländern festgeschriebenen Leitbild der dezentralen Konzentration, dem zwischen Berlin und Brandenburg abgestimmten Entwurf des Landesentwicklungsprogramms sowie den Planungen für den engeren Verflechtungsraum.

Verkehrsminister Matthias Wissmann macht dagegen noch einmal deutlich, dass sich der Bund für Schönefeld entschieden habe. In Brandenburg setzt man die letzte Karte auf Sperenberg. Die *Berliner Zeitung* berichtet im Mai von einem Angebot einer amerikanischen Investorengruppe, den Single-Airport in Sperenberg in einem Radikalverfahren zu realisieren und aus den Einnahmen des Flughafens Tegel zu finanzieren: Schließung von Tempelhof noch 1996 und Schönefeld 1997, Entlassung von 1000 an beiden Standorten beschäftigten Mitarbeitern, Verkauf des Schönefeld-Areals für zwei Milliarden D-Mark, temporärer Tegel-Ausbau auf 15 Millionen Jahrespassagiere, Bau des BBI binnen fünf Jahren, Inbetriebnahme mit zunächst einer Start- und Landebahn für den Frachtverkehr und Schließung Tegels nach Verlegung des dortigen Verkehrs nach Sperenberg.

Am 3. März 1996 feiert Leipzig/Halle die Inbetriebnahme von Terminal B. Die Berlin Brandenburg Flughafen Holding hat derweil die Berliner WIB Wirtschafts- und Ingenieurberatungsgesellschaft mit der Erstellung eines vergleichenden Gutachtens zu beiden Standorten betraut, das bis zur Aufsichtsratssitzung am 24. Juni vorliegen soll. Am 5. Mai 1996 scheitert die Fusion der Länder Berlin und Brandenburg am Volksentscheid, der in Brandenburg nicht die ausreichende Zustimmung findet. Zweieinhalb Wochen später leitet Manfred Stolpe (SPD) bei seiner Regierungserklärung vor dem

Potsdamer Landtag den Rückzug von der Sperenberg-Variante ein. Der Bau des Flughafens dort sei zwar weiterhin die verkehrs- und umweltpolitisch beste Lösung, aber auf absehbare Zeit politisch nicht durchsetzbar, räumt der Ministerpräsident ein. Noch nicht einmal ein vorläufiger Ausbau Schönefelds mit Erhalt einer späteren Option für Sperenberg werde von Berlin und der Bundesregierung akzeptiert, bedauert Stolpe und ist sich zugleich im Klaren darüber, dass eine Standortentscheidung bis zur Jahresmitte fallen müsse, weil die Region nach seinen Worten sonst aus dem Streckennetz des internationalen Luftverkehrs zu verschwinden drohe.

Nunmehr gilt als sicher, dass man sich auf der Aufsichtsratssitzung am 24. Juni für den Ausbau von Schönefeld zum BBI aussprechen wird. Doch dazu kommt es nicht mehr. Am 28. Mai treffen sich Wissmann, Diepgen und Stolpe zu einem Spitzengespräch im damaligen Gästehaus des Berliner Senats, der Villa Pikuritz in der Menzelstraße im Ortsteil Grunewald. Dort knickt Brandenburgs Ministerpräsident endgültig ein. Angesichts des Widerstandes der Mitgesellschafter, der dramatisch verschlechterten Finanzlage des Landes und des nicht mehr vorhandenen Bedarfs für den ursprünglich geplanten Großflughafen sei Sperenberg nicht mehr durchzusetzen gewesen, muss er zerknirscht einräumen.

So einigen sich die drei Politiker auf die einstimmig verabschiedete »Gemeinsame Empfehlung« zum Flughafenstandort Berlin/Brandenburg, die als »Konsensbeschluss« künftig eine entscheidende Rolle im Airport-Drama spielen wird. »Für den heute erkennbaren Bedarf und unter Berücksichtigung der Möglichkeiten der BBF haben sich die Gesellschafter nach umfangreichen Abstimmungsgesprächen darauf verständigt, den Standort Schönefeld über das Integrationskonzept als Single-Standort zu entwickeln«, heißt es in diesem. Die BBF soll danach privatisiert und die Realisierbarkeit des Standortes in einem Planfeststellungsverfahren rechtssicher geklärt werden, für das man das bis Ende 1999 geltende Verkehrswegebeschleunigungsgesetz nutzen will. Bis zur Herstellung der Baureife für den Single-Flughafen Schönefeld werden die Flächen in Sperenberg vorsorglich weiter vorgehalten. Der BBI soll unter Nutzung der vorhandenen Flughafeneinrichtungen entwickelt werden und »eine weitere, parallel zu betreibende Start- und Landebahn erhalten«. Bereits in der ersten Bauphase ist die Beteiligung privater Investoren vorgesehen.

Im fünften Absatz des »Konsensbeschlusses« wird das Schicksal der beiden Berliner Flughäfen besiegelt. »Keiner der gegenwärtigen und künftigen Gesellschafter der BBF beabsichtigt, einen der vorhandenen Standorte Tempelhof oder Tegel als Flughafen weiter zu betreiben«, heißt es. »Dieses wird eine der Vorgaben bei der Privatisierung sein. Die Gesellschafter gehen davon aus, dass die bestehenden innerstädtischen Verkehrsflughäfen wie folgt geschlossen werden:

– Schließung von Tempelhof: Nach Vorliegen der gerichtlich überprüften und rechtskräftigen Planfeststellung für den Single-Standort Schönefeld wird der Verkehrsflughafen Tempelhof geschlossen.

– Schließung von Tegel: Der Verkehrsflughafen Tegel wird spätestens mit Inbetriebnahme der neuen Start- und Landebahn am Standort Schönefeld geschlossen.«

Das Baufeld Ost soll so in die Entwicklung des BBI einbezogen werden, »dass die Wertsteigerung der Grundstücke genutzt wird«. Neben der Bahn- und Straßenanbindung will der Bund auch eine Verlängerung der U-Bahnlinie 7 zum Flughafen prüfen.

Für den Aufsichtsrat gibt es am 24. Juni nichts mehr zu beschließen, die Standortentscheidung wird von der Tagesordnung gestrichen. Das Gremium bewilligt 9,1 Millionen D-Mark für die Gründung einer Projektplanungsgesellschaft und wählt Eberhard Diepgen als Nachfolger für den ausscheidenden Olaf Henkel zu seinem Vorsitzenden. Der Bau des neuen Flughafens in Schönefeld ist beschlossene Sache. Letztendlich ist nur noch entscheidend, welches die billigste Möglichkeit ist. Fast sechs Jahre hat es gedauert, den augenscheinlich schlechtesten Standort zu finden.

2. AUS KONKURRENTEN WERDEN PARTNER

Nachdem Schönefeld als Standort des neuen Flughafens feststeht, sollen Nägel mit Köpfen gemacht werden. Am 13. September 1996 wird die Projektplanungsgesellschaft Schönefeld (PPS) als hundertprozentige BBF-Tochter gegründet. Sie soll die Privatisierung der Holding vorantreiben. Geschäftsführer wird in Personalunion der BBF-Chef Götz Herberg, Vorsitzende des Aufsichtsrates die Berliner Justizsenatorin Lore Maria Peschel-Gutzeit (SPD). Weil die PPS noch über kein geeignetes Personal verfügt, wird die Berliner WIB Wirtschafts- und Ingenieurberatungsgesellschaft mit dem vorläufigen Projektmanagement beauftragt.

Wer denkt, dass fortan alle an einem Strang ziehen, wird schnell eines Besseren belehrt. Bundesverkehrsminister Matthias Wissmann (CDU) ist es, der auf einer Diskussionsveranstaltung den »Konsensbeschluss« schon wieder in Frage stellt und einen Parallelbetrieb von Tegel und Tempelhof zum BBI für Regierungs- und Geschäftsflieger nicht ausschließen will.

Außerdem ist da noch die halbe Milliarde D-Mark, die im Baufeld Ost in den Sand gesetzt wurde und das Ergebnis der BBF belastet. Obwohl die Untersuchungsausschüsse der Parlamente in Berlin und Brandenburg dem Aufsichtsrat der Holding eine eklatante Mitschuld an dem Desaster attestierten, verklagt die BBF nach entsprechenden Beschlüssen von Gesellschafterversammlung und Aufsichtsrat ihre beiden Ex-

Geschäftsführer Robert Grosch und Knut Henne auf jeweils rund eine Million D-Mark Schadensersatz.

Mit dem Beginn des Jahres 1997 wird die bisherige Personalunion in den Geschäftsführungen der BBF und ihrer beiden für den Flughafenbetrieb zuständigen Töchter, der Berliner Flughafen-Gesellschaft (Tegel und Tempelhof) sowie der Flughafen Berlin Schönefeld GmbH aufgegeben. Lothar Schulz und Hans Döhring werden als Geschäftsführer von BFG und FBS berufen. Auch in der BBF-Geschäftsführung gibt es Veränderungen. Manfred Hölzel und Hans-Henning Romberg scheiden aus und werden durch Ralf Brunhöber und Kilian Krieger ersetzt.

Am 2. Januar 1997 veröffentlicht die PPS im *EG-Amtsblatt* die Ausschreibung von 17 Leistungsbereichen für die Planung des neuen Flughafens, 18 Tage später wird die Investmentbank Barclays de Zoete Wedd (BZW), die dann von der Credit Suisse First Boston (CSFB) übernommen wird, mit der Investorensuche für den Bau des BBI beauftragt. Die für Anfang März geplante Vergabe erster Aufträge muss vertagt werden, weil man übersehen hat, dass die Abgabefrist für einige der europaweiten Ausschreibungen überhaupt noch nicht abgelaufen ist.

Im März erhält Dornier System Consult den Zuschlag für Management und Koordinierung des Flughafenprojektes. Die WIB ist bei einigen Einzelgewerken dabei. Auch einen neuen Zeitplan gibt es bereits. Das Planfeststellungsverfahren soll Ende 1999 beginnen und 2002 abgeschlossen werden, der BBI soll 2007 in Betrieb gehen. Für die BBF zeichnet sich vorerst ein neuer Streit ab, der teuer werden könnte. Die Corona Hotelbetriebs- und Beratungsgesellschaft kündigt an, aufgrund der nicht eingehaltenen Zusagen der Holding-Geschäftsführung einen zweistelligen Millionenbetrag als Schadensersatz für das geplatzte Projekt der Airport City in Schönefeld einzuklagen.

Am 8. September stimmt der Aufsichtsrat der Holding dem Privatisierungskonzept der Investmentbank zu. Danach sollen zunächst 74,9 Prozent der BBF-Anteile abgegeben werden, der Erlös soll zum Abbau der Schulden dienen. Dem Investor winkt ein über 50 Jahre laufender Konzessionsvertrag. Interessenten können sich bis zum 17. November bewerben, am 10. Dezember will man eine Vorauswahl treffen und vier bis fünf präqualifizierte Bieter auffordern, bis März 1998 belastbare Angebote für Flughafenbau und -betrieb vorzulegen. Aus diesem Kreis soll dann wiederum der »bevorzugte Bieter« ausgewählt werden, der bis zum 31. Mai Zeit hat, seine endgültigen Bewerbungsunterlagen einzureichen. Die Vergabeentscheidung ist für das dritte Quartal 1998 vorgesehen.

Sieben Konsortien bewerben sich um die Privatisierung der BBF und den Bau des BBI. Bilfinger & Berger gemeinsam mit dem Amsterdamer Flughafen Schiphol, die British Airport Authority gemeinsam mit einem australischen Baukonzern sowie die Union Bank of Switzerland im Verbund mit britischen Firmen werden bereits in der ersten Phase des Verfahrens bis zum 10. Dezember aussortiert.

Die Klage gegen Grosch und Henne wird im Januar 1998 vom Berliner Landgericht abgewiesen. Die Richter halten eine Pflichtverletzung durch die beiden ehemaligen BBF-Geschäftsführer für nicht erwiesen und stellen ebenfalls fest, dass der Aufsichtsrat der Holding seinen Kontrollpflichten nicht nachgekommen ist.

Im Februar 1998 wird in Leipzig/Halle die Baugenehmigung für das neue Zentralgebäude erteilt. In Berlin/Brandenburg zieht sich zuerst die gemeinsam mit der Westdeutschen Landesbank und Parsons Engineering angetretene Airportgroup International aus dem Bieterverfahren zurück. Am 30. April wirft auch der Verbund von Commerzbank, Bechtel und dem Kopenhagener Flughafen das Handtuch.

Übrig bleiben zwei Gruppen: Das Konsortium Flughafen-

Partner für Berlin und Brandenburg (FPBB) besteht unter der Führung der Hochtief AirPort GmbH aus ABB Calor, Siemens und der Flughafen Frankfurt/Main AG, die Projektgesellschaft Berlin Brandenburg International (PEG) unter Führung der Industrieverwaltungsgesellschaft AG (IVG) aus der später durch die Caisse des Dépôts ersetzten Dresdner Bank, Dorsch Consult und der Flughafen Wien AG.

Mit welchen Methoden bei dem Bewerbungsverfahren gearbeitet wird, enthüllt später der Bericht eines weiteren Untersuchungsausschusses des Berliner Abgeordnetenhauses. Darin heißt es, dass Hochtief einen bekannten Berliner Hörfunkjournalisten engagiert habe, der im Auftrag des Konzerns Interviews mit Berliner Politikern über die Errichtung des BBI geführt habe, »bei denen die Gesprächspartner offenbar nicht wussten, dass er diese keineswegs im Auftrag eines öffentlich-rechtlichen Senders unternahm. Vielmehr lieferte er seinem Auftraggeber Stimmungsberichte über diese Gespräche«.

Die Lufthansa, deren früherer Vorstandschef Heinz Ruhnau noch ein vehementer Verfechter des Standortes Berlin war, ist unter dessen Nachfolger Jürgen Weber bereits deutlich auf Abstand gegangen, nicht zuletzt wohl auch wegen der zögerlichen Flughafenentwicklung. Am 30. April 1998 werden auch die letzten Hoffnungen, dass der BBI für die größte deutsche Fluggesellschaft zu einem Drehkreuz werden könnte, zu Grabe getragen. Mit der Flughafen München GmbH unterzeichnet die Lufthansa ein Memorandum of Understanding zum gemeinsamen Bau des Terminals 2, in das die Airline rund 640 Millionen D-Mark investiert. Insgesamt kostet der Neubau, der die bayerische Metropole zum zweiten Lufthansa-Drehkreuz neben Frankfurt macht, 1,5 Milliarden D-Mark.

Während im Mai in Leipzig/Halle der Bau der neuen Nordbahn beginnt, kommt es beim BBI nicht zu der geplanten Entscheidung für einen Bieter. Stattdessen werden beide Konsortien aufgefordert, überarbeitete Konzepte einzureichen.

Im Juni sorgen Überlegungen für Aufsehen, zur Mitfinanzierung des neuen Flughafens von jedem in Berlin abfliegenden Passagier eine Sondersteuer einzufordern. Diskutiert werden Beträge zwischen 10 und 30 D-Mark.

Am 18. September verkünden die BBF-Gesellschafter, dass sie Privatisierungsverhandlungen mit dem Flughafen-Partner-Konsortium aufnähmen, zu dem inzwischen auch die Bankgesellschaft Berlin gehöre. Neun Tage später endet mit der Bundestagswahl die schwarz-gelbe Koalition von Helmut Kohl (CDU). Gerhard Schröder (SPD) wird Kanzler einer rot-grünen Bundesregierung.

Am 6. Oktober wird die »Partner«-Gruppe um Hochtief zum »bevorzugten Bieter« ernannt. Der »Durchbruch«, von dem Berlins Industrie- und Handelskammer spricht, erweist sich jedoch als trügerisch. Anders als ursprünglich geplant, ist der Vertrag zum Jahresende noch längst nicht unter Dach und Fach. Die Zeit drängt, denn um das Verkehrswegebeschleunigungsgesetz nutzen zu können, das nur eine Klageinstanz gegen den Bau zulässt, muss das Planfeststellungsverfahren 1999 beantragt werden. Doch erst einmal legt die Projektgesellschaft Flughafen Berlin Brandenburg im Januar 1999 beim Brandenburger Vergabe-Überwachungsausschuss Beschwerde gegen die Bevorzugung des Konkurrenten ein.

Damit nicht genug. Die alte Bundesregierung mit Verkehrsminister Wissmann hatte dem Bau der Autobahnanbindung des BBI zwar zugestimmt, es aber versäumt, die erforderlichen Mittel in die mittelfristige Finanzplanung einzustellen. Die neue Regierung will den Anschluss deshalb erst 2013/14 fertigstellen, sechs bis sieben Jahre nach dem geplanten Eröffnungstermin. Deshalb wird befürchtet, dass Hochtief aus dem Flughafenprojekt wieder aussteigen könnte. Schließlich einigt man sich darauf, dass Berlin und Brandenburg den Fehlbetrag von rund einer halben Milliarde D-Mark vorfinanzieren.

Am 31. März 1999 unterzeichnen Diepgen, Stolpe und der neue Bundesverkehrsminister Franz Müntefering (SPD) den Vertrag mit dem Konsortium Flughafen-Partner für Berlin und Brandenburg. Die umstrittene Fluggastabgabe ist trotz massiver Proteste der Luftverkehrsgesellschaften ein Teil des Deals. 16,80 D-Mark soll jeder Passagier zahlen. Ohne Flughafengebühr gibt es keinen Großflughafen, so lautet das Ultimatum des Geschäftsführers von Hochtief AirPort Reinhard Kalender. Hochtief selbst will 653 Millionen Euro für die komplette Übernahme der BBF zahlen und 4,85 Milliarden D-Mark in das Projekt investieren. Einschließlich der Infrastrukturmaßnahmen der öffentlichen Hand summiert sich die Gesamtinvestition auf rund sechs Milliarden D-Mark.

In einem ersten Schritt will Hochtief am bei Airlines und Passagieren wenig beliebten Altflughafen Schönefeld bis 2002 ein »Fun+Fly«-Terminal für den Ferienflugverkehr errichten und so verstärkt Charterfluggesellschaften zum Umzug von Tegel in den Süden der Stadt bewegen. Bei den Airlines stößt diese Ankündigung auf wenig Interesse.

Hinsichtlich des Flughafens Berlin Brandenburg International spricht Hochtief-Vorstandsmitglied Wolfhard Leichnitz von einem Drei-Stufen-Plan. Bis Ende September sollen die Unterlagen für das Planfeststellungsverfahren eingereicht werden. Über den vereinfachten Klageweg nach dem Verkehrswegebeschleunigungsgesetz hofft man, einen positiven Abschluss der gerichtlichen Überprüfung bis 2002 zu erreichen. In der zweiten Etappe will man die Kapazität des Flughafens Tegel zur Bewältigung des dort konzentrierten Geschäftsreiseverkehrs kurzfristig von acht auf elf Millionen Passagiere im Jahr erhöhen. Auch die Attraktivität von Tegel möchte das Konsortium für die Übergangszeit weiter steigern, mit zusätzlichen Büro- und Einzelhandelsflächen sowie verbessertem Abfertigungskomfort. In einer dritten Stufe soll Tempelhof gemäß dem »Konsensbeschluss« 2002 geschlossen werden.

Der Baustart des BBI ist für 2003 vorgesehen. »Er wird 2007 in Betrieb gehen und in der ersten Ausbaustufe – im sogenannten Midfield – eine Kapazität von 20 Millionen Passagieren pro Jahr haben«, so Leichnitz. »Langfristig sind 45 Millionen Passagiere im Jahr geplant.« Wahrzeichen des BBI soll mit der zweiten Ausbaustufe, für die Hochtief-AirPort-Vorstandschef Hans-Peter Keitel das Jahr 2025 nennt, der »Skywalk« werden, eine 300 Meter lange, verglaste Brücke in 25 Meter Höhe, die das Vorfeld zwischen dem Hauptgebäude und dem geplanten vorgelagerten Satellitenterminal verbinden und den Passagieren einen »beeindruckenden Blick« auf das Flughafengeschehen erlauben soll.

Wieder einmal gibt man sich euphorisch: »Der Flughafen BBI hat nach der heutigen Entscheidung alle Chancen, ein Luftdrehkreuz in der Mitte des neuen Europas zu werden«, erklären die Beteiligten. Die Konzentration des Luftverkehrs auf einen Flughafen werde »die Rolle der deutschen Bundeshauptstadt und der Region Brandenburg im Weltluftverkehr entscheidend stärken«. Ungeachtet der Tatsache, dass sich die Lufthansa gerade für München als Sekundär-Hub entschieden hat, prescht Keitel in seiner Rede während der Pressekonferenz zur Vertragsunterzeichnung noch weiter vor: »Unser Ziel ist es, den Flughafen Berlin Brandenburg International zu einem Dreh- und Angelpunkt des deutschen, aber auch des europäischen Luftverkehrs auszubauen. Er soll das Zentrum für das Europageschäft der Airlines werden. Als Sitz der Bundesregierung und eines der wichtigsten Zentren Europas hat die Region das Potential dafür.«

Der BBI sei nicht nur eine wirtschaftliche Bereicherung für die Region, sondern auch eine »architektonische Visitenkarte«, betont der Hochtief-AirPort-Vorstandschef. »Das Architektenbüro Gerkan, Marg & Partner hat einen Ort entworfen, an dem man sich wohlfühlen kann. Einen Ort, von dem aus Geschäftsleute entspannt ihre Dienstreise antreten können und Touristen von der ersten Minute an das Gefühl haben, im Urlaub zu sein.«

Am 16. Mai weist der Vergabe-Überwachungsausschuss die Beschwerde der Projektgesellschaft Berlin Brandenburg International zurück. Dennoch erweist sich die Freude der Verantwortlichen über den Vertragsabschluss mit dem Hochtief-Konsortium als verfrüht. IVG-Chef Klaus Köllen reicht am 1. Juli eine kartellrechtliche Beschwerde vor dem Brandenburger Oberlandesgericht ein. Er argumentiert damit, dass von den Flughafenpartnern technische Mindestanforderungen nicht eingehalten worden seien und möglicherweise Insiderwissen angewandt worden sei, um sich gegen die Konkurrenz durchzusetzen.

Am 3. August platzt die Bombe. Das Oberlandesgericht hebt mit seinem Urteil die Vergabe an das Hochtief-Konsortium auf. Lapidar heißt es: »Auf den Vergabenachprüfungsantrag der Antragstellerin vom 21.1.1999 wird festgestellt, dass diese in dem durch die Ausschreibung seitens des Antragsgegners im Supplement zum Amtsblatt der Europäischen Gemeinschaften vom 11.9.1997 eingeleiteten Vergabeverfahren in ihren Rechten verletzt ist, soweit es die Vergabe der Planungs- und Bauleistungen für den Bau des Flughafens Berlin Brandenburg International am Standort Schönefeld betrifft.« Laut Gericht muss das Vergabeverfahren unter Gleichbehandlung beider Bieter wiederholt werden.

Ausschlaggebend für die Richter sind die Doppelmandate von drei Aufsichtsratsmitgliedern: Hans-Jochen Henke (CDU), Staatssekretär im Bundesverkehrsministerium, und Joachim Krüger, Ministerialdirigent im Bundesfinanzministerium, die als Vertreter des Bundes in den Aufsichtsgremien von BBF und PPS saßen, waren zugleich auch Aufsichtsratsmitglieder der zum Hochtief-Konsortium gehörenden Flughafen Frankfurt AG (FAG). Außerdem Berlins Finanzsenatorin Annette Fugmann-Heesing (SPD), die auch im Aufsichtsrat der als

Hochtief-Partner fungierenden Bankengesellschaft Berlin sitzt. Dass alle drei entscheidend am Vergabeverfahren mitgewirkt haben, war nach Auffassung des Gerichts eine Verletzung des vergaberechtlichen Neutralitätsgebotes. Gerügt wurde ebenso, dass die mit Planungsarbeiten für die BBF betraute WIB dafür auch Mitarbeiter einsetzte, die hauptberuflich für die FAG tätig waren und es auch geschäftliche Kontakte zwischen der WIB und dem Hochtief-Konsortium gab.

»Hochtief wird alle erforderlichen Anstrengungen unternehmen, um nach dem ersten auch den zweiten Durchgang zu gewinnen«, erklärt das Unternehmen nach dem Urteil. Ferner werde man sich »verantwortungsbewusst und flexibel« an allen Möglichkeiten beteiligen, um den drohenden Zeitverlust aufzuholen. PEG-Geschäftsführer Köllen spricht dagegen von einem »klaren Sieg« und sieht für sein Konsortium, das nun ebenfalls bereit ist, 650 Millionen D-Mark für die Konzession zu zahlen, »sehr gute Chancen«. Derweil bezeichnet Sachsens Wirtschaftsminister Kajo Schommer (CDU) das Vergabedesaster gegenüber dem *Tagesspiegel* als »Ergebnis einer unprofessionellen Flughafenplanung« und verweist auf den erfolgreichen Ausbau des eigenen Airports Leipzig/Halle. Senatorin Fugmann-Heesing legt ihr BBF-Aufsichtsratsmandat nieder.

Längst ist auch die Berliner Staatsanwaltschaft aktiv und ermittelt wegen des Verdachts des Betruges und der Beihilfe dazu. Fahnder durchsuchen die Geschäftsräume von Hochtief, WIB und FAG, selbst der damalige Chef des Frankfurter Flughafens, Wilhelm Bender, bekommt Besuch von der Kripo. Hochtief-Vorstandsmitglied Leichnitz sieht sein Konsortium dagegen selbst als mögliches Opfer einer Intrige. In der Nacht vor der Angebotsabgabe sind die Unterlagen der Flughafen-Partner auf dem Weg von der Druckerei nach Berlin für zehn Stunden verschwunden gewesen und laut einer kriminologischen Untersuchung definitiv kopiert worden, zitiert ihn *Der Tagesspiegel*. Die Angebotssumme für die Übernahme der BBF stand zu diesem Zeitpunkt allerdings noch nicht in den Papieren, sondern wurde erst kurz vor der Abgabe handschriftlich eingetragen.

Hätte man umgekehrt gewusst, dass das PEG-Konsortium nur 370 Millionen offeriert, hätte man selbst nicht 650, sondern nur 410 Millionen geboten, argumentiert Leichnitz. Und auch für die Tatsache, dass bei der Durchsuchung IVG-Unterlagen in Hochtief-Büros gefunden wurden, liefert das Vorstandsmitglied eine Erklärung. Am 12. März 1999 hätten beide Konsortien in Anwesenheit einer Richterin beim Vergabe-Überwachungsausschuss weite Teile der Angebote des jeweils anderen kopieren dürfen. So zeigt sich Hochtief ein paar Wochen später »überrascht« darüber, dass gegen drei leitende Mitarbeiter des Unternehmens wegen Betrugsverdachts ermittelt werde. Das Unternehmen sieht sich daraufhin dazu veranlasst, den Vorwurf, es habe Kontakte zu politischen Entscheidungsträgern beziehungsweise Vertretern der Altgesellschafter nicht offengelegt, abzustreiten. Die Kontakte seien zum Teil auf ausdrücklichen Wunsch der jeweiligen Gesprächspartner zustande gekommen, bei Projekten dieser Art »allgemein üblich« und zu keiner Zeit verschwiegen worden. Auch Vertreter des konkurrierenden Konsortiums hätten derartige Gespräche geführt.

Der Zeitplan für die Privatisierung ist völlig aus den Fugen geraten. Damit die Chance, den neuen Flughafen noch unter dem Verkehrswegebeschleunigungsgesetz auf den Weg zu bringen, nicht endgültig vertan wird, beschließt die PPS am 13. August, das Planfeststellungsverfahren selbst vorzubereiten. Personell ist sie dazu kaum in der Lage, zumal als Konsequenz aus dem Urteil drei Tage später auch die Zusammenarbeit mit der WIB beendet wird. Die zum 1. November geplante Einführung der Sondergebühr für den Flughafenausbau wird bis zu einer Entscheidung im Privatisierungsverfahren ausgesetzt.

Nachdem die SPD bei den Landtagswahlen im September heftige Verluste einstecken musste, gibt es in Brandenburg ab dem 13. Oktober eine große Koalition. Der neue Wirtschaftsminister Wolfgang Fürniß (CDU) löst Minister Jürgen Linde im Aufsichtsrat der BBF und als Aufsichtsratschef der PPS ab. Die Personalunion in der Geschäftsführung wird beendet, Michael Pieper, der seinen Posten als Wirtschaftsstaatssekretär in Brandenburg durch den Ministerwechsel räumen musste, wird neuer Geschäftsführer der PPS. In der BBF-Geschäftsführung wird Kilian Krieger durch Andreas Foidl ersetzt. Die Planung des BBI und das Planfeststellungsverfahren werden von der PPS an die Flughafen Berlin Schönefeld GmbH (FBS) abgegeben.

Im November lösen Berlins Justizsenator Ehrhart Körting (SPD) und Generalstaatsanwalt Dieter Neumann den im Fall der BBI-Vergabe ermittelnden Staatsanwalt Bernhard S. ab. Der Grund hierfür sind dessen Kontakte zu einer Bürgerinitiative, die dem Flughafenbau in Schönefeld kritisch gegenübersteht. Während die fachliche Arbeit von S. in keiner Weise zu kritisieren sei, handele es sich hierbei, wie die Justizverwaltung mitteilt, um eine vorsorgliche Maßnahme, um jeden Verdacht der Befangenheit zu vermeiden. In München beginnen währenddessen die Planungen für das Terminal 2 der Lufthansa.

In letzter Minute, am 17. Dezember, übergibt die FBS im Brandenburger Infrastrukturministerium die Unterlagen für das Planfeststellungsverfahren zum Bau des BBI. Die Papiere und Pläne füllen nicht weniger als 49 Aktenordner. Am 21. Dezember trifft sich der neue PPS-Chef Pieper mit Vertretern der beiden Konsortien. Es verdichten sich die Hinweise auf einen bevorstehenden Ausschluss der Flughafen-Partner. In einem letzten Versuch, noch etwas zu retten, wollte sich Hochtief von der besonders in der Kritik stehenden Flughafen Frankfurt AG trennen und stattdessen den irischen

Flughafenbetreiber Aer Rianta ins Boot zu holen. Doch dazu kommt es nicht mehr.

Am 7. Februar 2000 beschließt der PPS-Aufsichtsrat den Ausschluss der Hochtief-Gruppe »wegen schwerwiegender Verstöße gegen das Vergaberecht und daraus resultierender Unzuverlässigkeit«. Die Privatisierungsverhandlungen sollen ausschließlich mit dem PEG-Konsortium fortgesetzt werden. Da dieses in der Vergangenheit signalisiert hatte, im Gegensatz zu den Flughafen-Partnern, auf die geplante Fluggastgebühr zu verzichten, erwägt auch der Berliner Senat, auf diesen Passagierbeitrag am Bau des BBI zu verzichten.

»Wir sind im Zeitplan«, versichert der Regierende Bürgermeister Eberhard Diepgen (CDU) und geht weiter von einer Eröffnung des neuen Flughafens im Jahr 2007 aus. Damit, dass die einzige verbliebene Bewerbergruppe um die IVG versuchen könnte, ihre Alleinstellung auszunutzen, rechnet er nicht. »Wir lassen uns nicht erpressen«, betont der Politiker, im Zweifelsfall werde man BBF-Privatisierung und Flughafenbau komplett neu ausschreiben. In Leipzig/Halle wird derweil am 24. März die neue 3600 Meter lange Start- und Landebahn Nord in Betrieb genommen und in München am 14. April der Grundstein für das neue Lufthansa-Terminal 2 gelegt.

Am 17. April 2000 teilt die Berliner Staatsanwaltschaft mit, dass sie das Verfahren gegen Verantwortliche und Mitarbeiter von Hochtief, Flughafen Frankfurt AG und WIB eingestellt habe. Zwar habe es eine regelwidrige Zusammenarbeit zwischen der FAG und der WIB gegeben, doch habe die PPS als mutmaßlich Geschädigte die erbrachten Leistungen »tatsächlich und rechtlich« nicht beanstandet. Damit sei »letztlich kein Schaden im Sinne eines Betrugsvorwurfes« entstanden. Das Berliner Abgeordnetenhaus setzt im Juni den zweiten BBI-Untersuchungsausschuss ein. Er soll klären, inwieweit der Senat am Scheitern der ersten Privatisierungsrunde eine Mitschuld trägt.

Mitte Mai beginnt im Rahmen des Planfeststellungsverfahrens die vierwöchige öffentliche Auslegung der Planungsunterlagen für den BBI. Die 49 Aktenordner können in zahlreichen Bürgerbüros und Amtsstuben in Berlin und Brandenburg eingesehen werden. Während die Vereinigung der Unternehmerverbände in Berlin und Brandenburg davon ausgeht, dass die Zahl der Berlin-Fluggäste bis 2007 auf 18 Millionen steigen wird, und die Politik drängt, beim BBI aufs Tempo zu drücken, reicht das Flughafen-Partner-Konsortium im Juni bei der Vergabekammer des Landes Brandenburg einen Nachprüfungsantrag ein. »Von der Projektplanungsgesellschaft Schönefeld wurden wir zu Unrecht aus dem Vergabeverfahren ausgeschlossen«, so Hochtief-Vorstand Wolfhard Leichnitz. »Das Nachprüfungsverfahren haben wir jetzt eingeleitet, um erneut den Zuschlag bei der Privatisierung der Berliner Flughäfen zu erhalten. Wir sind zuversichtlich, dass das Gericht unseren Argumenten folgen wird. Berlin und Brandenburg brauchen einen leistungsfähigen Großflughafen. Unser Konsortium hat nachgewiesenermaßen das Know-how und die finanzielle Stärke, um ein solches komplexes Infrastrukturprojekt in die Tat umzusetzen.«

»Wir sehen einer möglichen Auseinandersetzung gelassen entgegen«, gibt sich PPS-Geschäftsführer Michael Pieper zuversichtlich. Die Gefahr einer Verzögerung der inzwischen aufgenommenen Privatisierungsverhandlungen mit dem PEG-Konsortium sei, wie er betont, »gering«. Man habe nach dem Urteil des Oberlandesgerichts im Herbst 1999 intensive eigene Recherchen zum Verhalten des FPBB-Konsortiums angestellt und dabei »eine Reihe von Verstößen gegen das Vergaberecht durch die Konsortialmitglieder Hochtief AirPort und Flughafen Frankfurt/Main AG aufgedeckt«. Diese, führt er weiter aus, seien durch die Ermittlungen der Staatsanwaltschaft bestätigt worden, bei denen die erst seit Beginn des Jahres 2000 geltenden Straftatbestände zum Schutz des

Wettbewerbs noch keine Berücksichtigung hätten finden können.

Aufgrund der wiederholten Kritik an der schlechten Erreichbarkeit der Auslegungsorte wird die Auslage der Planungsunterlagen in acht Brandenburger Orten um zwei Wochen verlängert. Auf Drängen der Bürgermeister wird danach noch ein weiterer vierwöchiger Zeitraum zum Einsehen der Unterlagen in 16 flughafennahen Gemeinden gewährt. Somit endet die Eingabefrist erst am 25. Oktober. Mehr als 130 000 Einwendungen werden erhoben, deren Erörterung sich somit auf das Folgejahr verschiebt.

Die mündliche Verhandlung über den Nachprüfungsantrag von Hochtief findet am 13. Oktober vor dem Oberlandesgericht Brandenburg statt. Zwar wollen die Richter ihr Urteil erst am 10. November fällen, geben in einer Presseerklärung aber schon einen klaren Fingerzeig, in welche Richtung die Entscheidung gehen wird. »Nach derzeitiger, vorläufiger Beurteilung der Sach- und Rechtslage« sei die Beschwerde »zulässig und begründet«. Den Parteien wird nahegelegt, den Streit »gütlich beizulegen, um das ehrgeizige Projekt, den Bau des Großflughafens Berlin Brandenburg, nicht weiter zu verzögern«. Andernfalls, so die Richter, könne das »mit zahlreichen Verstößen belastete Ausschreibungsverfahren« auch komplett aufgehoben werden.

Nun wird erwartet, dass sich die beiden Konkurrenten auf ein gemeinsames Angebot verständigen. Alternativen wären, das Vergabeverfahren zurückzusetzen und mit beiden Bewerbern neu zu verhandeln oder das Projekt komplett neu auszuschreiben, was einem katastrophalen Rückschritt gleichkäme. In beiden Fällen müssten die Gesellschafter Investitionen in Höhe von rund 400 Millionen Euro vorfinanzieren, um den Zeitplan für den BBI nicht zu gefährden.

Während sich in Berlin die Fraktionschefs von CDU und SPD, Klaus Landowsky und Klaus Wowereit, für die erneute

Einbeziehung von Hochtief aussprechen, gibt es in Brandenburg erste Überlegungen, die Privatisierung bis zum Abschluss des Planfeststellungsverfahrens oder gar bis zur Fertigstellung des BBI zu verschieben. Die Projektplanungsgesellschaft, die den Ausschluss des Flughafen-Partner-Konsortiums beschlossen hatte, steht in der Kritik. Brandenburgs Wirtschaftsminister Fürniß, der als Aufsichtsratschef der PPS im Februar ebenso wie Geschäftsführung und Gesellschafter einstimmig für den Ausschluss der Hochtief-Gruppe votiert hatte, spricht von »Dilettantismus« beim Privatisierungsverfahren. Die PPS sucht derweil nach einem vergabe- und kartellrechtlich zulässigen Rahmen, der einen Zusammenschluss beider Konsortien ermöglicht.

Buchstäblich am letzten Tag kommt es zur Einigung. Am 10. November teilen Hochtief AirPort und IVG mit, dass beide Konsortien eine Vereinbarung unterzeichnet hätten, nach der sie »gleichrangig zusammengeführt« und gemeinsam von beiden Unternehmen geleitet würden. Anders als erwartet, bleibt dabei auch die Flughafen Frankfurt AG mit an Bord. Zuvor hatte die PPS den Ausschluss der Flughafen-Partner für Berlin und Brandenburg und diese ihren Widerspruch dagegen zurückgenommen. »Mit der Rücknahme des Ausschlusses sind wir in eine führende Position des Privatisierungsverfahrens zurückgekehrt«, sagt der Hochtief-Generalbevollmächtigte Hartmut Paulsen. »BBI wird eine wichtige Rolle bei der Umsetzung unserer Flughafen-Strategie spielen.« IVG-Direktor Klaus Köllen erklärt: »Die beiden Konsortien haben heute die Weichen dafür gestellt, dass Berlin und Brandenburg bis 2007 einen neuen internationalen Flughafen BBI erhalten.« »Dieser Vergleich ist ein Erfolg für das Projekt Berlin Brandenburg International«, frohlockt PPS-Chef Pieper. »Es wird jetzt wesentlich darauf ankommen, in den Verhandlungen zu einem wirtschaftlich vertretbaren und sozial ausgewogenen Ergebnis zu kommen.«

Noch müssen allerdings die deutschen und europäischen Kartellwächter dem Zusammenschluss zustimmen. Darin liegt eine mächtige Hürde. Der Chef des Bundeskartellamtes, Ulf Böge, äußert ernsthafte Bedenken. Verzögerungen kann man sich nicht mehr leisten. Am Flughafen Tegel, der den Löwenanteil des Berliner Flugverkehrs verkraften muss, weil kaum eine Luftverkehrsgesellschaft nach Schönefeld möchte, wird am 15. Dezember der zehnmillionste Fluggast begrüßt. Insgesamt kommt Tegel im Jahr 2000 auf 10,26 Millionen Reisende, Schönefeld dagegen ist mit 2,1 Millionen Passagieren nur zur Hälfte ausgelastet.

Wegen der verlängerten Auslegungsfrist hat sich auch das anschließende Anhörungsverfahren verschoben. BBG-Geschäftsführer Herberg warnt deshalb im Januar 2001 vor einer erneut drohenden Verzögerung. Sollte der Planfeststellungsbeschluss erst später als 2002 erfolgen und es dann auch noch Abweichungen zwischen den dort zugrunde liegenden Bauplänen der Holding und denen des Konsortiums geben, hält er die Eröffnung des BBI im Jahr 2007 für ernsthaft gefährdet.

Am 5. Februar 2001 genehmigt EU-Wettbewerbskommissar Mario Monti die Fusion der beiden Konsortien ohne Auflagen. Die Europäische Kommission sieht darin keine Beeinträchtigung der Wettbewerbsverhältnisse zwischen den europäischen Flughäfen. Die Airports, an denen Hochtief bereits beteiligt ist, hätten bisher weder eine Drehkreuzfunktion, noch würden sich ihre Einzugsbereiche mit dem BBI überschneiden. »Wir sind zuversichtlich, mit dem nunmehr verstärkten Konsortium zu einem baldigen Vertragsabschluss zu kommen«, sagt PPS-Geschäftsführer Pieper. Eberhard Diepgen fordert das vereinigte Bieterkonsortium auf, schnellstmöglich ein gemeinsames Konzept zu erstellen und noch vor dem Ablauf der ersten Jahreshälfte vorzulegen. Die umstrittene Passagiergebühr soll dabei keine Rolle mehr spielen.

Im Mai einigen sich Hochtief und IVG endlich auf einen gemeinsamen Vorschlag für den BBI. Basis sind die ursprünglichen Pläne, die von der BBF für das Planfeststellungsverfahren eingereicht wurden, das somit nicht nachgebessert werden muss. PPS-Chef Pieper hält einen Vertragsabschluss im Herbst für wahrscheinlich, damit scheint der Zeitplan wieder haltbar zu sein.

3. PRIVATISIERUNG GESCHEITERT, TERMIN GEPLATZT

In Berlin beginnt am 31. Mai 2001 die Anhörung der 67 000 Betroffenen, die im Planfeststellungsverfahren mehr als 133 000 Einwände gegen den Bau des BBI erhoben haben. Moderiert wird sie vom Leiter des Luftfahrt-Dezernats des Brandenburger Landesamtes für Bauen, Verkehr und Straßenwesen, Joachim Leyerle. An wöchentlich vier Verhandlungstagen – je zwei für Betroffene aus Berlin und aus Brandenburg – werden täglich bis zu 5000 Teilnehmer erwartet. Um den Massenandrang zu bewältigen, wurde die leerstehende Rathenau-Fabrikhalle im Berliner Ortsteil Oberschöneweide bestuhlt und mit neun Großbildleinwänden ausgestattet. Rund 20 Kilometer Kabel sind verlegt worden, um 80 Lautsprecher und 80 Scheinwerfer anzuschließen. Geplant sind zunächst 60 Sitzungstage bis Anfang September, gemietet hat man die Halle vorsorglich bis zum November.

Der erste Anhörungstag endet vorzeitig mit einem Eklat. Zwar sind nur gut 1000 Personen in die Halle gekommen, doch viele von ihnen tragen gelbe Schilder mit der Aufschrift *Nein* und lassen den Beginn der Anhörung im Lärm von Buhrufen, Pfiffen und Trillerpfeifen untergehen. »Wir sind das Volk«, skandiert die Masse, und nach einer Viertelstunde wird die Veranstaltung abgebrochen. Beim erneuten Versuch am Nachmittag gibt es wiederum Tumulte und einen erneuten Abbruch. Am Folgetag kommt zwischen den vom Bürgerverein Brandenburg-Berlin (BVBB) organisierten Protesten zumindest eine Frau von den 15 auf der Rednerliste stehenden Flughafenanwohnern zu Wort. Vergeblich fordern die Airport-Gegner den Abbruch des Verfahrens mit der Begründung, es sei staats- und verfassungsrechtlich unzulässig, dass Leyerle als Vertreter einer Brandenburger Behörde auf Berliner Terrain agiere.

Unterdessen unternimmt die Flughafen-Holding alles, um die Akzeptanz des Altflughafens Schönefeld zumindest bei den Ferienreisenden zu verbessern. »Einige Berliner – vor allem aus dem Westteil der Stadt – tun sich aber immer noch schwer, Schönefeld als ihren Berliner Flughafen anzunehmen«, muss man in einer Pressemitteilung einräumen. Die jüngsten Umfrageergebnisse hätten aber gezeigt, dass der Airport besser sei als sein Ruf. Mit einer großangelegten Imagekampagne hat man erreicht, dass sich im Juni 79 Prozent der Westberliner immerhin vorstellen können, in Schönefeld zu starten, im April waren es noch 71 Prozent. Angelockt werden sie unter anderem mit niedrigen Parkgebühren. Für bis zu 15 Tage verlangt man in Schönefeld nur 69 D-Mark, in Tegel sind es 150 D-Mark pro Woche. Und die FBS verweist auf kurze Check-in- und Gepäckausgabezeiten – kein Wunder, schließlich ist in Schönefeld ja nichts los.

In Berlin endet die große Koalition am 16. Juni 2001 mit einem Paukenschlag. Auf dem Höhepunkt des Bankenskandals wird der Regierende Bürgermeister Eberhard Diepgen am 16. Juni nach einem Misstrauensantrag abgewählt. Nachfolger wird Klaus Wowereit (SPD), der bis zu den Neuwahlen im Herbst einen rot-grünen Übergangssenat leitet. Damit ändert sich auch wieder einmal die Berliner Flughafenpolitik. Während die BBF ihren Antrag, Tempelhof mit vorliegender Planungssicherheit für den BBI voraussichtlich 2003 zu schließen, ruhen lässt und sogar zurückziehen will, beharrt die neue Landesregierung auf der schnellstmöglichen Stilllegung des traditionsreichen City-Airports.

In Sachsen-Anhalt hofft man dagegen weiter auf ein Scheitern des BBI. Ministerpräsident Reinhard Höppner (SPD) stellt eine Studie von Roland Berger über die Marktchancen des in Stendal geplanten Großflughafens Berlin International vor. Fast eine halbe Million Mark hat man sich das Gutachten kosten lassen. Ab Ende 2008 – so die Vision – könnten die Berliner mit dem ICE binnen 35 Minuten zum dortigen Airport gelangen und bereits im Zug einchecken. Bis zu acht Milliarden D-Mark soll der Bau des Flughafens in der Altmark kosten, zwei Milliarden mehr als für den BBI veranschlagt sind. Verkehrsminister Jürgen Geyer (SPD) gibt sich dennoch unbesorgt, was die private Finanzierung betrifft. Sei der BBI erst einmal gescheitert, würden die Investoren in Stendal Schlange stehen, so seine Überzeugung.

Am 30. Juli legt das neue Konsortium, das von nun an als Berlin Brandenburg International Partner GmbH (BBIP) firmiert, sein neues Übernahmekonzept vor. Das neue Angebot liegt, wie bekannt wird, deutlich unter 300 Millionen D-Mark, während das Hochtief-Konsortium im ersten Bieterverfahren noch 650 Millionen D-Mark geboten hatte. Die PPS prüft nach Angaben ihres Geschäftsführers Pieper, ob die Offerte in technischer und finanzieller Hinsicht den Ausschreibungsbedingungen entspricht und verhandlungsfähig ist. Eine zweite Angebotsvariante sieht vor, dass 25,1 Prozent der Holding im Besitz der öffentlichen Hand verbleiben. Ende August sollen beide Varianten den BBF-Gesellschaftern vorgestellt und erörtert werden. Auch eine Fluggastgebühr hält der rot-grüne Senat wieder für denkbar, sie soll aber gegenüber der ursprünglichen Planung auf zehn D-Mark reduziert werden.

Am 23. August gibt es einen erneuten juristischen Tiefschlag für die Flughafenpolitik: Das in Frankfurt/Oder ansässige Oberverwaltungsgericht Brandenburg erklärt den Landesentwicklungsplan auf Klage von sechs Gemeinden im Flughafenumfeld für nichtig. Nachdem in ersten Entwürfen nur von einem Flughafenstandort »südlich von Berlin« die Rede war, sind die Gemeinden an der letztlichen Entscheidungsfindung für Schönefeld nicht ausreichend beteiligt worden, befinden die Richter. Weil das rechtlich höherwertigere Landesentwicklungsprogramm jedoch Gesetzeskraft hat und die Gemeinden ihre Verfassungsbeschwerde dagegen nicht fristgerecht erhoben haben, ändert sich nichts. Eine vom BVBB geforderte Aussetzung des Planfeststellungsverfahrens wird nicht für nötig befunden, zumal der Landesentwicklungsplan nachgebessert werden kann.

Ende August wird bekannt, dass das vereinte Konsortium von Hochtief und IVG tatsächlich nur noch 50 Millionen D-Mark für die Übernahme bietet, für Rot-Grün eine nicht akzeptable Offerte. »Ein solches Angebot ist nicht verhandelbar«, sagt der verkehrspolitische Sprecher der Berliner SPD-Fraktion, Christian Gaebler. Sein Kollege von den Grünen, Michael Cramer, spricht von einem »unsittlichen Angebot«. Dem Vernehmen nach sind verschiedene Großbanken bereit, einen alternativen Bau des BBI durch die öffentliche Hand zu finanzieren. Als wahrscheinlich gilt deshalb, dass die PPS das Verfahren ohne Zuschlagsentscheidung für beendet erklärt. Würde man BBIP dagegen auffordern, das Angebot nachzubessern, hätte das Konsortium bei einem späteren Scheitern der Verhandlungen eine Rechtsgrundlage, um Schadensersatzansprüche geltend zu machen.

Ministerpräsident Manfred Stolpe muss vor seiner SPD-Fraktion in Brandenburg einräumen, dass es bei der Realisierung des Flughafens »zeitliche Probleme« geben könnte. In Regierungskreisen ist bereits davon die Rede, dass erst 2009 oder 2010 mit einer Eröffnung zu rechnen sei. »Wenn der Flughafen 2010 in Betrieb geht, ist Berlin gut«, sagt Michael Cramer der *Berliner Zeitung*.

Am 17. September bezeichnet der PPS-Aufsichtsrat das Angebot als »nicht akzeptabel«, empfiehlt aber, dem BBIP-Konsortium »eine letzte Chance« zur Nachbesserung einzuräumen. Auch der BBF-Aufsichtsrat bezeichnet die Offerte vier Tage später als »in der derzeitigen Form nicht verhandlungsfähig« und setzt den Bietern eine Frist bis zum 31. Oktober. Bürgermeister Wowereit und Wirtschaftsminister Fürniß betonen, dass das Privatisierungsverfahren somit noch nicht gescheitert sei. Am 21. September wird Klaus Wowereit einstimmig zum neuen Aufsichtsratsvorsitzenden der BBF gewählt und tritt somit die Nachfolge des bereits im Sommer zurückgetretenen Eberhard Diepgen an. Gleichzeitig beschließt das Gremium einen Antrag zu stellen, der die Schließung des Flughafens Tegel sechs Monate nach Inbetriebnahme des BBI vorsieht. Dieser Antrag muss vor dem Planfeststellungsbeschluss für den neuen Flughafen gestellt werden, weil er als eine Voraussetzung für Berlin Brandenburg International gilt.

In Tegel, wo der Flughafen im Gegensatz zum Schönefelder Dornröschenschlaf aus allen Nähten platzt, wird am 27. September nach einjähriger Bauzeit das neue Behelfsterminal D auf dem Parkdeck P 2 in Betrieb genommen. Für 24 Millionen D-Mark sind in diesem Bereich zusätzliche Abfertigungskapazitäten entstanden.

In Berlin tobt der Wahlkampf. Die CDU tritt mit ihrem neuen Spitzenkandidaten Frank Steffel an, der weiterhin einen Drehkreuzflughafen fordert, während SPD-Mann Wowereit nur noch von einem Groß- und Single-Flughafen spricht. Der allerdings, so versichert er, werde wie geplant 2007 in Betrieb gehen. Bei den Wahlen am 21. Oktober siegen die Sozialdemokraten und bilden mit der PDS den neuen rot-roten Senat. Beide Parteien hatten sich ursprünglich für den Standort Sperenberg eingesetzt, doch nun ist es für ein Umschwenken zu spät. So einigt man sich darauf, Tempelhof schnellstmöglich zu schließen und das Genehmigungsverfahren für den Ausbau von Schönefeld fortzusetzen.

Die Politiker klammern sich weiter an die Hoffnung, es

könnte doch noch mit der Privatisierung klappen, und verlängern die Nachbesserungsfrist für das Konsortium auf dessen Wunsch bis zum 30. November. Das nun vorgelegte Angebot unterscheidet sich nur unwesentlich vom Original. Demnach soll der Flughafen überraschenderweise erst 2011 eröffnet werden, weil aus Sicht des BBIP erst dann mit 20 Millionen Berlin-Passagieren gerechnet wird.

Am 28. Dezember wird Jörg Rommerskirchen vom BBF-Aufsichtsrat zum neuen Geschäftsführer für den Bereich Personal und Arbeitsdirektor gewählt. Er war zuletzt in gleicher Position bei der GASAG Berliner Gaswerke AG tätig. Inzwischen beschäftigen sich in Berlin und Brandenburg neue parlamentarische Untersuchungsausschüsse mit dem ersten Scheitern der Privatisierung.

Brandenburgs Ministerpräsident Stolpe ist der Erste, der öffentliche Zweifel an der Fortsetzung der Privatisierungsverhandlungen äußert. Wenn es im Angebot der Investoren keine deutlichen Verbesserungen gebe, werde ein »VEB Flughafen« geschaffen, sagt er überraschend vor dem Brandenburger Ausschuss. Das neue Konsortium hat sein Angebot immerhin erhöht, »für beide Seiten die letzte Chance«, wie Hochtief-Vorstandschef Hans-Peter Keitel während einer Südamerika-Reise mit Bundeskanzler Helmut Schröder erklärt. Bestandteile des Angebots sind eine Fluggastgebühr von fünf Euro pro Passagier und eine Milliardenbeteiligung der Gesellschafter.

In ihrem Bestreben, Airlines zum Umzug nach Schönefeld zu bewegen, kündigt die Holding drastische Gebührenerhöhungen für Tegel an und stößt damit wegen der vermeintlichen Quersubventionierung der defizitären Flugplätze Tempelhof und Schönefeld auf heftigen Widerstand bei den Airlines.

Im März 2002 beschließen der Aufsichtsrat der PPS und die Gesellschafterversammlung der BBF wiederum, neue Verhandlungen mit dem Hochtief/IVG-Konsortium aufzunehmen. Laut Medienberichten liegt das jüngste Angebot zur

Übernahme der Holding bei 122 Millionen Euro. Die SPD-Bundestagsfraktion protestiert. Bundes- und Landesrechnungshöfe hätten schwere Bedenken geäußert und würden befürchten, dass Schadensersatzforderungen auf die Gesellschafter zukommen könnten. PDS und Grüne fordern einen Abbruch der Verhandlungen, weil das Angebot des konkurrenzlosen Konsortiums aus ihrer Sicht »völlig unakzeptabel« (Jutta Matuschek, PDS) und »eine Unverschämtheit« (Michael Cramer, Bündnis 90/Die Grünen) sei. An einer Neuausschreibung nach Abschluss des Planfeststellungsverfahrens könnten sich dann wieder alle Interessenten beteiligen.

Brandenburgs Wirtschaftsminister Fürniß erklärt dagegen anlässlich der Internationalen Luft- und Raumfahrtausstellung ILA, die im Mai bereits zum sechsten Mal in Schönefeld stattfindet, dass er mit einem Verhandlungsergebnis im Sommer rechne und der BBI planmäßig 2007 seinen Betrieb aufnehmen müsse. Ende Juli, ein Jahr nach der Abgabe des ursprünglichen Angebots durch Hochtief/IVG, ist allerdings ein Ende der Gespräche noch nicht abzusehen. Nach dem Rücktritt von Manfred Stolpe wird Matthias Platzeck, der 1995 in die SPD gewechselt ist, am 26. Juni 2002 zum neuen Ministerpräsidenten des Landes Brandenburg gewählt.

Am 29. August 2002 unterzeichnen BBF und BBIP eine Absichtserklärung zum Bau des Flughafens, in der festgelegt ist, dass dieser binnen fünf Jahren nach Erteilung der Genehmigung in Betrieb gehen soll. Die Kapazität der ersten Ausbaustufe soll auf 17,5 Millionen Passagiere im Jahr reduziert werden. 290 Millionen Euro sind als Kaufpreis für die Holding vorgesehen, die in drei Raten zu zahlen sind. Weitere 650 Millionen will das Konsortium an Eigenmitteln in den neuen Flughafen investieren. Die Landegebühr soll trotz heftiger Proteste der Luftverkehrsgesellschaften ab 2003 um drei Euro und nach Betriebsaufnahme des BBI noch einmal um 5,10 Euro erhöht werden. Klaus Wowereit bezeichnet das als die

»Risiken und Nebenwirkungen« des Projektes. Offen bleibt, ob das Geld in die Baufinanzierung einfließen oder zur Deckung der Kosten des aktuellen Flughafenbetriebs dienen soll. In diesem Punkt widersprechen sich die Aussagen der Beteiligten. Holding-Chef Herberg spricht von einem »positiven und eindeutigen Signal für die schnelle Realisierung des neuen Hauptstadtflughafens«.

Bereits zu diesem Zeitpunkt zeichnet sich ab, dass sich der Eröffnungstermin des BBI wohl auf das Jahr 2008 verschieben wird. Die endgültige Vereinbarung soll bis zum 30. November unterzeichnet werden. Auch dieser Termin verstreicht, ohne dass etwas geschieht. Fortan ist von einem Vertragsabschluss im Jahr 2003 die Rede. Im Dezember meldet sich der einstige Lufthansa-Vorstandschef Heinz Ruhnau im *Tagesspiegel* mit einer ebenso provokanten wie radikalen Alternative zu Wort. Der BBI sei derzeit nicht finanzierbar, ein drittes Drehkreuz neben Frankfurt und München werde in den nächsten 20 Jahren ohnehin nicht gebraucht, sagt Ruhnau und schlägt stattdessen den Ausbau von Tegel vor. Die Fluglärmproblematik will er ebenso ungewöhnlich wie teuer lösen: Die Mietshäuser in der Einflugschneise sollen aufgekauft und abgerissen werden, die Bewohner Ersatz an anderer Stelle erhalten. Wie das bezahlt werden soll, bleibt offen.

Der altersbedingt zum Jahresende ausscheidende Holding-Chef Götz Herberg zweifelt Ruhnaus Objektivität an, schließlich sei dieser Aufsichtsratsvorsitzender der Mitteldeutschen Flughafen AG, Betreiber der Flughäfen Leipzig/Halle und Dresden. Zum Nachfolger Herbergs wird Dieter Johannsen-Roth berufen, der die Privatisierungsverhandlungen bereits als Finanzberater begleitet hat und im August als Nachfolger von Andreas Foidl zum kommissarischen kaufmännischen Geschäftsführer ernannt worden ist. Aufsichtsratschef Wowereit würdigt Johannsen-Roth für seine »doppelte Kompetenz sowohl im Bereich der Privatisierung als auch (für seine)

Kenntnisse des Tagesgeschäfts der Berliner Flughäfen«. Der Vertrag des neuen Holding-Chefs hat nur eine Laufzeit von sechs Monaten, bis dahin soll die Gesellschaft endlich verkauft sein.

Anfang 2003 drückt Klaus Wowereit deshalb aufs Tempo und drängt auf einen Abschluss der Privatisierungsverhandlungen bis Ende Januar. Doch auch dieser Termin verstreicht ergebnislos. Am 7. Februar erklären die drei Gesellschafter die Verhandlungen mit dem Hochtief/IVG-Konsortium für gescheitert. »Wir sind zu einem Punkt gekommen, an dem das Projekt nicht zu beenden ist«, sagt Bundesverkehrsminister Stolpe. Die Risiken beim Bau des Airports seien nicht gleichmäßig verteilt, sondern sollen, wie es im Angebot der Investoren heißt, überwiegend bei der öffentlichen Hand verbleiben. Der Abbruch des Privatisierungsverfahrens muss offiziell noch vom PPS-Aufsichtsrat beschlossen werden. Offen ist, ob es eine Neuausschreibung geben wird oder der BBI von der öffentlichen Hand gebaut werden soll. Die Baukosten werden inzwischen auf zwei Milliarden Euro geschätzt. Um Geld zu sparen, wird darüber diskutiert, den neuen Flughafen weiter zu verkleinern. Eine Anfangskapazität von 15 Millionen Passagieren könnte ebenfalls ausreichen. Klar ist, dass es auch ohne Schadensersatzforderungen von BBIP teuer wird, denn es wurde vereinbart, dass dem Konsortium bei einem Scheitern der Verhandlungen die Aufwendungen ersetzt werden.

Zunächst einmal schiebt die PPS den geplanten Aufsichtsratsbeschluss zum Abbruch des Verfahrens auf die lange Bank. Das Konsortium hat indessen seine Bereitschaft zu weiteren Verhandlungen signalisiert und vorsorglich eine Verfahrensrüge erstattet. Anstatt die erforderliche offizielle Bewertung des Verfahrensstandes vorzulegen, erklärt PPS-Geschäftsführer Michael Pieper seinen Rücktritt. Zu Nachfolgern, die alles richten sollen, werden Gerd Kronmüller, bisher Flughafenreferent in der Berliner Senatskanzlei, und Torsten Fritz, BBI-Experte im Brandenburger Wirtschaftsministerium, berufen.

Währenddessen droht dem BBI trotz der geplanten Schließung von Tempelhof und Tegel neue Konkurrenz. Der irische Billigflieger Ryanair, der meist deutlich vom eigentlichen Zielort entfernte Low-Cost-Flughäfen wie Hahn für Frankfurt am Main und Lübeck für Hamburg bevorzugt, hat den 70 Kilometer von Berlin entfernten, im Landkreis Märkisch-Oderland gelegenen ehemaligen DDR-Regierungsflugplatz Neuhardenberg für sich entdeckt. Dessen private Betreibergesellschaft glaubt, ohne Fördermittel vorhandene Gebäude zu einem Terminal umbauen und ein Instrumentenlandesystem installieren zu können. Während Berlins Verkehrssenator Peter Strieder (SPD) dies nach der gemeinsamen Landesplanung für unzulässig hält, fällt ihm das Brandenburger Infrastrukturministerium in den Rücken. Überraschend wird erklärt, dass der BBI keinen Wettbewerbsschutz mehr genieße. In früheren Verträgen zum Privatisierungsverfahren habe es zwar eine Klausel gegeben, nach der Konkurrenzprojekte im Umkreis von 100 Kilometer nicht mit Landesmitteln gefördert werden dürfen, doch sei das bei einem privat finanzierten Ausbau von Neuhardenberg nicht relevant.

Im April 2003 räumt BBF-Geschäftsführer Johannsen-Roth ein, dass der BBI wohl erst 2010 in Betrieb gehen werde. Weil es nicht gelungen ist, den Altflughafen Schönefeld im erhofften Umfang zum Airport für den Urlaubsverkehr zu machen, hat man jetzt eine neue Idee. Schönefeld soll zum Standort für die immer stärker auf den Markt drängenden Billigflieger werden.

Das Planfeststellungsverfahren verzögert sich. Weil die Standortentscheidung für Schönefeld unter dem Hinweis, es würde sich lediglich um den Ausbau eines bestehenden Flughafens handeln, nur unzureichend begründet wurde, muss die Holding die Unterlagen nachbessern. Sie werden im Juni erneut in rund 30 Gemeinden ausgelegt.

Das Privatisierungsverfahren ist noch immer nicht offiziell beendet. In Verhandlungen mit dem Konsortium versuchen die Gesellschafter, den drohenden Schaden zu begrenzen. Während Hochtief aus dem Projekt aussteigen will, unterbreitet IVG-Vorstandschef Eckhard John von Freyend im Mai in einem Schreiben an Stolpe, Wowereit und Platzeck im Namen des Restkonsortiums überraschend ein neues Angebot. Danach soll Schönefeld ab Ende 2004 in drei Stufen unter Verzicht auf den unterirdischen Bahnhof ausgebaut werden. Eine Erweiterung des vorhandenen Terminals auf 15 Millionen Jahrespassagiere und die neue Start- und Landebahn könnten demzufolge bereits zur Fußballweltmeisterschaft 2006 fertiggestellt sein. Von der BBF wird der Vorschlag als unrealistische Machbarkeitsstudie eingestuft, die ein neues Planfeststellungsverfahren erfordern würde.

Am 22. Mai 2003 geben die Gesellschafter offiziell den Abbruch der Gespräche mit dem BBIP-Konsortium und die einvernehmliche Beendigung des Vergabeverfahrens bekannt. 41 Millionen Euro erhält das Konsortium als Aufwandsentschädigung und für die Überlassung von Plänen. Die Politiker beeilen sich zu versichern, dass die öffentliche Hand den BBI errichten wird. »Am Bau des Flughafens Berlin Brandenburg International in Schönefeld gibt es keinen Zweifel«, sagt Klaus Wowereit. Und Tilo Braune (SPD), Staatssekretär im Bundesverkehrsministerium, versichert: »Der Bund ist gewillt, dieses Projekt kraftvoll voranzubringen.« Um Kosten zu sparen, soll der Airport aber in deutlich abgespeckter Form realisiert werden. Man hofft, die Baukosten so von 1,7 auf 1,3 Milliarden Euro zu senken, dazu kommen noch 500 Millionen Euro für die Verkehrsanbindung. Der Vertrag von Dieter Johannsen-Roth wird verlängert.

In München wird am 29. Juni nach nur viereinhalbjähriger

Planungs- und Bauzeit das Terminal 2 in Betrieb genommen. Mit 25 Millionen Passagieren entspricht seine Jahreskapazität dem BBI. Die Baukosten liegen einschließlich aller Infrastrukturmaßnahmen bei 1,5 Milliarden Euro, allein 800 Millionen davon entfallen auf den reinen Terminalbau.

4. DIE NÄCHSTE TERMINVERSCHIEBUNG

Während der Planfeststellungsbeschluss erst für 2004 erwartet wird und danach noch vom Bundesverwaltungsgericht bestätigt werden muss, plant die Berlin Brandenburg Flughafen Holding (BBF), den verlustreichen Flughafen Tempelhof bereits vorzeitig am 30. Oktober 2004 zu schließen. Doch dagegen firmiert sich Widerstand, nicht nur von den dort tätigen Luftfahrtunternehmen. Zu diesem Zweck wird die Interessengemeinschaft City-Airport Tempelhof gegründet, die gegen den Beschluss klagen will. Die Verluste – 2002 rund 13 Millionen Euro – würden nicht durch den Flugbetrieb entstehen, sondern dadurch, dass für diesen nur ein kleiner Teil der Immobilie benötigt werde. Stattdessen kritisieren die Tempelhof-Befürworter die unzureichende Vermarktung des restlichen Gebäudeteils. Auch die Berliner CDU rückt vom »Konsensbeschluss« ab, der die Schließung des Stadtflughafens bei gerichtlich bestätigter Planungsreife für den BBI vorsieht, und möchte Tempelhof zumindest bis zur Eröffnung des neuen Airports offenhalten. Hans Rudolf Wöhrl, der die Deutsche BA gekauft hat, bietet im August 2003 an, Tempelhof komplett zu übernehmen und zuschussfrei zu betreiben.

Am 26. September kann die Flughafengesellschaft bezüglich ihrer Bemühungen, Schönefeld wenigstens als Billigflughafen attraktiv zu machen, einen ersten Erfolg vermelden. Der Low-Cost-Carrier Germanwings konnte überredet werden, Tegel zum Beginn des Winterflugplans am 26. Oktober zu verlassen. In Schönefeld wird man zu den drei täglichen Frequenzen von und nach Köln/Bonn auch zwei tägliche Flüge nach Stuttgart anbieten. Während Dieter Johannsen-Roth in der entsprechenden Pressemitteilung der Berliner Flughäfen erklärt, dass der Umzug »zeigt, wie attraktiv der Flughafen Schönefeld geworden ist«, wird zwei Absätze später deutlich, welchen Aufwand man betreiben muss, um die Billigflug-Reisenden zum ungeliebten Airport zu locken: »Während des Winterflugplans gibt es für alle Germanwings-Passagiere einen kostenlosen Bus-Shuttle von Schönefeld über Berlin-Mitte und Prenzlauer Promenade zum Flughafen Tegel. Zudem ist für die Passagiere der Germanwings das Parken in Schönefeld bis zum Ende dieses Jahres kostenlos.« Johannsen-Roth erwartet mehr als 400 000 zusätzliche Passagiere in Schönefeld. »Wir werden unsere Strategie weiterverfolgen, Schönefeld für das stark wachsende Marktsegment Low Cost fit zu machen.«

Am 2. Oktober 2003 wird die Berlin Brandenburg Flughafen Holding (BBF) aufgelöst. Im Rahmen eines Verschmelzungsvertrages geht sie gemeinsam mit ihren Töchtern PPS und FPS (Flughafenprojektgesellschaft) in der Flughafen Berlin Schönefeld GmbH (FBS) auf. Damit soll das Unternehmen, das den BBI-Bau nun allein stemmen muss, schlagkräftiger aufgestellt werden. Chef der FBS ist Dieter Johannsen-Roth. Parallel dazu existiert weiterhin als hundertprozentige Tochter die Berliner Flughafen-Gesellschaft (BFG) als Betreiber von Tegel und Tempelhof.

Im Oktober erklärt BBI-Chefplaner Ulrich Schindler, dass man den Planfeststellungsbeschluss im Frühsommer 2004 erwarte und mit dem Bau begonnen werden könne, sobald – voraussichtlich ein Jahr später – das Bundesverwaltungsgericht über die Klagen dagegen entschieden habe. Der neue Flughafen könnte dann 2010 seinen Betrieb aufnehmen.

Am 6. November werden die Weichen endgültig für eine konkurrenzlose Alleinstellung des BBI gestellt. Das Potsdamer Raumordnungsministerium teilt mit, dass ein Ausbau des Flugplatzes Neuhardenberg sowohl dem Landesentwicklungsprogramm als auch dem am 15. November in Kraft tretenden Landesentwicklungsplan zum Flughafenstandort widerspreche, der eine Konzentration des Luftverkehrs in Schönefeld vorsehe. Chef der gemeinsamen Landesplanungsbehörde für Berlin und Brandenburg ist Berlins Stadtentwicklungssenator Peter Strieder (SPD).

Auch die Tempelhof-Pläne der Deutschen BA sind gescheitert. Auf seine wiederholten Übernahmeangebote habe er nie eine Antwort erhalten, sagt Hans Rudolf Wöhrl. Lediglich bei einem inoffiziellen Gespräch habe ihm Klaus Wowereit zu verstehen gegeben, dass mit der auch von der Berliner CDU geforderten Offenhaltung des City-Airports bis zur BBI-Eröffnung nicht zu rechnen sei. Damit entscheidet sich die inzwischen in dba umbenannte Deutsche BA zum zweiten Mal gegen Berlin und verzichtet in diesem Zuge darauf, ihre Firmenzentrale mit 200 Mitarbeitern von München in die deutsche Hauptstadt zu verlegen. Wöhrl kritisiert zugleich, dass die Flughafengesellschaft mit zwei Drittel niedrigeren Gebühren in Schönefeld versuche, Airlines zum Weggang aus Tegel zu bewegen. Für Geschäftsreisende stellt Schönefeld aus seiner Sicht noch immer keine Alternative dar.

So bleibt Schönefeld das Zentrum der Billigflieger. Entsprechend arbeitet die Flughafengesellschaft an einer Kampagne, um den Airport gerade einem jüngeren Publikum als besonders modern zu verkaufen. Am 12. November kann sie einen entscheidenden Coup landen. Der britische Billigflieger EasyJet wählt den Flughafen unter 80 europäischen Wettbewerbern als Station aus und kündigt an, in Schönefeld ab Mai 2004 zunächst fünf neue Airbus A319 zu stationieren und mit diesen elf europäische Städte anzusteuern. Im ersten Jahr will EasyJet bereits 800 000 Passagiere von und nach Schönefeld befördern, 2005 sollen es 1,7 Millionen sein. Damit würde sich das Fluggastaufkommen des Airports binnen nur zwei Jahren verdoppeln. Dazu mieten die Briten das komplette Terminal B und damit rund ein Drittel der vorhandenen Abfertigungsanlagen.

Man habe Partnerflughäfen gesucht, die bereit seien, ihren Betrieb effizienter zu gestalten, um die Preise für die Passagiere zu senken, betont EasyJet-Generaldirektor Ray Webster. »Im Fall von Berlin gewährleistet die Langzeitvereinbarung, dass sowohl Berlin als auch EasyJet die nötigen Investitionen für schnelle Abfertigungszeiten und geeignete Terminaleinrichtungen tätigen können, um Berlin auch ohne öffentliche Subventionen zu einem vollen Erfolg zu gestalten.« Johannsen-Roth frohlockt: »Die strategischen Standortentscheidungen werden nicht morgen oder übermorgen getroffen, sondern jetzt.« EasyJet sei an einer nachhaltigen Entwicklung des Standortes, auch im Hinblick auf den BBI, interessiert.

Exakt zum Starttermin von EasyJet am 1. Mai 2004 passt die FBS die Gebühren in Schönefeld an die Bedürfnisse des neuen Platzhirschen an und offeriert gestaffelte Rabatte, die sich nach dem Passagieraufkommen richten. Das weckt den Zorn der in Tegel operierenden Gesellschaften, die dort kräftig zur Kasse gebeten werden. Während die Politik die Ungleichbehandlung mit der gewollten Stärkung von Schönefeld begründet, reicht Air Berlin eine Klage beim Potsdamer Landgericht ein. Der streitbare geschäftsführende Gesellschafter der Fluggesellschaft, Joachim Hunold, übt heftige Kritik an der Luftfahrtpolitik des rot-roten Senats und stellt öffentlich sogar den Standort in Frage, dessen Namen seine Airline trägt.

Zum neuen technischen Geschäftsführer der FBS wird zum 1. Januar 2004 Thomas Weyer berufen, der zuvor für Hochtief AirPort tätig war und dort in verantwortlicher Position am gescheiterten Privatisierungsverfahren mitgewirkt hatte. Neuer Geschäftsführer Personal wird Manfred H. Bobke-von

Camen. Weyer kündigt an, dass es keine zusätzlichen Passagiergebühren für den Bau des BBI geben werde. Anfang 2006 soll mit den Arbeiten begonnen werden, geplant wird jetzt ein zweckmäßiger Flughafen, der auf jeden überflüssigen Luxus verzichtet. Zum Winterflugplan 2010 soll der neue Airport in Betrieb gehen.

Vorerst werden neun Millionen Euro in den Ausbau der alten Anlagen investiert, das Terminal B wird für EasyJet umgebaut und um einen L-förmigen Anbau mit fünf Abfertigungspositionen erweitert. Dabei handelt es sich um sogenannte Walk-Boarding-Gates, von denen die Passagiere zu Fuß über das Vorfeld zu den Maschinen laufen. Am 28. April nimmt der Billigflieger den Betrieb in Berlin auf. Dieter Johannsen-Roth spricht von einem »Durchbruch für den Flughafen Schönefeld«, den man so »in den nächsten Jahren« in die Gewinnzone führen und damit »die wirtschaftliche Basis für den Ausbau des Flughafens Berlin-Schönefeld zum Airport Berlin Brandenburg International BBI« schaffen wolle.

Bisher müssen die mit dem Zug anreisenden Passagiere vom Bahnhof Flughafen Berlin-Schönefeld durch einen wenig anheimelnden Tunnel und anschließend bei Wind und Wetter im Freien zum Terminal laufen. Zwei Millionen Euro investiert die Flughafengesellschaft nun in eine verbesserte Anbindung. Der Entwurf dazu stammt von zwei Architektenbüros und beruht auf einem Gutachterverfahren, das man gemeinsam mit der Deutschen Bahn initiiert hatte. Der Tunnel bekommt mehr Platz für Geschäfte und Dienstleistungen, ferner wird ein verbessertes Beleuchtungskonzept umgesetzt. Der Weg vom Tunnel zum Flughafen erhält eine neue Führung, wird überdacht und bietet Verweil-, Informations- und Werbemöglichkeiten. »Uns haben vor allem die schlüssige Verbindung von Bahnhof und Flughafen sowie die kostengünstige und schnelle Umsetzbarkeit überzeugt«, sagt Technikchef Weyer. »Mit der Neugestaltung des Vorplatzes können wir nun bis zur

BBI-Eröffnung 2010 im Außenbereich des Flughafens die Qualität anbieten, die unsere Kunden erwarten.«

Die lang andauernden Vorbereitungen zum Bau des BBI ermuntern immer neue Planer zu teilweise kuriosen Ideen. So stellt der Stuttgarter Architekt Hans-Georg Brunner im Juli 2004 sein Konzept für den Berlin Central Airport International vor. Man könnte rund eine halbe Milliarde Euro sparen, wenn man auf den Neubau eines großen Terminals in Schönefeld verzichte, dort lediglich simple Flugsteige errichte und stattdessen den Flughafen Tempelhof als innerstädtisches Abfertigungsgebäude mit Check-in-Schaltern und Shoppingmöglichkeiten nutze, so sein Vorschlag. Passagiere und Gepäck könnten dann – bereits getrennt – binnen 14 Minuten mit der Bahn zu den Boarding-Gates und den Startbahnen des BBI gelangen. Die Züge sollen in einem Tunnel verkehren, den Brunner unter Nutzung der Trasse der Neukölln-Mittenwalder Güterbahn bauen möchte. Auf offizieller Seite werden die Vorschläge des Architekten nicht ernst genommen, bei der Senatsverwaltung für Stadtentwicklung, der auch die Berliner Luftfahrtbehörde untersteht, spricht man von einer »Lachnummer«. Tempelhof bleibt ohnehin für die Politik ein Tabuthema, auch die Fluggesellschaften Germania und Windrose Air blitzen beim Versuch, den Airport bis zur BBI-Eröffnung in eigener Regie weiterzubetreiben, beim Berliner Senat ab.

Dieter Johannsen-Roth geht inzwischen davon aus, dass der Altflughafen Schönefeld dank des Engagements der Billigflieger 2007 erstmals wieder Gewinn erzielen wird. Weitere Investitionen sind geplant, »um die Reste des sozialistischen Charmes zu überwinden«, zitiert ihn die *Berliner Zeitung*.

Am 13. August 2004 erteilt das Brandenburger Infrastrukturministerium den Planfeststellungsbescheid für den BBI. Damit können das Terminal sowie die 4000 Meter lange neue Südbahn gebaut und die bisherige Südbahn um 600 auf 3600

Meter verlängert werden. Unter den Gebäuden entsteht ein Bahnhof für Nah- und Fernverkehr. Der Airport soll in zwei Stufen gebaut werden, zunächst mit einer Kapazität von bis zu 20 Millionen Fluggästen, die in der zweiten Phase auf 30 Millionen erweitert wird. Das entspricht 360 000 Flugbewegungen im Jahr.

Auf ein Nachtflugverbot wird verzichtet, dafür erteilt die Behörde aber strenge Auflagen, die nach ihren Angaben bereits den Anforderungen des neuen Fluglärmgesetzes entsprechen, das noch nicht verabschiedet ist. Zwischen 22 und 6 Uhr dürfen nur Flugzeuge starten und landen, deren Lärmpegel um zehn Dezibel unter dem aktuellen Grenzwert liegt. Im sogenannten Tagschutzgebiet wird im Freien ein Dauerschallpegel von maximal 60 Dezibel vorgeschrieben, in Gebäuden darf der Lärm bei geschlossenen Fenstern 55 Dezibel nicht überschreiten. Rund 25 000 Anwohner haben Anspruch auf den Einbau von Schallschutzfenstern. Im Nachtschutzgebiet sind maximal 55 Dezibel zulässig, damit steigt die Zahl der anspruchsberechtigten Flughafenanlieger auf 42 000. Um welche Summe sich deshalb die bisher auf 1,7 Milliarden Euro geschätzten Gesamtkosten für den BBI erhöhen werden, ist noch unklar.

Klaus Wowereit legt dar, dass der Planfeststellungsbeschluss ein »riesiger Schritt zur Verwirklichung des größten und wichtigsten Infrastrukturprojektes für die wirtschaftliche Entwicklung der Region« sei. Flughafenchef Johannsen-Roth spricht von einem »Meilenstein für den neuen Hauptstadtflughafen BBI«. Sein Technikvize Thomas Weyer sieht darin die Grundlage, um »den hochmodernen und leistungsfähigen Flughafen zu bauen, den Berlin und Brandenburg so dringend benötigen«. Der Beschluss sei »auch eine Bestätigung für die hervorragende Arbeit, die die Flughafenmitarbeiter in den vergangenen Jahren bei der Planung des Airports geleistet haben«.

Am 23. September bestätigt das Berliner Oberverwaltungsgericht neun klagenden Luftfahrtunternehmen, dass deren Einspruch gegen die Schließung von Tempelhof aufschiebende Wirkung habe. Auch andere Liniengesellschaften, die sich bereits für einen Umzug nach Tegel entschieden haben, wollen jetzt vorerst am City-Airport verbleiben. »Daher geht jetzt der Flugbetrieb uneingeschränkt weiter«, sagt Dieter Johannsen-Roth. »Für die Flughafengesellschaft gilt somit nach wie vor der Konsensbeschluss, der 1996 von den drei Gesellschaftern über den Ausbau des Flughafens Schönefeld zum BBI unterschrieben wurde.«

Unmittelbar nach dem Planfeststellungsbeschluss beginnen die Gegner des Flughafenbaus in Schönefeld mit der Vorbereitung der Klageschlacht vor dem Bundesverwaltungsgericht. Auf die Leipziger Richter kommt das größte Verwaltungsgerichtsverfahren zu, das jemals in Deutschland ausgelöst wurde. Nicht weniger als 3000 Sammelklagen von überwiegend im Bürgerverein Brandenburg-Berlin (BVBB) organisierten Betroffenen sind es, die von der Berliner Kanzlei Grawert, Schöning und Partner sowie dem Würzburger Anwalt Wolfgang Baumann zwei Tage vor Fristablauf am 18. Oktober 2004 eingereicht werden. Dazu kommen noch Einzelklagen der Gemeinden Blankenfelde-Mahlow, Eichwalde, Großbeeren und Schulzendorf, die von dem Münchner Anwalt Franz Günter Siebeck vertreten werden.

Rund 800 Aktenordner mit etwa 400 000 Seiten Papier umfassen die Klagebegründungen, die mit einem Lastwagen nach Leipzig transportiert werden, ebenso wie die 1500 Ordner mit den Unterlagen der Planfeststellungsbehörde. In der Geschäftsstelle des Gerichts müssen extra zusätzliche Mitarbeiter eingestellt werden, um die Papierflut zu bearbeiten.

Beide Seiten sind davon überzeugt, siegreich aus dem Verfahren hervorzugehen. Insgesamt zehn K.-o.-Kriterien führen die Gegner ins Feld. Dazu gehört neben dem Standort an sich auch die Dimension des geplanten Flughafens. Der habe eine Kapazität von jährlich 550 000 Flugbewegungen, obwohl der Planfeststellungsbeschluss nur maximal 360 000 Starts und Landungen zulasse. Ferner führen die Kläger unzureichende Lärmschutzauflagen, zweifelhafte Angaben zur Schadstoffbelastung, unzureichende Untersuchungen auf Schadstoffe im Boden, Risiken durch die Grundwasserabsenkung und die durch die Kapazitätserweiterung steigende Absturzgefahr an. Anwalt Baumann hält jeden dieser Punkte für ausreichend, um den Bau des BBI zu versagen, und bezeichnet den Planfeststellungsbeschluss als rechtswidrig.

Anders als die Politiker glauben die Klagevertreter auch nicht daran, dass das Gericht den Fall in nur eineinhalb Jahren aufarbeiten wird. Immerhin meinen sie, im Planfeststellungsbeschluss rund 1000 Fehler entdeckt zu haben. Dagegen rechnet Verkehrsstaatssekretär Tilo Braune mit einer ebenso pünktlichen wie positiven Entscheidung der Richter und geht weiter davon aus, dass mit den Bauarbeiten noch im Jahr 2006 begonnen und der BBI im Herbst 2010 seinen Betrieb aufnehmen wird. »Wir haben sehr solide Planungsunterlagen erarbeitet«, sagt Technikgeschäftsführer Thomas Weyer. »Im Planfeststellungsbeschluss sind die Belange der Schönefeld-Anwohner umfangreich berücksichtigt worden, etwa durch das Verbot von lauten Flugzeugen in der Nachtzeit oder die Ausweisung von umfangreichen Lärmschutzgebieten. Bei den anstehenden Verfahren vertrauen wir auf das unabhängige Urteil des Oberverwaltungsgerichts.«

Indessen sorgen die Billigflieger für weiteren Aufschwung in Schönefeld. Erstmals kann dort am 17. November 2004 der dreimillionste Fluggast innerhalb eines Jahres begrüßt werden, ein Passagier von Germanwings. Insgesamt werden in Schönefeld 2004 rund 3,4 Millionen Reisende gezählt, knapp ein Drittel davon nutzte die neuen Verbindungen von EasyJet. In Neuhardenberg hofft man weiter auf den Low-Cost-Carrier Ryanair. Im März 2005 will das Brandenburger Oberverwaltungsgericht in Frankfurt/Oder über die Klage der Betreibergesellschaft gegen die Versagung der erweiterten Betriebsgenehmigung für den Airport verhandeln.

Am 10. Dezember gibt der Aufsichtsrat der Flughafen Berlin Schönefeld GmbH grünes Licht für das von der FBS vorgelegte Finanzierungskonzept zum Bau des BBI, der nunmehr 1,983 Milliarden Euro zuzüglich der Zinsen und Gebühren für notwendige Bankkredite kosten soll. Rund 1,6 Milliarden Euro sollen so finanziert werden, bis zu 430 Millionen Euro sollen die drei Gesellschafter beisteuern, dazu kommt ein Eigenanteil der Betreibergesellschaft von bis zu 400 Millionen Euro.

»Die Zahlen zeigen, auch angesichts knapper Kassen ist der Bau des BBI in öffentlicher Regie finanzierbar«, sagt Klaus Wowereit und spricht von einem »wichtigen Meilenstein« und einem »klaren Signal für die zügige Realisierung des Hauptstadt-Airports«. Staatssekretär Braune erinnert daran, dass der Bund den Löwenanteil der Kosten für die verkehrliche Erschließung des BBI trage. Für die Schienenanbindung einschließlich des unterirdischen Bahnhofs ist knapp eine halbe Milliarde Euro veranschlagt, die Straßenanbindung an die Autobahn A 113 (neu) soll 74 Millionen Euro kosten. »Der Bund steht zu dem Projekt und wird in den nächsten Jahren den Bau des BBI finanziell unterstützen«, so Braune.

Mit insgesamt zwölf Eilanträgen versuchen die Anwälte der Flughafengegner, den Sofortvollzug des Planfeststellungsbeschlusses und somit bauvorbereitende Arbeiten vor einem Urteil zu verhindern. Ungeachtet dessen laufen im Bereich des geplanten Flughafens die Vorbereitungen für den Bau. Das Dorf Diepensee ist bereits überwiegend als neuer gleichnamiger Ortsteil nach Königs Wusterhausen umgesiedelt worden, der Abriss der Häuser hat begonnen und soll Mitte 2005 abgeschlossen sein. Um die Tragfähigkeit des Bodens zu ermitteln und die Größe des Fundaments für den geplanten unterirdischen Flughafenbahnhof festzulegen, wird im Dezember im Bereich rund um das alte Diepensee mit Probebohrungen begonnen, die bis zu einer Tiefe von 70 Meter reichen.

Auch drei große Aufträge für Planungsarbeiten zum BBI im Gesamtvolumen von 15 Millionen Euro werden nach europaweiten Ausschreibungen bereits vergeben. Mit Generalplanerleistungen für das Fluggastterminal wird die Planungsgemeinschaft Flughafen Berlin Brandenburg International (PG BBI) beauftragt, die aus J. S. K. International Architekten, GMP (Gerkan, Marg & Partner) Generalplanungsgesellschaft mbH und IGK-IGR Ingenieurgesellschaft Kruck mbH (alle Berlin) besteht. Den Zuschlag für Generalplanerleistungen zum Teilprojekt »Landseitige Flächenbauwerke« erhält die Bietergemeinschaft Schüßler-Plan Ingenieurgesellschaft für Verkehrswegeplanung mbH / Bund Ingenieure AG (beide Berlin). Die Planung der Baulogistik für das Gesamtprojekt Flughafenausbau Schönefeld geht an die Rhenus AG sowie die Horn & Müller Ingenieurgesellschaft (ebenfalls beide Berlin). »Mit den neuerlichen Millionenaufträgen geben wir dem Flughafenausbau und der Hauptstadtregion einen deutlichen Schub«, sagt Thomas Weyer. »Besonders erfreulich ist, dass in den europaweiten Ausschreibungen viele ortsansässige Unternehmen den Zuschlag erhalten haben.«

Der Flugverkehr boomt, 2004 gab es einen Rekordzuwachs auf knapp 15 Millionen Passagiere. Knapp fünf Millionen davon werden dem Low-Cost-Segment zugerechnet, damit hat Berlin nach Interpretation der Verantwortlichen Köln/Bonn vom Spitzenplatz der deutschen Billigflughäfen verdrängt. Für 2005 erwartet Dieter Johannsen-Roth mehr als 17 Millionen Reisende, davon 4,7 Millionen in Schönefeld, wo der plötzliche Andrang nun ebenfalls für Engpässe sorgt. Deshalb wird beschlossen, bis zum Herbst ein neues Billig-Terminal D in

Leichtbauweise zu errichten, das die Kapazität des Flughafens auf sieben Millionen Fluggäste erhöhen soll.

Zeitgleich verkauft die bundeseigene Bodenverwertungs- und -verwaltungsgesellschaft rund 340 Hektar überwiegend landwirtschaftlich genutzter Flächen, die für den Bau des BBI benötigt werden, an die FBS. Zum Kaufpreis, der durch ein Sachverständigengutachten festgelegt wurde, werden keine Angaben gemacht. Am 13. Januar 2005 wird ein weiterer Planungsauftrag vergeben, es geht um die neue Südbahn sowie die dazugehörenden Rollwege. Den Zuschlag erhält eine Bietergemeinschaft aus Dorsch Consult (München), Airport Consulting Partners (Leipzig) und Voigt Ingenieure (Berlin). Das Volumen für die erste Planungsstufe umfasst vier Millionen Euro.

Im Februar schließt die FBS mit der unabhängigen Organisation Transparency International Deutschland e.V. einen Integritätsvertrag zur Vorbeugung gegen Korruption und illegale Absprachen beim Ausbau des Flughafens Schönefeld ab. Er ist fortan fester Bestandteil aller Vergabeverfahren und gilt bis zur Abwicklung aller Aufträge zum Bau des BBI. Damit setzt man nach eigenen Angaben als bundesweit erstes Unternehmen einen unabhängigen, externen Beobachter bei der Auftragsvergabe ein.

Am 11. Februar 2005 – das Hauptverfahren in Leipzig hat überhaupt noch nicht begonnen – müssen die BBI-Planer einen schweren Rückschlag verkraften. Das Brandenburger Oberverwaltungsgericht in Frankfurt/Oder erklärt den Landesentwicklungsplan Flughafen-Standortentwicklung für unwirksam, in dem festgelegt wurde, dass im BBI-Umfeld nichts geschehen darf, was dem Flughafenprojekt schaden könnte. Das Gericht unter dem Vorsitz von Henning Krüger gibt damit einer Normenkontrollklage der Anliegergemeinden Blankenfelde/Mahlow, Eichwalde, Großbeeren und Schulzendorf statt, die sich in ihrer Planungshoheit beeinträchtigt sehen.

Den Behörden werden wieder einmal schwere Planungsfehler bei der Standortsuche und bei der Abwägung der Lärmschutzbelange attestiert. Sie seien nicht einmal in der Lage gewesen, die ungefähre Zahl der Anwohner in Schönefeld und in Sperenberg zu ermitteln, die vom Fluglärm betroffen seien, befindet das Gericht. Bereits zum wiederholten Male müsse man ein BBI-Planwerk wegen offenkundiger Mängel verwerfen, so Henning Krüger. Eine Revision gegen das Urteil lässt er nicht zu. Allerdings geht es darin nicht um den Flughafenstandort selbst, sondern nur um die Gültigkeit des Landesentwicklungsplans. So reagieren die Verantwortlichen wieder einmal mit der schon bekannten, überheblichen Gelassenheit. Weder Klaus Wowereit noch der Sprecher des Potsdamer Infrastrukturministeriums sehen den Planfeststellungsbeschluss gefährdet. Die FBS spricht von einem »Dämpfer für die Landesplanung«. Die Rechtmäßigkeit des Planfeststellungsbeschlusses hänge aber nicht von deren positiver Standortaussage ab, da dieser eine von der Landesplanung unabhängige und eigenständige Standortabwägung enthält. Die Anwälte der Kläger in Leipzig betrachten ihre Chancen dagegen als deutlich gestiegen und halten eine Neuauflage der Standortsuche für den BBI für erforderlich. Ihre Aufforderung, den umstrittenen Planfeststellungsbeschluss zurückzunehmen, lehnt Brandenburgs Infrastrukturminister Frank Szymanski (SPD) jedoch als unbegründet ab.

Berlin und Brandenburg bemühen sich um Schadensbegrenzung. Der Chef der gemeinsamen Landesplanung wird abgelöst. Gerd Gebhardt bietet selbst seinen Wechsel in eine andere Abteilung des Ministeriums an. Zum Nachfolger des Potsdamers wird der Berliner Gerhard Steintjes ernannt, der zuvor das Grundsatzreferat im Brandenburger Ministerium für Infrastruktur und Raumordnung geleitet hat. Infrastrukturminister Frank Szymanski und die Stadtentwicklungssenatorin von Berlin, Ingeborg Junge-Reyer (SPD), verabreden eine personelle Verstärkung der Behörde – auch durch externe Experten.

Während die Geschäftsreisenden weiter in Frankfurt, München oder an Flughäfen im benachbarten Ausland auf Langstreckenflüge umsteigen müssen, macht sich Berlin als Metropole der leeren Kassen – getreu Wowereits Motto »Arm, aber sexy« – weiter einen Namen als Flugziel für Billigflugreisende. Am 11. März 2005 gibt Germanwings bekannt, dass man wie EasyJet Schönefeld zu einer Basis erkoren habe. Zwei Maschinen werden hier ab dem 15. Mai stationiert und damit zusätzlich acht Ziele in Deutschland und im europäischen Ausland bedient. »Für den Standort Schönefeld ist die heutige Entscheidung von Germanwings der endgültige Durchbruch«, frohlockt Flughafenchef Johannsen-Roth. Dass man künftig auch von Schönefeld nach Düsseldorf und München starten kann, macht den Airport aus seiner Sicht »auch für eintägige Business-Reisen ab und nach Berlin hochinteressant«. Der Flughafen werde jetzt »fit für den Passagier-Boom« gemacht.

Zwölf Tage später geht die zweigeschossige Pier 3A in Betrieb, die binnen einem halben Jahr für 3,5 Millionen Euro als östliche Erweiterung des Terminals B errichtet wurde und überwiegend von EasyJet genutzt wird. Gemäß der Billigausrichtung des Flughafens besteht die neue Gastronomie aus dem Fastfood-Restaurant einer bekannten Hamburger-Kette, wegen unzureichender Bestuhlung müssen Reisende oft auf dem Fußboden sitzen, bevor sie den langen Fußweg zum Warteraum ihres Fluges antreten dürfen. Auch für ankommende Passagiere ist die deutlich als Behelfsbau zu erkennende Konstruktion wenig einladend. »Ein spartanisches Willkommen«, betitelt die *Berliner Zeitung* einen Bericht.

Am 11. April bittet die FBS zur Vorstellung ihrer Vorjahresbilanz, die zum achten Mal in Folge ein positives Betriebsergebnis aufweist, das für 2004 bei 1,8 Millionen Euro liegt.

Nach dem Vorjahresverlust von 41,8 Millionen Euro kann der Konzern einen Überschuss von 13,6 Millionen Euro ausweisen. Einzig der Boom-Flughafen Tegel machte einen Gewinn von 41,6 Millionen Euro. Es hätte noch wesentlich mehr sein können, doch im Streit um die Gebührenunterschiede haben Air Berlin, dba, Germania und Lufthansa einen Teil der geforderten Entgelte einbehalten, einen Betrag von mittlerweile rund 37 Millionen Euro. Tempelhof wies ein Minus von 13,6 Millionen auf. In Schönefeld konnte der Verlust dank des Andrangs der Low-Cost-Carrier um 5,6 Millionen auf 26,3 Millionen Euro gesenkt werden. »Bis 2008 werden wir das frühere Sorgenkind Schönefeld in einen Gewinnbringer verwandelt haben«, verspricht Dieter Johannsen-Roth.

Der 14. April 2005 beschert den Flughafenplanern den nächsten Rückschlag und wirft den Terminplan für den BBI erneut über den Haufen. In einer Eilentscheidung verhängt das Bundesverwaltungsgericht gemäß dem Antrag der Kläger einen Baustopp für den BBI. Bis zu einem Urteil in der Hauptsache sind danach nur noch vorbereitende Arbeiten zulässig. Eine endgültige Entscheidung stellen die Richter für 2006 in Aussicht. Auch wenn diese noch völlig offen ist, sehen die Klägeranwälte einen Beweis dafür, dass das Gericht die in den Klagen erhobenen Bedenken als »sehr schwerwiegend« einstuft.

Der für Anfang 2006 geplante Baubeginn für den Flughafenbahnhof ist damit geplatzt. Offiziell gibt sich die FBS noch zurückhaltend. »Die Berliner Flughäfen werden die Planungen für den Airport BBI weiterführen und insbesondere prüfen, welche Auswirkungen die heutige Entscheidung auf den Rahmenterminplan für die Realisierung des Airports hat«, heißt es in einer Stellungnahme. »Mögliche Verzögerungen beim Beginn weiterführender Baumaßnahmen werden nun genutzt, um durch intensivierte Planungen etwaige Verzögerungen des Eröffnungstermins (Winterflugplan 2010/11) auf ein Minimum zu reduzieren.« Inoffiziell geht man davon aus, dass der Flughafenbau sich wohl um ein Jahr verzögern wird.

Klaus Wowereit ist auch jetzt nicht bereit, eine Niederlage einzugestehen. Es sei keine Entscheidung in der Hauptsache gefallen, ist sein einziger Kommentar. Auch die Brandenburger Minister Ulrich Junghanns (CDU) und Frank Szymanski versuchen Zweckoptimismus zu verbreiten. Andere finden deutlichere Worte. Brandenburgs Vize-Ministerpräsident Jörg Schönbohm (CDU) spricht von einem »verheerenden politisch-psychologischen Signal«, und der Präsident der Berliner Industrie- und Handelskammer, Eric Schweitzer, sieht in dem Richterspruch »einen herben Rückschlag«, der die wirtschaftliche Entwicklung der Region bremse. Berlins CDU-Fraktionschef Nicolas Zimmer fordert Wowereit auf, eine »Task Force Flughafen BBI« zu bilden, um zu retten, was noch zu retten ist, und der Brandenburger PDS-Abgeordnete Ralf Christoffers – heute Wirtschaftsminister in Brandenburg – kritisiert die Landesregierung wegen mangelnder Alternativplanungen. Für den Vorsitzenden des BVBB, Ferdi Breidbach, steht bereits fest: »Schönefeld ist tot.«

Im *Tagesspiegel*-Interview räumt Wowereit zwei Tage später ein, dass die Zeitpläne für den BBI »überarbeitet« werden müssten, hofft aber ebenso wie Bundesverkehrsminister Stolpe, dass sich die Fertigstellung nur um wenige Monate verzögert. Die *Berliner Zeitung* zitiert ein Schreiben von Stolpes Staatssekretärin Angelika Mertens (SPD) an den Haushaltsausschuss des Bundestages und eine Aussage des Ministers auf einer Veranstaltung der Industrie- und Handelskammer, wonach sich die BBI-Kosten auf rund vier Milliarden Euro verdoppelten. Offiziell verweist das Verkehrsministerium auf die 500 Millionen Euro Zusatzkosten für die Schienenanbindung sowie die Zinsen und Tilgungsgebühren der Kredite, deren Höhe noch nicht feststeht. Weitere 600 Millionen Euro sollen private Investoren für die Errichtung von Gebäuden wie Hotels und Parkhäusern aufbringen.

Am 27. April 2005 beschließt der FBS-Aufsichtsrat, die BBI-Eröffnung auf das Jahr 2011 zu verschieben. »Die Berliner Flughäfen überarbeiten derzeit den Terminplan für den Airport BBI«, wird verkündet. Man werde die nächsten Monate nutzen, um die Verzögerungen beim Eröffnungstermin »auf ein Minimum zu beschränken«. Unter Beachtung der gerichtlichen Vorgaben will die Flughafengesellschaft die für das Jahr 2005 vorgesehenen Bauvorbereitungen wie geplant in Angriff nehmen. Während Brandenburgs Wirtschaftsminister Junghanns von einem »überschaubaren Verzug« spricht, hält die PDS-Fraktion im Landtag auch den neuen Eröffnungstermin für nicht haltbar.

5. GERICHT VERFÜGT NACHTFLUGVERBOT

Am 9. Mai 2005 eröffnen die Flughafengegner einen neuen Kriegsschauplatz im Kampf gegen den BBI. Im Namen von 2346 Anliegern reicht Anwalt Baumann bei der EU-Kommission in Brüssel Beschwerde gegen den Bau des Airports ein. Er würde EU-Bestimmungen über den Umgang mit Gefahrstoffen sowie zum Schutz natürlicher Lebensräume widersprechen. Hauptargument ist die Nichtberücksichtigung des in Schönefeld bereits vorhandenen Kerosin-Tanklagers im Planfeststellungsverfahren. Es liegt nach Angaben des Infrastrukturministeriums allerdings außerhalb der vorgeschriebenen Sicherheitszone. Ferner wird die Befürchtung geäußert, dass die für den Bahnhofsbau notwendige Grundwasserabsenkung und die geplante Ausbaggerung des Glasowbachs zur Ableitung des Regenwassers vom Flughafengelände gegen die Naturschutzbestimmungen verstoßen könnten.

Am 19. Mai bestätigt das Bundesverwaltungsgericht den Planfeststellungsbeschluss zum Neubau der Südbahn des Flughafens Leipzig/Halle, der als Voraussetzung für die Ansiedlung des Logistikzentrums von DHL gilt. Das lässt die FBS auch auf eine positive Entscheidung in Sachen BBI hoffen. »Das Gericht stufte die öffentlichen Interessen – den Bedarf für den Flughafenausbau, die Schaffung neuer Arbeitsplätze sowie die Verbesserung der regionalen Wirtschaftsstruktur – als so bedeutend ein, dass der notwendige Ausbau nun starten kann«, kommentiert Dieter Johannsen-Roth. »Das Urteil bestätigt unseren Optimismus im Hinblick auf die Verfahren zum Ausbau des Flughafens Schönefeld zum Airport BBI. Für die wirtschaftliche Entwicklung der deutschen Hauptstadtregion ist die Jobmaschine BBI alternativlos. Bis 2012 erwarten wir 40 000 neue Arbeitsplätze am Airport, bei Zulieferern und – durch die deutliche Verbesserung der Standortqualität – in der gesamten Region.«

Zunächst einmal stellt man am 6. Juni zum Start des erweiterten Engagements von Germanwings in Schönefeld den »Berlin Bearbus« vor, einen Airbus A319, der eine bräunliche Sonderlackierung in Gestalt des Berliner Wappentieres erhalten hat, zusammen mit dem Flughafenkürzel SXF und dem Werbespruch »Berlin – Be Part of It«. Klaus Wowereit ist glücklich, kann man doch vor Gericht mit steigenden Passagierzahlen für den Ausbau argumentieren. Dagegen erteilt das Oberverwaltungsgericht den Ryanair-Plänen in Neuhardenberg zwei Tage später eine vorläufige Abfuhr. Der Vorsitzende Richter Henning Krüger, der im Februar bereits den Landesentwicklungsplan »Flughafen-Standortentwicklung« aufgehoben hatte, hält für die Betriebserweiterung ein Planfeststellungsverfahren für erforderlich. Dagegen gilt die im Landesentwicklungsplan »Gesamtraum« festgelegte Beschränkung auf drei ergänzende Regionalflugplätze für den BBI – Brandenburg-Briest, Cottbus-Drewitz und Eberswalde-Finow – jedoch zumindest als fragwürdig.

Am 13. Juni wird der neugestaltete und überdachte Fußweg zwischen dem Ausgang des Bahnhofstunnels und dem Terminal freigegeben. Damit ist es mit der Bahn an- oder abreisenden Fluggästen erstmals in der 60-jährigen Geschichte des Schönefelder Verkehrsflughafens möglich, das Terminal auch bei Regen trockenen Fußes zu erreichen.

Am 28. Juni feiert die FBS den 50. Geburtstag von Schönefeld, ein Jubiläum, das sich allerdings schwer nachvollziehen lässt. Es bezieht sich lediglich auf die Rückgabe des Airports durch die Sowjets an die deutsche Verwaltung. Geflogen wird in Schönefeld bereits seit 1935. Damals eröffneten die Henschel-Flugzeugwerke dort ihre Produktionsstätte, parallel dazu entstand im Süden des Areals die Luftfahrt-Erprobungsstelle Diepensee, deren Gebäude später als erstes Terminal genutzt wurden. Nachdem der Flugplatz am Ende des Zweiten Weltkrieges durch die sowjetischen Truppen übernommen wurde, nahm ab 1945 die Aeroflot den Flugverkehr zwischen Moskau und Berlin auf.

Neben dem gesamten Dorf Diepensee müssen für den geplanten Bau des BBI auch zehn Wohnungseigentümer und drei Mieter aus der Gemeinde Selchow umgesiedelt werden. Fünf davon haben neue Häuser in Großziethen erhalten und werden dort am 5. Juli vom Chef der Brandenburger Staatskanzlei, Staatssekretär Clemens Appel, besucht.

Am 14. Juli erfolgt in Schönefeld – einen Monat nach dem eigentlichen Baubeginn – die Grundsteinlegung für das neue Terminal D. Den Auftrag zum Bau hat sich die Firma Max Bögl sichern können. Das eingeschossige Gebäude entsteht westlich des Terminals C und soll dem Flughafen eine Zusatzkapazität von 2,5 Millionen Passagieren im Jahr bringen. Es wird über 18 Check-in-Counter, fünf Sicherheitskontrolllinien und drei Gepäckausgabebänder verfügen. Die fünf Abflug-Gates sind ausschließlich für Schengen-Passagiere konzipiert. Für Nicht-Schengen-Abflüge ist eine Übergangsbrücke zu den Terminals A und C vorgesehen. »Mit dem Terminal D reagieren wir schnell und flexibel auf die starke Nachfrage in Schönefeld«, sagt Technikgeschäftsführer Thomas Weyer. »Ende des Jahres werden wir mit dem Terminal D unseren Kunden mehr Service bieten können.«

Am 18. September führt die Bundestagswahl zur großen Koalition. Angela Merkel (CDU) wird Bundeskanzlerin, Wolfgang Tiefensee (SPD) Minister für Verkehr, Bau und Stadtentwicklung.

Im Bemühen, Ryanair eine Alternative zu Schönefeld zu bieten, bringt sich im November auch der ehemalige sowjetische Militärflughafen Eberswalde-Finow ins Gespräch, der von einer neuseeländischen Gesellschaft erworben wurde, die bereits den Flughafen Lübeck betreibt. Sie kündigt ein Raumordnungs- und Planfeststellungsverfahren für den Ausbau des Flugplatzes an.

Bei einem Treffen der Wachstumsinitiative Berlin lässt sich Dieter Johannsen-Roth darauf ein, trotz des laufenden Gerichtsverfahrens ein konkretes Eröffnungsdatum für den BBI zu nennen. Der neue Flughafen soll nun am 18. November 2011 in Betrieb gehen.

Am 24. November weist das Oberverwaltungsgericht Berlin-Brandenburg die Klage von fünf Luftverkehrsgesellschaften – Air Berlin, Germania, dba, Hapag-Lloyd Express und Hapag-Lloyd Flug – gegen den Widerruf der Betriebsgenehmigung für den Flughafen Tegel durch die Berliner Senatsverwaltung für Stadtentwicklung zurück. Fluggesellschaften hätten keinen Anspruch darauf, dass ein von ihnen genutzter Flughafen auf Dauer erhalten bleibe, urteilen die Richter des zwölften Senats. Es sei »grundsätzlich zulässig«, wenn ein Flughafen im Einverständnis mit seinen Betreibern geschlossen werde. Tegel soll nun weiterhin gemäß »Konsensbeschluss« ein halbes Jahr nach Inbetriebnahme der neuen Start- und Landebahn am BBI geschlossen werden.

Dieter Johannsen-Roth wird seinen Posten altersbedingt zum Jahresende abgeben. Aufsichtsratschef Wowereit würdigt dessen Verdienste. Ihm sei es gelungen, »die Berliner Flughäfen neu auszurichten und zum schnellstwachsenden Flughafensystem Deutschlands zu machen«. Unter seiner Führung seien die Passagierzahlen binnen kurzer Zeit um 40 Prozent gesteigert und »Berlin zum führenden Low-Cost-Standort in Europa« entwickelt worden. Die verbesserte Anbindung Berlins habe zu einem signifikanten Anstieg der Tourismuszahlen geführt, zugleich seien die Grundlagen für die von der Wirtschaft lang ersehnten Interkontinentalverbindungen geschaffen worden.

Am 9. Dezember 2005 steht fest, wer als neuer Berliner Flughafenchef den Bau des BBI realisieren soll. Es ist Dr. Rainer Schwarz, der seine Airport-Karriere als Abteilungsleiter bei der Münchner Flughafengesellschaft begann. Ab 1996 war er Geschäftsführer des Flughafens Nürnberg und 2002 an die Spitze der Geschäftsleitung des Flughafens Düsseldorf gewechselt. Wowereit bezeichnet ihn als einen »ausgewiesenen Fachmann« und Schwarz hält seinen neuen Job für »die spannendste Aufgabe, die es in unserer Branche überhaupt gibt«.

In Schönefeld wird am 19. Dezember nach nur sechsmonatiger Bauzeit das Terminal D eröffnet, welches insbesondere von Germanwings genutzt wird. Für Dieter Johannsen-Roth ist der zwölf Millionen Euro teure Zweckbau »ein unverzichtbarer Schritt, um dem Passagieransturm in Schönefeld bis zur Eröffnung des BBI gerecht zu werden«. Das Gebäude, mit dem die Kapazität des Flughafens auf sieben Millionen Jahrespassagiere erhöht wird, ist einfach gehalten und auf eine Nutzungsdauer von fünf Jahren ausgelegt. Danach soll es zu einer Lagerhalle umfunktioniert oder abgerissen werden. Zwei Tage später kann er den fünfmillionsten Fluggast des Jahres begrüßen, mit nur 4,7 Millionen hatte der scheidende Geschäftsführer noch zum Jahresbeginn gerechnet.

Kurz vor der Eröffnung der Hauptverhandlung über den Schönefeld-Ausbau versuchen Berlin und Brandenburg, gegen das bevorstehende Urteil zu tricksen. Als Reaktion auf die Aushebelung des Landesentwicklungsplans Flughafen Standortsicherung (LEP-FS) durch das Oberverwaltungsgericht verabschieden die beiden Länder den »3. Staatsvertrag über die Änderung des Landesplanungsvertrages«, der zum 1. Februar 2006 wirksam wird. Darin wird – juristisch umstritten – ein entscheidendes Wort im Gesetzestext geändert. Ursprünglich und vom Gericht bemängelt, heißt es dort: »Abwägungsmängel sind nur beachtlich, wenn sie offensichtlich oder auf das Abwägungsergebnis von Einfluss gewesen sind«. In der Neufassung wird das Wort »oder« durch »und« ersetzt, damit hätten die vom OVG kritisierten Abwägungsmängel zwingend auch das Ergebnis – die Entscheidung gegen Sperenberg und zugunsten von Schönefeld – beeinflussen müssen. Wegen dieses Staatsvertrages und einer nachträglichen Änderung des Planfeststellungsbeschlusses hinsichtlich des Artenschutzes fordern die Klägeranwälte zusätzliche Vorbereitungszeit und eine Verschiebung des Prozessbeginns um zwei Monate. Das wird vom Gericht aber abgelehnt.

Am 7. Februar 2006 – zehn Jahre nach der Standortentscheidung – startet der Showdown vor dem Bundesverwaltungsgericht in Leipzig. Unter dem Vorsitz von Stefan Paetow beginnt die mündliche Verhandlung über die Klagen, die rund 4000 Anlieger gegen den Bau des neuen Flughafens erhoben haben. Um das Mammutverfahren bewältigen zu können, konzentriert sich das Gericht auf vier Musterklagen von rund 120 Personen, die alle strittigen Punkte beinhalten (BVerwG 4 A 1001.04/1073.04/1075.05/1078.04). Sechs bis neun Verhandlungstage sind anberaumt. Zum Beginn des Verfahrens kritisiert der Vorsitzende Richter die in letzter Minute vorgenommenen Änderungen als »misslich« und sagt: »Wir hätten uns eine andere Vorgehensweise des Landes gewünscht.«

Bereits vor dem Beginn der Anhörung, für die beide Seiten zusammen gut drei Dutzend Rechtsanwälte und Gutachter aufbieten, haben sich die sechs Richter durch rund 2300 Aktenordner arbeiten müssen. Zum Auftakt des Verfahrens geht es um die Planrechtfertigung, also die Gründe, die zu der Entscheidung geführt haben, den Single-Airport BBI zu bauen und die vorhandenen Flughäfen zu schließen. Von den Klägern wird die Null-Variante ins Gespräch gebracht, die den Verzicht auf einen Neubau bei Erhalt der drei bestehenden Flughäfen beinhaltet. Sie finden, dass diese Alternative unzulänglich geprüft worden sei. Aus Sicht der Flughafenplaner haben Tegel, Tempelhof und Schönefeld dagegen ihre Kapazitätsgrenzen erreicht.

Anschließend geht es in Leipzig um den Standort des Single-Flughafens. In diesem Zusammenhang wird deutlich, dass die Politik im Bestreben, einen Airport in der Nähe des zu erwartenden Hauptpassagieraufkommens zu realisieren, bewusst in Kauf genommen hat, dass eine größere Zahl von Menschen in Mitleidenschaft gezogen wird. Wären in Sperenberg gerade einmal um die 2000 Anlieger vom Fluglärm betroffen gewesen, müssen die Verwaltungsvertreter einräumen, dass es in Schönefeld wohl noch deutlich mehr als die von der Planfeststellungsbehörde kalkulierten 31 000 Anrainer sein werden.

»Unter dem Aspekt der Lärmbelästigung ist zweifellos Sperenberg zu bevorzugen«, räumt Rechtsanwalt Klaus-Peter Dolde ein, der in Leipzig die Interessen des Landes Brandenburg vertritt. Neben der Nähe zu Berlin hätten aber auch die verkehrliche Erschließung, die geringeren Eingriffe in die Natur sowie die besseren Möglichkeiten zu einer wirtschaftlichen Entwicklung für Schönefeld gesprochen. Dem widersprechen die Kläger. Sie werfen den Behörden vor, aufgrund der politischen Vorgaben für Schönefeld nur eine »Scheinabwägung« getroffen zu haben. Als Beweis zitiert der Anwalt der klagenden Gemeinden, Franz Günter Siebeck, eine Aussage des geschassten Chef-Landesplaners Gerd Gebhardt vor dem Oberverwaltungsgericht, wonach man nichts abgewogen habe, weil es nichts abzuwiegen gegeben habe.

Die Klägeranwälte stellen eine Vielzahl von zusätzlichen Beweisanträgen und wollen weitere Gutachten einholen, was das Verfahren um Monate verzögern könnte. Richter Paetow weist sie im Interesse einer schnellen Entscheidung ab. In Berlin überreichen 300 Wirtschaftsvertreter dem Regierenden Bürgermeister eine Resolution, in der sie die Bedeutung des BBI betonen. »Ohne neuen Flughafen droht der Region die Zweitklassigkeit«, appelliert IHK-Präsident Eric Schweitzer in Richtung Leipzig. Der BVBB spricht von einer »haltlosen Propagandaaktion«.

Vor Gericht wird die Lärmbelastung immer mehr zur entscheidenden Frage. Noch gehen die Politiker davon aus, dass der Rund-um-die-Uhr-Betrieb in Schönefeld auch für den BBI gelten wird. Bis zu 95 Flüge sollen in den Nachtstunden starten oder landen. Aus Sicht der Planer und der Fluggesellschaften ist das zwingend erforderlich, man verweist auf die Maßnahmen zum passiven Lärmschutz der Anwohner. Einer der Klägeranwälte bezeichnet diese als »akustische Käfighaltung«. Noch während des Verfahrens bessert die Planfeststellungsbehörde nach und verfügt, dass Schulen, Kinder- und Senioreneinrichtungen neben Lärmschutzfenstern auch Belüftungseinrichtungen erhalten müssen. Den Vorwurf, sie würden den neuen Airport viel zu groß bauen wollen, weisen die Planer zurück. Mit dem BBI entstehe ein Flughafen, der mindestens für ein halbes Jahrhundert konzipiert sei.

Am 23. Februar 2006 ist der neunte und letzte Verhandlungstag. Vertreter beider Seiten halten ihre Plädoyers. Dann vertagt sich das Gericht bis zur Urteilsverkündung. Schon jetzt gilt als wahrscheinlich, dass es den Bau des BBI nicht komplett untersagen wird. Dagegen wird mit Spannung darauf gewartet, mit welchen zusätzlichen Auflagen die Richter das Projekt verknüpfen werden.

Am 16. März 2006 schlägt für den BBI und seine Planer die Stunde der Wahrheit. Als der Vorsitzende Richter Stefan Paetow das Urteil verlesen hat, macht sich bei den Politikern Erleichterung breit. Das Gericht weist die Klagen weitgehend ab, verknüpft den Bau des neuen Flughafens aber mit strengen Lärmschutzauflagen und verhängt ein Nachtflugverbot von null bis fünf Uhr. In diesem Punkt »überwiegt das Interesse der Anwohner, von Fluglärmbeeinträchtigungen verschont zu bleiben«, so das Gericht. Auch zwischen 22 und 24 sowie von fünf bis sechs Uhr ist aus Sicht der Richter »nur der Flugbetrieb unbedenklich, der sich aus nachvollziehbaren Gründen nicht innerhalb des Tageszeitraumes abwickeln lässt«.

Die im Lärmschutzkonzept, das dem Planfeststellungsbeschluss zugrunde liegt, enthaltenen Fehler stellen aus ihrer Sicht zwar nicht das Grundgerüst der Planung in Frage, müssen aber im Rahmen einer Planergänzung behoben werden. In diesem Fehlerbeseitigungsverfahren soll die Planfeststellungsbehörde auch entscheiden, welcher Maximalpegel in den Nachtzeiten einzuhalten ist und welchen Lärmschutz der Außenwohnbereich genießt. Denn die im Planfeststellungsbeschluss getroffene Maximalpegelregelung sei »durch inhaltliche Widersprüche gekennzeichnet«, kritisieren die Richter. Zu kurz greift der Planungsträger nach dem Urteil auch bei der Frage, »ob sich der Schutz des Außenwohnbereichs nur auf die Sicherung zumutbarer Kommunikationsverhältnisse beschränkt oder die Wahrung der Erholungsfunktion und die vorbeugende Abwehr von Gesundheitsbeeinträchtigungen mit einschließt«.

Die Abkehr vom gegenwärtigen Berliner Flughafensystem verletzt nach Meinung der Richter nicht das raumplanerische Abwägungsgebot, und auch die Ablehnung stadtferner Standortalternativen wie Sperenberg oder Jüterbog-Ost ist »frei von Abwägungsfehlern«. Die Nähe zur Bundeshauptstadt Berlin, dem Hauptaufkommensgebiet, die gute Einbindung in das bestehende Straßen- und Schienennetz und das größere wirtschaftliche Entwicklungspotential eines stadtnahen Standortes »rechtfertigen das Ausbauvorhaben«, so das Gericht. Dem noch nicht rechtskräftigen Urteil des Oberverwaltungsgerichts, wonach der Landesentwicklungsplan Flughafen Standortsicherung wegen erheblicher Abwägungsmängel unwirksam sei, mögen die Bundesrichter nicht folgen.

Keine Bedenken hat das Gericht auch gegen den wasserrechtlichen Regelungsteil des Planfeststellungsbeschlusses. Die Behörde durfte die Erlaubnis zur Grundwasserabsenkung erteilen, ohne zuvor dafür Sorge tragen zu müssen, dass im Bereich des Absenkungstrichters alle Altlasten saniert werden. Diesbezüglich reiche das angeordnete Monitoring-Programm zur Risikobewältigung aus. Auch den Anforderungen des Naturschutzrechts genügt der Planfeststellungsbeschluss nach dem Urteil: »Die Beeinträchtigung zahlreicher Tier- und insbesondere Vogelarten steht dem Flughafenausbau nicht im Wege, da nach Maßgabe der europarechtlichen Vorgaben die Voraussetzungen für eine artenschutzrechtliche Befreiung erfüllt sind.«

Klaus Wowereit spricht von der »wichtigsten Entscheidung in meiner Tätigkeit als Regierender Bürgermeister« und erwartet eine rasante Entwicklung von neuen Flugverbindungen. Brandenburgs Ministerpräsident Matthias Platzeck bezeichnet das Urteil als »wichtigste Entscheidung für die wirtschaftliche Entwicklung der Region seit der Wiedervereinigung«. Für Bundesverkehrsminister Wolfgang Tiefensee wird »Ostdeutschland nun attraktiver für Investoren«. Dieter Johannsen-Roth – noch immer Flughafenchef, da sich der Wechsel von Rainer Schwarz aus Düsseldorf verzögert – spricht von einem »wegweisenden Urteil« und einem »Durchbruch für Berlin«. Er ist überzeugt: »Unser Standing im Markt hat sich mit der BBI-Entscheidung erheblich verbessert, da wir den großen internationalen Carriern jetzt eine klare Zukunftsperspektive in Berlin bieten können.« Und er wiederholt: »Bis 2012 werden durch den BBI rund 40 000 neue Arbeitsplätze in der Region entstehen.«

BVBB-Chef Breidbach sieht in dem Urteil dagegen zumindest einen Teilerfolg der Standortgegner. Er bezeichnet das Nachtflugverbot als eine »wirtschaftliche Katastrophe« für den BBI. Auch die Luftverkehrsgesellschaften geben sich wegen der geforderten Beschränkungen zunächst skeptisch.

Bei der Lufthansa spricht man von einer Beeinträchtigung des Standortes im Wettbewerb und bei Air Berlin wird befürchtet, dass nun für jeden Flug nach 22 Uhr eine Ausnahmegenehmigung beantragt werden müsse. Ein Nachtflugverbot wäre »eine Katastrophe«, so ein Sprecher. »Unsere Hauptaufgabe wird nun sein, in Zusammenarbeit mit unseren Kunden den klaren Bedarfsnachweis in der Zeit zwischen 22 und 24 Uhr sowie zwischen fünf und sechs Uhr zu führen«, betont Johannsen-Roth. »Angesichts des gestiegenen Wettbewerbsdrucks in der Luftverkehrsbranche in den letzten fünf Jahren hat sich auf modernen Verkehrsflughäfen die Zeit zwischen 5 und 24 Uhr als Kernzeit etabliert.«

Offen ist auch, wie sich die geforderte Überarbeitung beim Lärmschutz auf die Gesamtkosten des BBI auswirken wird. »Die Würfel sind gefallen, wir werden nun schnellstmöglich mit dem Bau des neuen Hauptstadt-Airports starten«, sagt Technikchef Thomas Weyer. »Die geforderten Nachbesserungen kommen nicht unerwartet. Das hat sich im Verlauf der mündlichen Verhandlungen angedeutet, wir haben uns darauf vorbereitet. Wir haben die zurückliegenden Monate intensiv für Bauvorbereitungen und Detailplanungen genutzt und werden nun sehr zügig folgende Themen angehen: Start der großen Bauausschreibungen, Einrichtung der BBI-Baustelle, Fertigstellung der Terminalarchitektur und Aufnahme der Verhandlungen mit den Banken.« Als Eröffnungstermin für den BBI wird jetzt der 30. Oktober 2011 genannt.

Kaum hat sich die erste Diskussion über das BBI-Urteil des Bundesverwaltungsgerichts gelegt, beginnen Überlegungen, wie man die Randzeiten, in denen die Richter nur Flüge aus »nachvollziehbaren Gründen« gestatten wollen, optimal nutzen kann. Insbesondere Air Berlin und EasyJet befürchten bei weitergehenden Beschränkungen erhebliche Standortnachteile. Vor dem Abgeordnetenhaus betont der Regierende Bürgermeister, dass es laut der offiziellen Presseerklärung des

Bundesverwaltungsgerichts zu dem noch nicht schriftlich vorliegenden Urteil überhaupt kein »absolutes Flugverbot« während der Nachtstunden gebe, sondern Starts und Landungen möglich seien, wenn »gewichtige Bedarfsgründe« vorlägen. Wowereit gibt sich davon überzeugt, dass die Luftverkehrsgesellschaften die »nachvollziehbaren Gründe« für Flüge in den Randzeiten vorlegen könnten.

Der Flughafen Tempelhof solle nach dem Willen der Flughafengesellschaft zum 1. April 2007 geschlossen werden, sagt Dieter Johannsen-Roth anlässlich der Jahrespressekonferenz der FBS am 3. April 2006. Durch ein Gutachten hat man ermittelt, wie sich der dort verbliebene Verkehr bis zur BBI-Eröffnung auf Tegel und Schönefeld verteilen lässt. Dafür muss der Flughafen Tegel, der 2005 bereits 11,5 Millionen Passagiere zu verkraften hatte, noch einmal ertüchtigt werden. Es soll ein neues Behelfsterminal-Ost für weitere 2,5 Millionen Jahrespassagiere gebaut werden. Insgesamt war 2005 mit 17,15 Millionen Reisenden, einem Umsatz von 209,7 Millionen Euro und einem Vorsteuerjahresüberschuss von 28,7 Millionen Euro ein Rekordjahr für die Berliner Flughäfen. Dazu trug allein Tegel bei, Schönefeld erwirtschaftete ein Minus von elf Millionen Euro und war damit noch defizitärer als Tempelhof, wo ein Verlust von neun Millionen Euro eingefahren wurde.

Mit Beschlüssen vom 26. und 27. April hebt das Bundesverfassungsgericht den bisher aus formalen Gründen noch geltenden Baustopp für den BBI auf. »Der neue Hauptstadt-Airport wird nun wie geplant realisiert«, betont die FBS und kündigt den Baubeginn für die zweite Jahreshälfte an. Am 15. Mai stellen die verantwortlichen Politiker gemeinsam mit der FBS-Geschäftsführung die aktuellen BBI-Planungen vor. Im Zuge des Ausbaus wird der Flughafen Schönefeld um 970 Hektar auf eine Gesamtfläche von 1470 Hektar vergrößert, was 2000 Fußballplätzen entspricht. Das sechsgeschossige Midfield-Terminal zwischen den beiden Start- und Landebahnen soll in seiner Startversion 22 bis 25 Millionen Passagiere im Jahr bewältigen können. Da für 2011 bereits 22 Millionen Reisende erwartet werden, wird erste Kritik laut, dass der BBI zu knapp bemessen sei. Er kann allerdings – je nach Bedarf – in Modulen auf eine Kapazität von bis zu 40 Millionen Fluggästen erweitert werden.

In einer typischen Spitzenstunde sollen bis zu 6500 ankommende und abfliegende Reisende das Gebäude durchlaufen. Es sind zunächst 16 Fluggastbrücken sowie rund zehn Walk-Boarding-Positionen für Billigflieger vorgesehen. Insgesamt wird der BBI über 65 Abstellpositionen für Flugzeuge verfügen. Weil elektronische Tickets immer größere Bedeutung gewinnen, soll der neue Flughafen neben 80 Schaltern auf vier Check-in-Inseln auch rund 200 Bordkartenautomaten erhalten. Die komplexen Sicherheitsauflagen mit der erforderlichen Trennung von sieben verschiedenen Passagierströmen würden von den Planern bereits vor dem ersten Spatenstich berücksichtigt, heißt es in einer Mitteilung der FBS. Nicht nur nach den 32 Sicherheitskontrolllinien würden Shops und Gastronomie auf die Passagiere warten. »Für Besucher der deutschen Hauptstadtregion wird es auch außerhalb des Sicherheitsbereichs ein erstklassiges Gastro- und Retail-Angebot sowie in der Airport City Hotels und Konferenzzentren geben.«

»Der BBI wird ein Flughafen der neuen Generation, funktional, klare Linien, lichtdurchflutet, weltoffen«, schwärmt Technikgeschäftsführer Weyer trotz des knappen Budgets. »Wir werden zu Low-Cost-Preisen eine ansprechende Architektur realisieren. Nach dem Baubeginn 2006 starten die ganz großen Arbeiten mit der neuen Startbahn und dem Bahnhof 2007, ab 2008 bauen wir das Terminal, dann wächst der Flughafen in die Höhe.« Die Baukosten von zwei Milliarden Euro sollen auf keinen Fall überschritten werden. Notfalls werde das Projekt dem Kostenrahmen angepasst, so Weyer.

»Mit dem BBI erhält die deutsche Hauptstadt einen international leistungs- und wettbewerbsfähigen Flughafen«, sagt Bundesverkehrsminister Wolfgang Tiefensee (SPD). »Damit setzen wir auch ein wichtiges Signal für den Aufbau Ost. Der BBI wird nicht nur den Arbeitsmarkt der Hauptstadtregion beleben, sondern auch die Wirtschaftskraft der neuen Länder weiter stärken. Wir werden die vor uns liegenden Realisierungsschritte auch in Richtung einer exzellenten Verkehrsanbindung zügig angehen, damit die planmäßige Inbetriebnahme des BBI im Jahr 2011 erfolgen kann.«

Klaus Wowereit bezeichnet den Zeitplan erstmals als »ambitioniert«. Aber »der neue Airport wird eine würdige Visitenkarte der deutschen Hauptstadt«, ist der Regierende Bürgermeister überzeugt. Er erwartet für die nächsten Jahre weiterhin wachsende Fluggastzahlen und neue Interkontinentalverbindungen. Brandenburgs Ministerpräsident Platzeck sieht bereits den modernsten Flughafen Europas und »unsere Startbahn in die Zukunft« entstehen. Mitte Mai sagt Wowereit vor dem Abgeordnetenhaus, die Finanzierung des BBI sei eine »große Herausforderung« und schließe eine Aufstockung des Gesellschafteranteils nicht aus. Noch 2006 soll ein endgültiges Finanzierungskonzept präsentiert werden.

Zum 31. Mai verlässt Dieter Johannsen-Roth die FBS und übergibt das Zepter an Rainer Schwarz, der am 1. Juni neuer Sprecher der Geschäftsführung wird. Wenige Tage später legt das Bundesverwaltungsgericht seine schriftliche Urteilsbegründung vor, die 267 Seiten umfasst. Sie enthält deutliche Zugeständnisse für den Betrieb in den Randzeiten. Die »Erfordernisse einer effizienten Flugzeug-Umlaufplanung« werden ebenso als »plausible Gründe« genannt wie Verspätungen von Interkontinentalflügen und die Bedürfnisse von Airlines, die den BBI als Heimatbasis oder Wartungsschwerpunkt haben. Die Luftverkehrsgesellschaften schöpfen daraus die Hoffnung auf einen doch noch wirtschaftlichen Betrieb am neuen Hauptstadtflughafen.

In der Urteilsbegründung wird auch ausdrücklich das Aus für Tempelhof und Tegel bestätigt. Mit dem Planfeststellungsbeschluss sei die landesplanerische Standortentscheidung umgesetzt worden, nach der der Schönefeld-Ausbau zum BBI und die Schließung der beiden Berliner Flughäfen »einander bedingen und untrennbar miteinander verbunden sind«. Allerdings wird eine Schließung von Tempelhof vor der Eröffnung des neuen Flughafens, wie sie im »Konsensbeschluss« vorgesehen ist, als nicht relevant bezeichnet. Daraufhin verstärken die in Tempelhof ansässigen Luftfahrtunternehmen ihren Widerstand gegen die von der FBS angestrebte Schließung des City-Airports zum 31. März 2007.

Am 27. Juni gibt die FBS bekannt, dass sie mit einem internationalen Bankenkonsortium unter Führung der Commerzbank eine Brückenfinanzierung für den BBI-Bau im Gesamtvolumen von 350 Millionen Euro vereinbart habe. Neben der Commerzbank stellen die Helaba, die KfW IPEX und die Sumitomo Banking Corporation jeweils 75 Millionen zur Verfügung, die Investitionsbanken Berlin und Brandenburg jeweils 25 Millionen. Insgesamt sollen rund 1,13 Milliarden Euro durch Bankkredite finanziert werden, 430 Millionen wollen die Gesellschafter an Eigenmitteln bereitstellen, 440 Millionen die FBS selbst. Die Gesamtinvestition ohne die Verkehrsinfrastrukturen wird weiterhin auf zwei Milliarden Euro beziffert, dazu kommen noch die Zinsen und Gebühren für die Darlehen, die noch einmal auf rund eine halbe Milliarde Euro veranschlagt werden. »Das Konsortium mit einem guten Mix aus kommerziellen Banken und Förderbanken zeigt, wie attraktiv das BBI-Projekt im internationalen Bankenmarkt ist«, sagt Technikchef Thomas Weyer. »Wir werden jetzt mit dem zur Verfügung stehenden Geld die BBI-Bauarbeiten wie geplant starten können, ab Herbst rollen die Bagger auf der BBI-Baustelle.«

Drei Tage später reicht die FBS bei der Bauaufsichtsbehörde des Landkreises Dahme-Spreewald den Bauantrag für das Terminal ein. Er umfasst 21 Aktenordner, von denen sich neun allein mit dem Brandschutzkonzept für den Komplex befassen, der aus einer 210 Meter langen und 180 Meter breiten Abfertigungshalle sowie einem 615 Meter langen und 37 Meter breiten Piergebäude bestehen soll.

Beim Bau des BBI müsse ein »gesunder Kompromiss gefunden werden zwischen dem, was politisch gewollt, und dem, was wirtschaftlich geboten ist«, sagt der neue Flughafenchef Rainer Schwarz. Um den Eigenanteil für die Finanzierung des Flughafenbaus aufbringen zu können, müssen nach seinen Angaben nicht nur die Erträge der FBS gesteigert werden, wobei für ihn die Schließung von Tempelhof eine entscheidende Rolle spielt. Erstmals ist auch von einem Abbau der Mitarbeiter die Rede. Rund 200 Stellen, deren Inhaber altersbedingt ausscheiden, sollen nicht wieder besetzt werden.

Obwohl man sich von dem Traum, Berlin könnte zu einem großen Luftverkehrsdrehkreuz werden, weitgehend verabschiedet hat und realistischerweise nur noch von einem Umsteigeranteil von fünf Prozent ausgeht, hofft der Manager auf eine zumindest bescheidene Entwicklung des Interkontinentalverkehrs. Er verweist darauf, dass Berlin Brandenburg International der einzige Flughafen in Deutschland sei, der nach dem Urteil des Bundesverwaltungsgerichts in der Lage sei, Kapazitäten für die Zukunft aufzubauen, wenn es in Frankfurt und München eng werde. Und Schwarz kündigt an, über den vom eigentlichen Luftverkehrsbetrieb unabhängigen Non-Aviation-Bereich neue Einnahmequellen zu erschließen. Andere Flughäfen machen in diesem Geschäftsfeld bereits rund 40 Prozent ihrer Umsätze, indem sie die Passagiere durch große Shopping-Bereiche lotsen, was an den bestehenden Berliner Flughäfen aus architektonischen Gründen nur sehr begrenzt möglich ist.

Doch noch ist der juristische Kampf um den Flughafen

nicht beendet. Die Anwälte der unterlegenen Kläger reichen beim Bundesverwaltungsgericht sogenannte Anhörungsrügen wegen der aus ihrer Sicht ungerechtfertigten Ablehnung von Beweisanträgen ein und kündigen Anfang Juli an, dass sie nach dem Studium der schriftlichen Begründung gegen das Urteil eine Beschwerde beim Bundesverfassungsgericht in Karlsruhe einlegen würden.

Während Schwarz in einem Interview mit der *Berliner Zeitung* sagt, dass er mit einem Düsseldorfer Nachbarn bereits um eine Kiste Rotwein auf die pünktliche Eröffnung des BBI gewettet habe, zieht *Der Tagesspiegel* am 3. August unter Hinweis auf Aussagen eines »Insiders« die nach wie vor offiziell für den 30. Oktober 2011 anvisierte Inbetriebnahme des BBI in Frage. Intern, so heißt es, sei bereits klar, dass sich die Fertigstellung wohl um ein Jahr verschieben werde.

In der Zwischenzeit hat die FBS mit der Einrichtung der Baustelle begonnen. »Im Bereich des umgesiedelten Dorfes Diepensee werden in den nächsten Wochen die zentralen Logistikflächen für die größte Baustelle Ostdeutschlands eingerichtet«, teilt das Unternehmen mit. »Insgesamt werden bis Oktober rund 7,5 Kilometer Baustraßen und rund 58 000 Quadratmeter befestigte Logistikflächen errichtet. Die Aufträge wurden allesamt an Unternehmen aus der Region Berlin-Brandenburg vergeben.« Ferner müssen im Rahmen der Baufeldfreimachung zahlreiche Versorgungsleitungen umverlegt werden.

Am 3. August 2006 informiert die FBS darüber, dass sie schon im Vorfeld der Bauarbeiten der Schwarzarbeit den Kampf angesagt habe. Sämtliche Planungs- und Bauunternehmen müssen bei Vertragsabschluss eine Vereinbarung unterzeichnen, in der sie sich zur Tarifvertragstreue sowie zur Einhaltung der Bestimmung gegen Schwarzarbeit und illegale Arbeitnehmerüberlassung verpflichten. Nachunternehmer dürfen nur dann Unteraufträge erhalten, wenn sie die entsprechenden Bedingungen akzeptieren. In enger Zusammenarbeit mit den zuständigen Behörden soll dies bei regelmäßigen Kontrollen überwacht werden.

Damit nicht genug: Das riesige Baugelände wird zu einem eingezäunten und bewachten Sperrgebiet, dass nur mit speziellen Baustellenausweisen an zwei kontrollierten Zufahrtstoren betreten und verlassen werden kann. Voraussetzung für die Erteilung der Zugangsberechtigung an die Bauarbeiter ist der Besitz einer gültigen Sozialversicherungskarte. Einfahrt, Verbleib und Ausfahrt jedes Lkw auf der Baustelle werden computergesteuert erfasst und registriert.

Im August sagt ein Flughafensprecher, dass man beim Bau des BBI aus Kostengründen auf eine Abfertigungsposition für den neuen zweistöckigen Megajet Airbus A380 verzichten werde, da bisher keine Luftverkehrsgesellschaft Interesse bekundet habe, diesen Typ im Berlin-Verkehr einzusetzen. Für das Modell sind zusätzliche Fluggastbrücken und größere Warteräume erforderlich. Indessen sind es ausgerechnet die bisher das Bild in Schönefeld prägenden Billigflieger, die gegen den BBI mobil machen. EasyJet-Deutschlandchef John Kohlsaat überrascht mit dem Wunsch, auch zukünftig im Terminal B des alten Flughafens zu verbleiben. Der BBI drohe ein »Milliardengrab« zu werden, da die Pläne veraltet und wenig auf die Bedürfnisse der Low-Cost-Carrier ausgelegt seien. Es werde nicht genügend Abstellplätze und zu lange Bodenzeiten für die Maschinen geben. Laut Kohlsaat würde es ausreichen, den Neubau in abgespeckter Form für die traditionellen Airlines zu errichten.

Weitere Billigflieger und deren Dachverband, die European Low Fare Airlines Association (ELFAA), schließen sich der Kritik an, bei der auch bekannt gewordene Pläne für eine drastische Erhöhung der Gebühren am neuen Flughafen eine Rolle gespielt haben dürften. Die FBS weist die Vorwürfe zurück. Man habe sich bewusst entschieden, die unterschiedlichen Verkehre am BBI unter einem Dach zu bündeln, »um die künstliche und kostenintensive Zersplitterung des Berliner Luftverkehrs zu überwinden«. Seit Herbst 2005 seien die Planungen den größten Airline-Kunden, darunter auch EasyJet, vorgestellt worden, deren Anregungen man berücksichtigt habe. »Unmittelbares Ergebnis der Gespräche ist die Integration einer auf Low-Cost-Carrier zugeschnittenen Pierstange nach dem Walkboarding-Prinzip ohne Fluggastbrücken.« Dort werde man den Billigfliegern 26 bis 42 Standplätze zur Verfügung stellen und auch die für sie wichtigen Umdrehzeiten von unter 30 Minuten berücksichtigen.

Die bei der Senatsverwaltung für Stadtentwicklung angesiedelte Berliner Luftfahrtbehörde erlässt den Schließungsbescheid für den Flughafen Tempelhof. Statt zum Ende des Winterflugplans 2006/07 soll der Betrieb nun erst zum Ende des Sommerflugplans am 31. Oktober 2007 eingestellt werden. Die FBS erklärt, sie stehe den Airlines zu Gesprächen über eine Verkehrsverlagerung nach Tegel oder Schönefeld zur Verfügung. Die eigenen 200 Mitarbeiter in Tempelhof sollen entweder an andere Standorte versetzt werden oder Angebote zum freiwilligen Ausscheiden erhalten.

6. DIE MISSGLÜCKTE AUSSCHREIBUNG

Der 5. September 2006 ist ein weiterer Meilenstein im Drama um den BBI. Im märkischen Sand, in dem einst die Häuser des Dorfes Diepensee standen, versammelt sich zwölf Tage vor den Wahlen zum Berliner Abgeordnetenhaus alles, was in der Politik oder in der Luftfahrtszene Rang und Namen hat, um endlich auf den Weg zu bringen, was eigentlich längst fertig sein sollte. Auf einem riesigen blauen Plakat zeigt eine Grafik, wie die Vorfahrt des neuen Terminals einmal aussehen soll. *Airport Berlin Brandenburg International BBI* ist darüber zu lesen und darunter – vielleicht bewusst etwas kleiner gedruckt: *Realisierungszeitraum September 2006 bis Oktober 2011.*

16 Jahre nach dem Beginn der Planungen für einen neuen Hauptstadtflughafen greifen sechs entschieden dreinblickende Männer kurz vor 14 Uhr zu Spaten und schreiten zur Tat. Es sind Flughafenchef Rainer Schwarz, Bahnchef Hartmut Mehdorn (den wir in der unendlichen Geschichte noch in verschiedenen Rollen erleben werden, jetzt ist er wegen des Tiefbahnhofs gekommen), der Regierende Bürgermeister und Aufsichtsratschef Klaus Wowereit, sein Stellvertreter im Aufsichtsrat, Ministerpräsident Matthias Platzeck, Bundesverkehrsminister Wolfgang Tiefensee und Technikgeschäftsführer Thomas Weyer. Sie haben einiges zu schaufeln, bevor alle Fotografen und Kamerateams zufrieden sind.

Unbeirrt wird an diesem Tag verkündet, dass der BBI zum

Beginn des Winterflugplans 2011/12 seinen Betrieb aufnehmen werde, und die Verantwortlichen übertrumpfen sich mit Superlativen. Verkehrsminister Tiefensee spricht von einer »wichtigen Ergänzung der deutschen Flughafenlandschaft« und einem »klaren Signal«, das der »Standort Deutschland« aussendet: »Wir setzen im internationalen Wettbewerb die nötigen Projekte in Gang und stärken die Standortqualität der deutschen Hauptstadt und der gesamten Umlandregion.«

»Der Ausbau des Flughafens Schönefeld zum Airport BBI ist und bleibt das wichtigste Vorhaben für die deutsche Hauptstadt«, bekräftigt Wowereit, und Platzeck betont: »Schon jetzt ist der BBI ein Beschäftigungsmotor für Berlin und Brandenburg.« Aufträge im Volumen von 180 Millionen Euro seien bereits an die regionale Wirtschaft gegangen, das BBI-Bieterverzeichnis werde heimischen Unternehmen helfen, »dass sie auch von den jetzt anstehenden, großen Baulosen profitieren«. »Vor allem als Sprungbrett nach Osteuropa und Asien hat BBI aufgrund seiner günstigen Lage im Herzen Europas alle Chancen«, hofft Rainer Schwarz.

Deutlich wird aber auch der Kostendruck, unter dem das Projekt steht. Der BBI wird »kein Marmorpalast, aber auch keine Wellblechhütte«, sagt Wowereit. »Hohes Kostenbewusstsein« ist »eine wesentliche Voraussetzung unserer Arbeit«, betont Technikchef Weyer. »Die Baukosten liegen unter dem Niveau vergleichbarer Projekte und niedrige Betriebskosten fürs Terminal haben wir bereits bei den Planungen berücksichtigt.«

Vor dem ersten Spatenstich haben die BBI-Gesellschafter und die FBS mit der Deutschen Bahn auch die Verträge für die Finanzierung und Realisierung der Schienenanbindung des neuen Flughafens unterzeichnet. Die Baukosten dafür sind mittlerweile auf 636 Millionen Euro gestiegen. 576 Millionen davon übernimmt der Bund, Berlin und Brandenburg sind mit jeweils 30 Millionen Euro dabei. Die beiden Länder verpflichten sich zugleich, über einen Zeitraum von mindestens

20 Jahren kostendeckende Verkehrsleistungen bei der Bahn zu bestellen. »Die Verbindung von Luft- und Schienenverkehr ist ein Paradebeispiel eines integrierten Verkehrssystems«, erklärt Verkehrsminister Tiefensee. Und er fügt nachdrücklich hinzu: »Wir erwarten, dass nun auch durch die Bauausführenden alle Anstrengungen unternommen werden, um das ambitionierte Ziel einer zeitgleichen Inbetriebnahme von Flughafen und Schienenanbindung im Jahr 2011 zu erreichen, damit von Beginn an ein gutes Angebot im Schienenpersonenverkehr gemacht werden kann.« Bahnchef Mehdorn betont: »Unser Ziel ist es, das europäische Eisenbahndrehkreuz Berlin-Hauptbahnhof bei einer Fahrzeit von 20 Minuten mit dem neuen Flughafen BBI zu verbinden.«

Mindestens 50 Millionen Euro würden die zusätzlichen Lärmschutzauflagen aus dem Urteil des Bundesverwaltungsgerichts kosten, sagt Thomas Weyer der *Berliner Zeitung*. Derweil schließt die Bundeswehr nicht aus, dass sie mit der Flugbereitschaft der Luftwaffe, die bisher jeweils in Teilen in Tegel und Köln/Bonn stationiert ist, auch nach der Schließung der Berliner Flughäfen für den zivilen Luftverkehr in Tegel-Nord verbleiben oder nach Tempelhof umziehen könnte.

Am 17. September finden die Wahlen zum Berliner Abgeordnetenhaus statt. Die SPD kann um 1,1 Prozent zulegen und wird mit 30,8 Prozent der Stimmen stärkste Partei, während sich die CDU um 2,5 Punkte auf 21,3 Prozent verschlechtert. So bleibt es bei der Fortsetzung der rot-roten Koalition unter Klaus Wowereit, der am 23. November von den Abgeordneten erst im zweiten Wahlgang mit nur einer Stimme Mehrheit wieder zum Regierenden Bürgermeister gewählt wird.

Am 26. Oktober eröffnet in Schönefeld das größte Betonwerk Europas. Es wird von der schleswig-holsteinischen Firma Becker Bau betrieben. Da für den Bau des BBI insgesamt 3,4 Millionen Tonnen Beton benötigt werden, stellt die Produktion direkt auf der Baustelle die kostengünstigste und umweltfreundlichste Alternative dar. Weil die Zuschlagstoffe – Zement, Sand, Kies und Splitt – mit der Bahn angeliefert werden, können die öffentlichen Straßen von rund 500 Lkw-Fahrten pro Tag entlastet werden. Auch das erste Containerdorf ist fertiggestellt. In dieses soll schon bald der Planungsstab für den Flughafen einziehen.

Ein Dreivierteljahr bevor die bisherige Nordbahn in Schönefeld stillgelegt werden soll, weil ein Teil von ihr dem Bau der Autobahn zum BBI weichen muss, wird es ab dem 4. Oktober noch einmal laut für die Bewohner von Bohnsdorf und Grünau. Da die vorhandene Südbahn als künftige Nordbahn des neuen Flughafens um 600 Meter verlängert wird und vier neue Zurollbahnen sowie vier Schnellabrollwege erhält, muss sie werktags zwischen 6 und 22 Uhr für den Betrieb gesperrt werden. Während dieser Zeit starten und landen die Flugzeuge wieder auf der nur noch in Ausnahmefällen genutzten Nordbahn.

Nach nur einem Monat müssen die Arbeiten vorerst unterbrochen werden, weil eine Baufirma, die bei der Vergabe nicht berücksichtigt wurde, beim brandenburgischen Wirtschaftsministerium eine Verfahrensrüge beantragt hat. Obwohl es laut FBS in der Planung einen Zeitpuffer gibt, könnte sich auch der Autobahnbau verzögern, falls sich die Klärung hinzieht. Vorerst läuft der volle Flugbetrieb wieder über die Südbahn.

Am 9. November fällt das Bundesverwaltungsgericht eine kuriose Entscheidung, die in Berlin und Brandenburg für Erleichterung sorgt. Es geht um den Ausbau des Flughafens Leipzig/Halle zum Drehkreuz der Deutschen-Post-Tochter DHL. Die Leipziger Richter genehmigen den im Planfeststellungsbeschluss vorgesehenen 24-Stunden-Betrieb ausschließlich für Frachtflugzeuge, weil es das öffentliche Interesse am Logistikzentrum rechtfertigt, »den Anwohnern des Flughafens die mit einem nächtlichen Frachtflugverkehr verbundenen, erheblichen Lärmbelastungen grundsätzlich zuzumuten«. Für Passagierflugzeuge jedoch untersagt das Urteil jeden Verkehr zwischen null und fünf Uhr (BVerwG 4 A 2001.06). Damit ist die Gefahr gebannt, dass Leipzig/Halle in diesem Bereich zu einem ernsthaften Konkurrenten des BBI werden könnte. Die Hoffnung auf einen nennenswerten Frachtflugverkehr hat man in Berlin und Brandenburg dagegen längst aufgegeben, obwohl ein Volumen von 600 000 Tonnen pro Jahr Gegenstand der Genehmigung ist. 2006 kommen die Berliner Flughäfen gerade einmal auf 27 164 Tonnen.

Im November platzt wieder eine Ausschreibung. Das Bieterverfahren für den Bau des Terminals wird von der FBS abgebrochen. Angesichts der hohen Anforderungen ist ausgerechnet die Firma Hochtief als einziger Bewerber übrig geblieben, und die Flughafengesellschaft befürchtet, das Unternehmen könnte jetzt den Preis für das mit einer halben Milliarde Euro veranschlagte Projekt diktieren. Deshalb wird eine neue Ausschreibung mit gelockerten Rahmenbedingungen gestartet, um mehr Bewerbern eine Chance zu geben. Gerüchte, dass durch die Verzögerungen bei Landebahn und Terminal der Eröffnungstermin gefährdet sei, weisen FBS-Sprecher entschieden zurück.

Den Zuschlag zum Rohbau des Bahnhofs und des rund 3,4 Kilometer langen Bahntunnels erhalten vier Berliner Firmen. Schälerbau, Berger Bau, Bleck & Söhne sowie die Ingenieurbaugesellschaft werden ihn ab 2007 errichten. »Die Vergabe an eine heimische Mittelstandsarge zeigt, wie erfolgreich unser Mittelstandskonzept für den BBI ist«, sagt Technikgeschäftsführer Weyer. »Mit der termingerechten Vergabe der Rohbauleistungen für Bahnhof und Schiene liegt der Flughafenbau sehr gut im Zeitplan.«

Länder, FBS, der Bundesverband der Deutschen Luft- und Raumfahrtindustrie (BDLI) und die Messe Berlin verständigen sich im November darauf, dass die Internationale Luft-

und Raumfahrtausstellung ILA auch nach der BBI-Eröffnung weiter in Schönefeld stattfinden soll. Die drittgrößte Luftfahrtmesse Europas, die im Zwei-Jahres-Turnus jeweils in geraden Jahren stattfindet, war 1992 von Hannover nach Berlin verlegt worden. Es soll nach einem geeigneten Standort am neuen Flughafen gesucht werden. Angedacht ist die Einrichtung eines permanenten Ausstellungsgeländes mit festen Hallen, das auch für andere Veranstaltungen genutzt werden kann.

Bei der Eröffnung der neugestalteten Airportworld mit einer Dauerausstellung zum BBI stellt die FBS am 7. Dezember die Pläne für einen 32 Meter hohen Infotower vor, von dem Besucher ab Mitte 2007 den Baufortgang beobachten können. Der ebenso markante wie ungewöhnliche Entwurf stammt von den Berliner Architekten Karin und Ramsi Kusus, die sich in einem Gutachterverfahren gegen fünf Mitbewerber durchsetzen konnten. Die dreieckige Grundform ist verdreht, die Konstruktion von einer Hülle aus einer transparenten Membran umgeben, die mit Fluorkunststoffen bedruckt ist und nachts durch bunte Leuchtdioden illuminiert wird. »Der Infotower symbolisiert den Aufbruch, der vom Flughafenbau für die deutsche Hauptstadtregion ausgeht«, erklärt Thomas Weyer.

Parallel dazu wird weiter um Tempelhof gerungen. Der amerikanische Milliardär Fred H. Langhammer, ehemaliger Chef des Kosmetikkonzerns Estée Lauder und Aufsichtsrat der Walt Disney Corporation, will mit seiner Firma Central European Development im Gebäudekomplex für 350 Millionen Euro eines der modernsten ambulanten Gesundheitszentren der Welt mit angeschlossener Start- und Landebahn einrichten. Dort sollen jährlich bis zu 120 000 Kassenpatienten, aber auch über 5000 gutbetuchte Privatpatienten aus dem Ausland behandelt werden, die mit dem eigenen Jet einfliegen können.

Die Deutsche Bahn unter ihrem Chef Hartmut Mehdorn zeigt Interesse an einer Zusammenarbeit mit Langhammer und stellt im Dezember beim Senat den Antrag, Tempelhof zu übernehmen und als Startplatz der Allgemeinen Luftfahrt weiter zu betreiben. Mit der kalifornischen Capricorn Pest Management Group meldet sich ein weiterer potentieller Investor, der an einem Geschäftsflughafen mit Schulungszentrum, Hotel, Konferenzzentrum und Business Park interessiert ist. Während die CDU-Opposition in den Projekten eine »tragfähige Perspektive« sieht, stoßen die Vorschläge beim rot-roten Senat auf entschiedene Ablehnung.

Am 21. Dezember schiebt das Oberverwaltungsgericht Berlin-Brandenburg den Plänen einen Riegel vor. Auf die bereits aus dem Jahr 2004 stammende Klage von 13 Luftverkehrsgesellschaften hin kommt der zwölfte Senat unter dem Vorsitzenden Richter Jürgen Kipp zu dem Schluss, dass Tempelhof zwar nicht zwingend, wie im »Konsensbeschluss« vorgesehen, mit der Planungsreife des BBI, aber so wie Tegel spätestens sechs Monate nach Eröffnung des neuen Flughafens geschlossen werden muss. Weil die Fertigstellung der Autobahn zum Alternativstandort der Geschäftsflieger in Schönefeld aber erst für Mai 2008 vorgesehen ist, unterbreitet das Gericht den Parteien den Vergleichsvorschlag, den City-Airport erst ein Jahr später als geplant, zum 31. Oktober 2008, zu schließen. Der Senat erhält eine Erklärungsfrist bis zum 10. Januar. Klaus Wowereit spricht von einem »fairen Interessensausgleich«, und Flughafenchef Schwarz signalisiert, dass er dem Vergleich »sehr offen« gegenüberstehe. Der Berliner CDU-Fraktionschef Friedbert Pflüger fordert den Regierenden Bürgermeister indessen auf, den Schließungsbescheid unabhängig vom OVG-Verfahren zurückzunehmen.

Der Berliner Konzernbeauftragte der Lufthansa, Thomas Kropp, redet Klartext: Berlin habe in der Luftfahrtpolitik bereits 15 Jahre verloren und die Entwicklung verpasst, warnt er. Jetzt dürfe nichts mehr geschehen, was dem BBI schade oder ihn verzögere. Wenn der Flugbetrieb in Tempelhof fortgesetzt werde, müssten die dortigen Nutzer die Betriebskosten durch höhere Gebühren selbst ausgleichen, fordert die Lufthansa. Die Fluggesellschaft beklagt seit langem, dass sie und die anderen in Tegel tätigen Airlines über die dort zu entrichtenden hohen Gebühren den defizitären Flughafen Tempelhof mitfinanzieren würden.

Die FBS nimmt den Tempelhof-Vergleich am 4. Januar 2007 einseitig an, während 11 der 13 Fluggesellschaften den Flugplatz dauerhaft nutzen wollen. Die Deutsche Bahn und ihr US-Partner CED legen ein Gutachten des Tübinger Verwaltungsrechtsexperten Michael Ronellenfitsch vor, wonach ein Weiterbetrieb als Sonderlandeplatz für kleine Maschinen der Allgemeinen Luftfahrt dem »Konsensbeschluss« nicht entgegenstehe, wenn Tempelhof als Verkehrsflughafen geschlossen werde. Dazu wäre lediglich eine Änderung des Landesentwicklungsplans erforderlich.

Während Brandenburgs Infrastrukturminister Reinhold Dellmann (SPD) jeglichen weiteren Flugbetrieb in Tempelhof für ausgeschlossen hält, fordert IHK-Präsident Eric Schweitzer eine vorbehaltlose Prüfung der Pläne der Investoren. CDU-Fraktionschef Pflüger bittet Kanzleramtsminister Thomas de Maizière, die beteiligten Bundesministerien zu einer »gemeinsamen konstruktiven Position« in Sachen Tempelhof an einen Tisch zu bringen. Mit seiner Verweigerungshaltung verbaue der rot-rote Senat Berlin eine »einmalige Zukunftschance«.

Am 12. Februar bestätigt das Oberverwaltungsgericht die Schließung Tempelhofs zum 31. Oktober 2008. Die Fluggesellschaften seien davon »nicht in ihren Rechten verletzt« und müssten »geringfügige Beeinträchtigungen« in der Übergangsphase hinnehmen. Daran, dass eine Offenhaltung des City-Airports nach Eröffnung des Großflughafens Schönefeld »nicht möglich« ist, gibt es nach Auffassung der Richter nichts zu rütteln. Eine Revision vor dem Bundesverwaltungsgericht lässt Richter Kipp nicht zu. Dieses habe bereits »grundsätzliche Festlegungen« zu dem Thema getroffen, heißt es in der Begründung.

CDU und FDP, IHK und Handwerkskammer kritisieren die politische Entscheidung des Senats, dem es nach wie vor freigestellt ist, den Widerruf der Betriebsgenehmigung zurückzunehmen. Wowereit und Dellmann äußern sich dagegen zufrieden über das Urteil. Es schaffe »Rechtssicherheit für den BBI und ist damit eine wichtige Voraussetzung für die bevorstehende Finanzierung des neuen Airports«, sagt Flughafenchef Rainer Schwarz und verweist auf die 115 Millionen Euro Verlust, die Tempelhof der FBS in den vergangenen zehn Jahren beschert hat.

Doch die Diskussion ist noch immer nicht beendet. Das Bundesfinanzministerium lässt durch ein Rechtsgutachten prüfen, ob in Tempelhof nicht doch ein geringfügiger Flugbetrieb möglich ist, ohne die rechtlichen Voraussetzungen für den Bau des BBI zu gefährden, was auf keinen Fall geschehen dürfe. Langhammer hat inzwischen deutlich gemacht, dass sein Klinikkonzept ohne den geplanten Fortbetrieb des Flughafens durch die Bahn nicht realisiert werden könne.

In Schönefeld kann nach viereinhalb Monaten ab dem 26. März wieder an der bisherigen Südbahn gearbeitet werden. Wie schon im Oktober des Vorjahres erfolgen die Starts und Landungen werktags zwischen 6 und 22 Uhr auf der Nordbahn. Notfalls soll diese zur Baubeschleunigung auch sonnabends genutzt werden, teilt die FBS mit. Die Zeit drängt, eigentlich sollte die Nordbahn bereits zur Jahresmitte geschlossen werden. Jetzt heißt es nur noch, die Arbeiten an der Südbahn »sollen noch in diesem Jahr abgeschlossen sein«.

Derweil geht der Kampf um Tempelhof weiter. Am 30. März übergibt der Vorsitzende der ICAT, Andreas Peter, gemeinsam mit den Bundestagsabgeordneten Peter Rzepka (CDU) und Hellmut Königshaus (FDP) bei der Senatsverwaltung für Inneres den Antrag für ein Volksbegehren unter dem Titel »Tempelhof bleibt Verkehrsflughafen«. 20 000 Unterschriften von wahlberechtigten Berlinern sind für die Einleitung erforderlich, insgesamt 34 709 haben sich für den Erhalt des City-Airports ausgesprochen. Zu den prominentesten Berlinern, die sich nicht mit dem Schließungsbeschluss des Senats abfinden wollen, gehören der Autor Horst Pillau und der Liedermacher Reinhard Mey. 102 Bundestagsabgeordnete nicht nur von CDU und FDP, sondern auch von der SPD stellen den Antrag an die Bundesregierung, Tempelhof zumindest bis zur BBI-Eröffnung in Betrieb zu lassen und zugleich zu prüfen, ob eine eingeschränkte Weiterführung des Luftverkehrs auch über diesen Termin hinaus möglich ist. Das vom Bundesfinanzministerium in Auftrag gegebene Gutachten der Anwaltskanzlei Lenz & Johlen bestätigt dies unter der Voraussetzung, dass der Landesentwicklungsplan geändert wird. Das Bundesverwaltungsgericht könnte im Rahmen einer von der Bahn geplanten Feststellungsklage endgültige Rechtssicherheit schaffen.

Doch der von der SPD geführte rot-rote Senat bleibt kompromisslos. Wowereit lässt seinen Parteigenossen, Finanzminister Peer Steinbrück, bei einem Spitzengespräch mit dessen Tempelhof-Initiative abblitzen und unterstellt ihm, nur die Unterhaltskosten für das denkmalgeschützte Gebäude sparen zu wollen, für die der Bund nach einer Schließung aufkommen müsse. Sie werden auf jährlich rund 13 Millionen Euro im Jahr geschätzt. Berlins SPD-Fraktionschef Christian Gaebler stellt klar: »Tempelhof wird wie geplant geschlossen, dabei bleibt es.« Bei einer aktuellen Stunde im Abgeordnetenhaus sagt Wowereit: »Es wäre doch Wahnsinn, jetzt das Planungsrecht zu ändern« und fragt CDU-Fraktionschef Pflüger: »Was ist das für ein Rechtsverständnis, sind wir in einer Bananenrepublik?«

Am 2. April kann FBS-Chef Schwarz verkünden, dass

2006 das erfolgreichste Jahr in der Geschichte der Berliner Flughäfen gewesen sei. Das Passagieraufkommen ist um acht Prozent auf 18,5 Millionen Fluggäste gestiegen, der operative Umsatz legte um zwölf Prozent zu auf 221,9 Millionen Euro, und das Ergebnis vor Zinsen, Steuern und Abschreibungen übertraf mit 55,5 Millionen Euro den Vorjahreswert sogar um 15 Prozent. »Der gute Geschäftsverlauf 2006 ist eine solide Basis für den BBI«, sagt Schwarz. »Durch die systematische Steigerung der Umsätze, eine konsequente Kostendisziplin sowie eine kontinuierliche Effizienzsteigerung haben wir in den Jahren 2005 und 2006 bereits 103,6 Millionen Euro als FBS-Eigenbeitrag für den BBI erwirtschaftet. Das sind bereits 24 Prozent des gesamten Eigenfinanzierungsbeitrags in Höhe von 440 Millionen Euro. Um dieses Gesamtziel zu erreichen, werden wir in den kommenden Jahren unsere Anstrengungen darauf richten, noch effizienter zu werden.«

Am 16. April 2006 überreicht Martin Wille, Landrat des Kreises Dahme-Spreewald, an FBS-Technikgeschäftsführer Weyer die Baugenehmigung für das Terminal. Neun Monate lang hat die Baubehörde den Antrag geprüft. Schwerpunkte waren dabei laut FBS das Brandschutzgutachten, die Architektenpläne, die Haustechnik, die Gepäckförderanlage und die Entwässerung. »Das Terminal ist das größte und wichtigste Teilprojekt des BBI«, betont Weyer. »Wir werden nun die nächsten Schritte bei den Vorbereitungen für den Terminalbau einleiten.« Dieser soll erst im Mai 2008 beginnen, denn zuvor muss der darunterliegende, unterirdische Bahnhof im Rohbau fertiggestellt sein. Dessen Baugenehmigung durch das Eisenbahn-Bundesamt wird allerdings erst im Mai 2006 erwartet. Dennoch sei alles im Zeitplan, versichert ein FBS-Sprecher. Das erste, 90 Meter lange Tunnelteilstück der westlichen Schienenanbindung für den BBI ist am 30. April schon einmal termingerecht fertiggestellt. Die 3,7 Millionen Euro teure Konstruktion bildet die westliche Einfahrt in den einschließlich des Bahnhofs 3,4 Kilometer langen Bahntunnel unter dem Flughafen.

Ungeachtet des Passagier-Booms, den die Billigflieger dem Flughafen Schönefeld bereiten, bildet der Flughafen Tegel nach wie vor den Schwerpunkt des Berliner Luftverkehrs. Mit 11,8 Millionen Passagieren (Schönefeld 6 Millionen, Tempelhof 634 538) musste er 2006 fast zwei Drittel des Fluggastvolumens verkraften. Im laufenden Jahr steigen die Zahlen erneut sprunghaft an, von den 5,7 Millionen Reisenden zwischen Januar und April sind 3,7 Millionen in Tegel gestartet oder gelandet, ein Zuwachs um 8,7 Prozent. Um der wachsenden Zahl an Passagieren Herr zu werden, wurde für zwölf Millionen Euro das neue Terminal C errichtet, das am 22. Mai seiner Bestimmung übergeben wird. Es verschafft dem Airport eine zusätzliche Kapazität von 2,5 Millionen Passagieren im Jahr. Der Flachbau hat 18 Check-in-Schalter, acht zentrale Sicherheitsschleusen, hinter denen die Passagiere direkt in einen Duty-free-Shop geführt werden, sechs Boarding-Gates, von denen die Reisenden zu Fuß oder per Bus zu den Flugzeugen gelangen und drei Gepäckausgabebänder im Ankunftsbereich.

Weil ein Ausbau juristisch heikel ist, heißt es offiziell, dass das ebenso wie die Anbauten in Schönefeld bewusst einfach gehaltene Gebäude Kapazitätsengpässe ausgleichen soll, die durch den notwendigen Einbau zusätzlicher Sicherheitstechnik in den vorhandenen Anlagen entstanden sind. Zudem will man den notwendigen Platz schaffen, um den in Tempelhof tätigen Airlines den Umzug zu ermöglichen und sicherzustellen, neue Luftverkehrsgesellschaften, die häufig nur nach Tegel wollen, nicht abweisen zu müssen.

Hauptnutzer des neuen Terminals wird Air Berlin – die Airline ist mit über vier Millionen Jahrespassagieren die größte Fluggesellschaft in Berlin. »Im neuen Terminal können wir unseren Gästen bequeme Umsteigemöglichkeiten anbieten«, sagt CEO Joachim Hunold. »Weiterfliegende Passagiere müssen nicht erneut die Sicherheitskontrollen passieren.« Als erste Airline hat Air Berlin damit begonnen, in Berlin bereits einen bescheidenen Umsteigeverkehr aufzubauen. »Das Terminal C ist von strategischer Bedeutung für den Luftverkehrsstandort und Teil unserer Rampe für den BBI«, so Klaus Wowereit.

Am 13. Juni äußert das Bundesverwaltungsgericht gegenüber der Bahn Bedenken hinsichtlich der beantragten Feststellungsklage für einen begrenzten Weiterbetrieb von Tempelhof. Ungeachtet der bislang offenen Frage der Zuständigkeit weisen die Richter darauf hin, dass nach der »derzeitigen Rechtslage eine unbefristete Weiternutzung von Tempelhof auch als eingeschränkter Sonderflughafen ausgeschlossen« sei. Solange keine Änderung des Landesentwicklungsplans erfolge und der Umfang sowie die Gründe einer etwaigen Änderung des landesplanerischen Konzeptes nicht bekannt wären, »sei völlig ungewiss, welche möglichen rechtlichen Auswirkungen eine Offenhaltung von Tempelhof auf den Planfeststellungsbeschluss zum Ausbau des Flughafens Berlin-Schönefeld haben könnte«. Eine solche Änderung lehnen die Landesregierungen in Berlin und Brandenburg allerdings vehement ab. Eine Woche später zieht die Bahn ihren Antrag zurück. Die juristischen Möglichkeiten seien erschöpft, heißt es zur Begründung. Der Flughafen Tempelhof könne jetzt nur noch auf politischer Ebene gerettet werden.

Damit ist allerdings nicht zu rechnen. Am 8. Juni erlässt die von Senatorin Ingeborg Junge-Reyer (SPD) geleitete Senatsverwaltung für Stadtentwicklung den Bescheid zur Entwidmung des Flughafens Tempelhof zum 31. Oktober 2008, null Uhr Ortszeit. Er stehe in zeitlichem Zusammenhang mit der bereits ergangenen Aufhebung der luftverkehrsrechtlichen Betriebsgenehmigung, teilt die Behörde mit. Die Entwidmung sei Voraussetzung für die planungsrechtliche Vorbereitung der künftigen Nutzung des Flughafengeländes, das damit nach der

Flugbetriebseinstellung der kommunalen Planungshoheit des Landes zur Verfügung stehe.

In der *Berliner Zeitung* gibt der Lufthansa-Konzernbevollmächtigte Thomas Kropp einer »verfehlten Flughafenpolitik in den 90er Jahren« die Schuld daran, dass es durch die noch immer existierenden drei Flughäfen keine gebündelten Passagierströme und durch den minimalen Umsteigeverkehr keine Voraussetzung für Langstreckenflüge seiner Gesellschaft gebe.

In Schönefeld habe der Bau des sechsgleisigen Flughafenbahnhofs begonnen, teilt die FBS am 5. Juli mit. Zunächst konzentrieren sich die Arbeiten auf die Herstellung des Fundaments, das mittels einer sogenannten Pfahlbaugründung errichtet wird. Rund 236 Betonpfähle, die bis zu einer Tiefe von 20 Meter fest im Boden gegründet sind, werden die 405 Meter lange und 60 Meter breite Station tragen. Danach erfolgt der Rohbau, dessen erster, 185 Meter langer Bauabschnitt Mitte 2008 fertiggestellt sein soll, um den Baubeginn für das darüberliegende Terminal zu ermöglichen. Der gesamte Bahnhof soll dann ein Jahr später der Bahn übergeben werden, die den Ausbau einschließlich der erforderlichen Technik übernimmt.

Einen Tag später räumt die gemeinsame Landesplanungskonferenz Berlin-Brandenburg eine weitere Konkurrenz für den BBI aus dem Weg. Mitten im laufenden Raumordnungsverfahren für die vom Flughafen Eberswalde-Finow beantragte Betriebserweiterung für Verkehrsflugzeuge mit bis zu 85 Tonnen Startgewicht beschließen die beiden Bundesländer eine umfassende Alleinstellung des Flughafens Berlin Brandenburg International. Alle Linien- und Pauschalflüge würden auf den BBI beschränkt, erklären die Länderchefs Wowereit und Platzeck nach der Sitzung im Roten Rathaus. Während Berlin nach der Schließung von Tempelhof und Tegel als einziges Bundesland ohnehin über keinen Airport mehr verfügen wird, dürfen auf allen anderen Brandenburger Flugplätzen nur Sportflugzeuge und kleine Geschäftsreisemaschinen mit einem Startgewicht von maximal 14 Tonnen landen. Lediglich der Flughafen Cottbus-Drewitz, für den bereits eine 30-Tonnen-Regelung gilt, genießt Bestandsschutz.

Es sei im Interesse der gemeinsamen Landesplanung, dass sich keine anderen lokalen oder regionalen Flugplätze zu einer Konkurrenz für den BBI entwickeln, betont Wowereit. Die neue landesplanerische Festlegung werde im Raumordnungsverfahren für Eberswalde-Finow, das in Kürze abgeschlossen werden solle, bereits berücksichtigt, erklärt Brandenburgs Wirtschaftsminister Dellmann. Damit wären auch die Überlegungen von Ryanair vom Tisch, nach den inzwischen als gescheitert geltenden Plänen in Neuhardenberg von Schönefeld auf den ehemaligen Militärflughafen im Nordosten Berlins umzuziehen.

In der Auseinandersetzung um Tempelhof geraten Wirtschaft und Luftfahrtunternehmen mit ihren logischen Argumenten immer mehr in den Mittelpunkt einer Politschlacht. Kanzleramtsminister de Maizière macht deutlich, dass der Bund weiterhin an einem eingeschränkten Fortbetrieb von Tempelhof interessiert sei. Auch seine Drohung, man werde als Eigentümer des Flughafengebäudes bei dessen Verwertung auf die Berliner Interessen keine Rücksicht nehmen, wenn der Senat nicht zum Einlenken bereit sei, stößt im Roten Rathaus auf taube Ohren. ICAT und Windrose Air nehmen noch einmal den juristischen Kampf auf und reichen im Juli beim Oberverwaltungsgericht Berlin-Brandenburg eine Klage gegen die Entwidmung des City-Airports ein. Für CDU-Fraktionschef Pflüger eine Antwort auf das »arrogante und bürgerferne Verhalten« des Senats, der das angestrebte Bürgerbegehren »verhöhne«, indem er »ohne jegliche Zeitnot unwiderrufbare Tatsachen schaffen will«.

Im Rahmen des vom Bundesverwaltungsgericht vorgegebenen, ergänzenden Planfeststellungsverfahrens zum Lärmschutz am BBI reicht die FBS im Juli beim Potsdamer Infrastrukturministerium ein Gutachten des Beratungsbüros ARC ein. Es hat den Bedarf von neun großen Fluggesellschaften für Flüge in den Tagesrandzeiten und in den Nachtstunden ermittelt. Die größte Nachfrage besteht mit 55 Starts und Landungen in der Stunde zwischen 22 und 23 Uhr. Neun Flugbewegungen werden für den besonders kritischen Zeitraum zwischen null und fünf Uhr gefordert.

Das Institut der Deutschen Wirtschaft in Köln befürchtet, dass der BBI zu klein geplant ist. Am neuen Flughafen seien maximal 90 Flugbewegungen pro Stunde möglich, fünf weniger als das Berliner Flughafensystem derzeit erlaube, so der Leiter des Hauptstadtbüros, Klaus-Heiner Röhl. Bei einem fortgesetzten Wachstum des Luftverkehrs im bisherigen Tempo sei spätestens 2025 mit Kapazitätsengpässen zu rechnen. Deshalb, so Röhl, müsse man sich schon jetzt Gedanken über eine dritte Start- und Landebahn machen oder Tegel für den Regierungs- und Geschäftsreiseverkehr offenhalten. Sprecher der FBS und des Potsdamer Infrastrukturministeriums weisen die Bedenken des Instituts zurück und betonen, der BBI werde bedarfsgerecht geplant.

Unter dem Motto »Ein Jahr BBI-Bauarbeiten« bitten Senatorin Junge-Reyer, Minister Dellmann und die FBS-Geschäftsführung am 27. August 2007 auf die Baustelle. »Es geht voran, alle Projekte sind im Zeitplan«, freut sich Dellmann, und Flughafenchef Schwarz versichert: »Das erste Jahr der Bauarbeiten ist gut verlaufen. Schon jetzt profitiert die Region von der Dynamik, die seit dem ersten Spatenstich im September 2006 von der BBI-Baustelle ausgeht.« Von den bisherigen Vergaben in einer Gesamthöhe von 395 Millionen Euro sind nach Angaben des Sprechers der FBS-Geschäftsführung 285 Millionen an regionale Unternehmen gegangen. Junge-Reyer betont: »BBI und sein Umfeld sind ab 2011 das Eingangstor in die Metropole und die Hauptstadtregion.«

Noch klemmt es allerdings bei der Zuganbindung vom

Hauptbahnhof über die Dresdner Bahn, deren pünktliche Fertigstellung fraglich erscheint, während die alternative Route über die Anhalter Bahn nur begrenzte Kapazitäten aufweist. Die Senatorin drängt auf eine schnelle Entscheidung des Eisenbahn-Bundesamtes, das in diesem Fall auch die Planfeststellungsbehörde ist. Das Projekt ist um Jahre verzögert, nicht zuletzt, weil eine Bürgerinitiative in Lichtenrade fordert, die Trasse dort durch einen neu zu bauenden Tunnel zu verlegen. Der Senat hatte diese Forderung unterstützt, woraufhin die Planung unterbrochen werden musste. Der überarbeitete Antrag der Bahn sieht nun einen oberirdischen Verlauf vor.

Drei Tage später wird ein weiterer Großauftrag vergeben. Den Zuschlag für den 277 Millionen Euro teuren Bau der neuen Südbahn, der Rollwege und Vorfeldflächen einschließlich einer unterirdischen Flugzeug-Betankungsanlage umfasst, erhalten mit der Bietergemeinschaft Eurovia/von der Wettern erneut Firmen aus der Region. »Der zweitgrößte Auftrag für den BBI konnte zeitgerecht und vor allem innerhalb des kalkulierten Kostenrahmens am Markt platziert werden«, so Technikgeschäftsführer Weyer. Die Arbeiten sollen im September beginnen, für die Fertigstellung von rund 1,4 Millionen Quadratmeter an Flugbetriebsflächen müssen etwa 8,5 Millionen Kubikmeter Erdreich bewegt werden.

Beim Zeitplan für den Ausbau der bisherigen Südbahn wird es dagegen offensichtlich eng. Die FBS teilt mit, dass die Sperrung vom 11. bis 21. September auf die Nachtstunden und die Wochenenden erweitert werden müsse. Während dieser Zeit wird der gesamte Verkehr über die Nordbahn abgewickelt, die eigentlich bereits im Sommer für immer geschlossen werden sollte.

Vier große Baukonzerne haben bei der erneuten europaweiten Ausschreibung des Terminalbaus Angebote abgegeben. Rund 620 Millionen Euro an Baukosten hat die FBS veranschlagt. Die Offerten liegen nicht nur erheblich darüber, sondern sind überraschenderweise auch fast identisch. Sie unterscheiden sich nur um wenige Euro und bewegen sich zwischen 1,038 und 1,041 Milliarden Euro. Als dies publik wird, lehnt die FBS unter Hinweis auf das laufende Bieterverfahren eine öffentliche Diskussion über Art und Inhalt der Angebote ab und erklärt: »Die Geschäftsführung ist weder Willens noch in der Lage, zu derartigen Spekulationen, die von interessierter Seite mit bestimmten Absichten lanciert wurden, Stellung zu nehmen.« Man verweist darauf, dass alle bisherigen Vergaben im Gesamtvolumen von mehr als 680 Millionen Euro im Kostenrahmen geblieben seien.

Währenddessen wird darüber spekuliert, ob die Ursache für die exorbitante Preissteigerung in der aktuellen Baukonjunktur zu suchen ist, die zu extrem hohen Stahl- und Glaspreisen geführt hat. Völlig offen ist, wie die Mehrkosten von rund 400 Millionen Euro finanziert werden sollen. Vom Bund sind keine Zusatzmittel zu erwarten. »Eine Vereinbarung über Nachschüsse zu Lasten des Bundes gibt es nicht«, erklärt das Bundesfinanzministerium. Bereits beim überwiegend vom Bund finanzierten Bahnanschluss waren die Kosten um rund 140 Millionen auf 636 Millionen Euro gestiegen. In Berlin fordern SPD-Verkehrsexperte Gaebler sowie seine Kollegen Rainer Ueckert (CDU) und Klaus-Peter von Lüdeke (FDP), das Terminal notfalls weiter abzuspecken.

»Dies ist nicht der erste Fall, wo einem mulmig wird bei einer Ausschreibung im Zusammenhang mit dem Flughafenbau«, sagt die baupolitische Sprecherin der Grünen, Lisa Paus, und CDU-Mann Ueckert vermutet: »Hier wurde schlampig gearbeitet.« Eine Vergabe in kleinteiligeren Bauteilen hätte nach Expertenmeinung zu günstigeren Preisen geführt, war jedoch nach Informationen der Grünen von der FBS aufgrund personeller Engpässe abgelehnt worden. »Wir haben schon früher darauf hingewiesen, dass bei einer Vergabe der Bauarbeiten im Paket die Gefahr groß ist, dass die Kosten kräftig steigen«, so IHK-Hauptgeschäftsführer Jan Eder. Und nach Angaben des Bauindustrieverbandes Berlin-Brandenburg war auf eine Preisgleitklausel für die Baustoffe verzichtet worden.

Am 14. September trifft sich der FBS-Aufsichtsrat zur Krisensitzung. Offiziell wird noch mit den Bietern verhandelt, der Abschluss des Vergabeverfahrens ist erst für Dezember vorgesehen. Brandenburgs Finanzminister Rainer Speer (SPD) räumt ein, dass die Angebote weit über den vorgesehenen Kosten lägen. Klaus Wowereit sagt: »Selbstverständlich muss geprüft werden, ob die bislang eingereichten Angebote ökonomisch vertretbar sind.« Beide Politiker schließen eine Neuausschreibung nicht mehr aus.

Am 9. Oktober ist es amtlich: Auch die zweite Terminalausschreibung ist geplatzt. Der Aufsichtsrat folgt auf einer Sondersitzung der Beschlussvorlage der FBS-Geschäftsführung, das Vergabeverfahren aufzuheben. »Grund für die Aufhebung ist unter anderem die Unwirtschaftlichkeit der vier eingegangenen Angebote, die allesamt deutlich über den erwarteten Preisen lagen«, wird offiziell erklärt. »Die Aufhebung des Vergabeverfahrens für den Bau des BBI-Terminals ist angesichts der vorliegenden Angebote ein logischer Schritt«, so die gemeinsame Stellungnahme von Wowereit, Platzeck und Staatssekretär Engelbert Lütke Daldrup aus dem Bundesverkehrsministerium. »Wir gehen davon aus, dass wir mit dem nun eingeschlagenen Weg tragfähige Angebote zur zeit- und kostengerechten Realisierung des BBI erhalten werden.«

Wowereit bestätigt, dass alle Angebote »rund 70 Prozent« über der Kalkulation gelegen hätten. Der Bau soll nun voraussichtlich in sieben Einzellosen vergeben werden. Um die entsprechenden Ausschreibungen vorzubereiten, erhält die FBS jetzt 30 zusätzliche Mitarbeiter, die man zuvor einsparen wollte. »Im nächsten Schritt wird die Ausführungsplanung für das BBI-Terminal ausgeschrieben und noch in diesem Jahr vergeben«, teilt die FBS mit. Die Ausschreibungen für die tatsächlichen Baulose würden allerdings erst im Januar erfolgen können, sagt Technikgeschäftsführer Weyer. Sollte der Terminalbau ursprünglich im Mai 2008 beginnen, ist jetzt von der Jahresmitte die Rede.

Trotz zunehmender Skepsis halten die Offiziellen weiter am Eröffnungstermin fest. Der sei »ambitioniert«, aber »erreichbar«, wiederholt sich Wowereit und meint, ein »Risikomanagement« werde die Verzögerungen schon durch mehr Tempo an anderer Stelle ausgleichen. Dagegen geht der Berliner Luftrechtsexperte Elmar Giemulla bereits von einer erneuten Verzögerung der BBI-Inbetriebnahme um mindestens ein Jahr aus und warnt zudem vor Schadensersatzforderungen der Unternehmen, die durch die Aufhebung des Ausschreibungsverfahrens nicht zum Zuge kamen.

Bei einer der Firmen handelt es sich um einen alten Bekannten in der unendlichen BBI-Geschichte. Es ist der Hochtief-Konzern. Und der prüft schon wieder rechtliche Schritte gegen den Rauswurf sowie die Geltendmachung von Schadensersatzansprüchen. »Wir haben hohe Millionenbeträge investiert, um den Auftrag zu bekommen und können ihn wieder nicht realisieren«, zitiert die *Berliner Zeitung* den Firmensprecher Bernd Pütter und titelt: »Bruchlandung in Schönefeld«.

7. DER CHEFPLANER GEHT VON BORD

Noch nicht einmal auf einen Namen für den BBI können sich die Politiker verständigen. Den soll der neue Flughafen nämlich ebenso erhalten wie der Airport in Tegel, der zusätzlich »Otto Lilienthal« heißt. Zwar steht der Name des Flugpioniers an der Fassade des Abfertigungsgebäudes, aber dafür interessiert sich eigentlich niemand. Die SPD möchte den BBI nach einem verstorbenen Genossen benennen, dem ehemaligen Regierenden Bürgermeister und Bundeskanzler Willy Brandt. Die CDU denkt in dieser Hinsicht eher parteineutral an Albert Einstein oder Marlene Dietrich und die Grünen würden Lilienthal gern nach Schönefeld umziehen lassen. In den Leserbriefspalten der Zeitungen, die bei eigenen Umfragen auch keinen eindeutigen Favoriten ermitteln können, wird das Thema kontrovers diskutiert.

Der Namensstreit beschäftigt die Kommunalpolitiker im Oktober 2007 so sehr, dass die wirklich großen Probleme um den BBI vorübergehend aus den Debatten verschwinden. Wegen der ungeklärten Frage der Nachtflüge melden die Luftverkehrsgesellschaften schwere Bedenken an. Und da angesichts der zweiten Neuausschreibung des Terminalbaus die Zweifel an einer termingerechten Fertigstellung des neuen Flughafens immer größer werden, fordern sie zudem Planungssicherheit, dass Berlin Brandenburg International wirklich im Jahr 2011 ans Netz geht.

Während die FBS mit Hochdruck an der neuen Ausschreibung arbeitet, gibt es grünes Licht für das Volksbegehren zum Erhalt des Flughafens Tempelhof. Die konkrete Forderung lautet: »Der Stadtflughafen Tempelhof ergänzt und entlastet den Verkehrsflughafen Berlin Brandenburg International (BBI). Der Berliner Senat wird aufgefordert, sofort die Schließungsabsichten aufzugeben und den Widerruf der Betriebsgenehmigung aufzuheben. Tempelhof muss Verkehrsflughafen bleiben!«

Vier Monate lang haben die Berliner ab dem 15. Oktober 2007 Gelegenheit, sich mit ihrer Unterschrift in einer der 55 Auslagestellen für den Fortbestand des City-Airports einzusetzen. Sieben Prozent der Wahlberechtigten – das sind rund 170 000 Personen – müssen sich dafür aussprechen, um zu erreichen, dass sich das Abgeordnetenhaus noch einmal mit dem Thema befasst. Mehr als eine Empfehlung an die Politik ist das Volksbegehren allerdings nicht. An Auslagestellen in Brandenburg und im Rathaus Treptow können ab dem 29. Oktober auch die Unterlagen zum Planergänzungsverfahren für die Nachtflugregelung am BBI eingesehen werden.

Rot-Rot und Grün beschließen schon im Voraus, den Bürgerwillen zu ignorieren. Am 13. September 2007 nimmt das Abgeordnetenhaus mit der Mehrheit von SPD, Linkspartei und Grünen deren gemeinsamen Antrag an, die Zielsetzung des Volksbegehrens abzulehnen. Dessen Unterstützung gefährde den Bau des BBI, außerdem sei der Weiterbetrieb des Flughafens umweltschädlich und ein Sicherheitsrisiko. Die schwarz-gelbe Opposition stimmt dagegen. Die Gegenanträge von CDU (»Landesverfassung achten – Ergebnis des Volksbegehrens zum Flughafen Tempelhof abwarten«) und FDP (»Gegen die Unvernunft und für den Erhalt des Flughafens Tempelhof«) haben angesichts der Mehrheitsverhältnisse keine Chance.

Am 14. November wird der Infotower, der eigentlich bereits zur Jahresmitte fertiggestellt werden sollte, eröffnet. Ministerpräsident Platzeck spricht von einem »Bauwerk mit Weitblick«. Ob er zu diesem Zeitpunkt schon ahnt, dass Verzögerungen symptomatisch für den BBI werden? Von dem neuen, 32 Meter hohen Wahrzeichen können sich die Besucher, die nur nach Voranmeldung in organisierten Bustouren auf die Baustelle gelangen, ein Bild davon machen, wie es mit dem BBI vorangeht oder auch nicht. »Ich lade alle Berlinerinnen und Berliner ein, sich mit eigenen Augen vom Fortgang der Bauarbeiten zu überzeugen und einen Blick in die nahe Zukunft zu werfen«, sagt Klaus Wowereit wie immer voller Optimismus.

Bisher haben bereits mehr als 100 000 Berliner das Volksbegehren unterzeichnet. Wowereit zeigt sich über den abzusehenden Erfolg überrascht, macht aber erneut deutlich, dass der rot-rote Senat auch dann nicht daran denke, von seinen Schließungsplänen abzuweichen. Ab dem 30. November hat Berlin die teure Immobilie dennoch am Hals, und das auf eigenen Wunsch. Im Rahmen des neuen Hauptstadtvertrages erhält das Land zwar reichlich Bundesmittel, doch der Flughafen, dessen Gebäude sich bisher überwiegend im Bundesbesitz befanden, gehört jetzt der Hauptstadt. Die muss dafür auch noch einen Kaufpreis bezahlen, dessen Höhe in einem noch zu erstellenden Wertgutachten ermittelt werden soll.

Vier Tage später bestätigt auch das Bundesverwaltungsgericht die Rechtmäßigkeit des Schließungsbescheids. »Mit der heutigen Gerichtsentscheidung ist der Weg endgültig frei für die Schließung des Verlustbringers Tempelhof«, sagt Flughafenchef Schwarz. »Seit 1991 hat uns der Betrieb des Flughafens ein Minus von über 160 Millionen Euro eingebracht.«

Ende November sind auch die Arbeiten an der bisherigen Südbahn abgeschlossen, fast ein halbes Jahr später als geplant. Die alte Nordbahn wird nun endgültig gesperrt, und es beginnt der Abriss des Teilstücks, über das künftig die A 113 (neu) zur Anbindung des BBI verläuft und die bereits von beiden Seiten bis kurz vor die Piste reicht. Wegen der verzögerten Stilllegung hatte auch der Autobahnbau unterbrochen werden müssen. »Der Flugbetrieb wird seit dem 1. Dezember 2007 ausschließlich über die Südbahn abgewickelt«, teilt die FBS mit. Damit verfügt der Flughafen Schönefeld bis zur BBI-Eröffnung nur über eine einzige Start- und Landebahn.

Am 18. Dezember weist die Vergabekammer des Landes Brandenburg die Beschwerde von Hochtief gegen die Aufhebung der Ausschreibung für den Terminalbau ab. Das Unternehmen betont daraufhin, dass die Kalkulation der Baukosten in Höhe von rund einer Milliarde Euro realistisch gewesen sei, und kündigt an, den Klageweg vor dem Oberverwaltungsgericht zu beschreiten. Sollte die FBS vor dessen Entscheidung neue Bauaufträge für das Abfertigungsgebäude vergeben, werde man dagegen einstweilige Anordnungen beantragen, erklärt ein Firmensprecher. Flughafenchef Schwarz glaubt dagegen nicht an eine aufschiebende Wirkung im Fall einer Klage und wiederholt, dass der BBI am 30. Oktober 2011 eröffnet werde. Wie bekannt wird, haben die drei anderen Bieter in der aufgehobenen Ausschreibung für die ihnen entstandenen Kosten eine Entschädigung in Höhe von jeweils einer halben Million Euro erhalten.

Die aktuelle Passagierentwicklung lässt befürchten, dass das noch nicht einmal begonnene Terminal bei seiner Eröffnung bereits zu klein sein dürfte. 2007 wird in Berlin erstmals die Zahl von 20 Millionen Fluggästen überschritten, ein Zuwachs um 8,3 Prozent. Geht die Entwicklung so weiter, ist die maximale Startkapazität des BBI von 25 Millionen Reisenden bereits 2010 erreicht, also dem Jahr vor der noch immer für 2011 geplanten Eröffnung.

Vorerst muss weiter der Flughafen Tegel den größten Teil des Aufkommens verkraften, allein in diesem Jahr wurden 13,3 Millionen Fluggäste gezählt, 1,5 Millionen mehr als im Vorjahr. Dagegen gab es in Schönefeld nur einen bescheidenen Anstieg um 287 000 auf 6,3 Millionen Passagiere, so dass zunächst nur Maßnahmen im Umfeld geplant sind. Am 10. Januar unterzeichnet Rainer Schwarz mit Senatorin Junge-Reyer, dem Schönefelder Bürgermeister Udo Haase und dem Baustadtrat des Berliner Bezirks Treptow-Köpenick, Rainer Hölmer, einen »Masterplan Gateway BBI«, der eine geordnete städtebauliche und landschaftsplanerische Entwicklung der Flächen östlich des Flughafens vorsieht. Am 18. Januar gibt es einen späten, wirtschaftlichen Erfolg für das einst durch Fehlspekulation erworbene Baufeld Ost, das jetzt unter dem Namen »BBI Business Park Berlin« vermarktet wird. Die britische Segro-Immobiliengruppe kauft zu einem ungenannten Preis rund ein Drittel des 109 Hektar großen Areals und kündigt an, drei Bereiche für Logistik-, Gewerbe- und Büronutzung zu entwickeln.

Wenige Tage nachdem ein Flughafensprecher noch versicherte, dass sich der Wachstumstrend abschwächen würde und man 2011/12 erst mit rund 22 Millionen Fluggästen rechne, reagiert die FBS doch auf die sich abzeichnenden Engpässe. Das Terminal wird einen zusätzlichen Pier auf der Südseite erhalten, damit die Kapazität des BBI in der ersten Ausbaustufe auf bis zu 30 Millionen Passagiere gesteigert werden kann. Der Bau soll jetzt in sieben kleineren Losen ausgeschrieben werden – später werden es elf – und im Sommer beginnen. Wie es heißt, sind juristische Probleme nicht mehr zu befürchten, da Hochtief die Klage voraussichtlich zurückziehen will.

Am 14. Februar endet das Volksbegehren zum Erhalt von Tempelhof als Verkehrsflughafen mit einem überwältigenden Erfolg. 204 907 gültige Stimmen sind zusammengekommen, fast 35 000 mehr als benötigt werden. Interessanterweise ist Tempelhof-Schöneberg der Bezirk, in dem sich die meisten Menschen – 40 622 – für den Weiterbetrieb des City-Airports ausgesprochen haben. Erwartungsgemäß lehnt es die Mehrheit des Abgeordnetenhauses auf Antrag von SPD, Linkspartei und Grünen ab, den Beschluss zu übernehmen. Damit kommt es zum Volksentscheid, der auf den 27. April datiert wird. An diesem Tag sind alle Berliner aufgerufen, über das Schicksal des Flughafens Tempelhof abzustimmen. Zuvor wird an alle wahlberechtigten Bürger eine 24-seitige Broschüre verschickt, in der die Argumente beider Seiten zusammengefasst sind. Die Kosten für den Volksentscheid werden auf zwei Millionen Euro geschätzt, die Hälfte davon allein für den Postversand.

Am 27. Februar machen die Behörden zum ersten Mal ernst mit der Überwachung der BBI-Baustelle im Hinblick auf illegale Beschäftigung. Während einer zweistündigen Razzia kontrollieren rund 70 Zollbeamte 148 Beschäftigte der dort tätigen Firmen. Schwarzarbeiter werden nicht angetroffen, lediglich fünf Fälle, in denen der Verdacht besteht, dass möglicherweise nicht der vorgeschriebene Mindestlohn gezahlt wurde, werden weiter geprüft.

Noch immer beschäftigen sich die Gerichte mit dem neuen Flughafen. Am 14. März 2008 weist die dritte Kammer des Ersten Senats des Bundesverfassungsgerichts die Beschwerden von 44 Klägern gegen die Bestätigung des Planfeststellungsbeschlusses für den BBI durch das Bundesverwaltungsgericht ab. »Die Beschwerdeführer haben eine Verletzung ihrer Grundrechte nicht hinreichend dargetan«, so die Karlsruher Richter. »Insbesondere haben sie nicht aufzeigen können, dass die Planfeststellungsbehörde ihre eigentumsrechtlichen Belange nicht in einer dem verfassungsrechtlichen Abwägungsgebot genügenden Weise behandelt hat. Auch hinsichtlich des vom Bundesverwaltungsgericht gebilligten Lärmschutzkonzeptes des Planfeststellungsbeschlusses ist eine Grundrechtsverletzung der Beschwerdeführer nicht erkennbar.« Auch die vorgebrachten Bedenken gegen die Verfassungsmäßigkeit der Standortfestlegung würden nicht greifen (1 BvR 2722/06, 1 BvR 2389/06).

»Mit dem heutigen Urteil ist Berlin der einzige Standort in Deutschland, an dem gerichtlich abgesichert eine Verdoppelung der Abfertigungskapazitäten stattfinden wird«, freut sich Rainer Schwarz. Infrastrukturminister Dellmann geht davon aus, dass damit»die letzte juristische Option ausgeschöpft« sei. Die Klägeranwälte sehen das anders. Sie denken bereits darüber nach, vor den Europäischen Gerichtshof für Menschenrechte zu ziehen.

Auch bei den Politikern hält die Freude nicht lange an. Nur sechs Tage später erreicht sie eine neue Hiobsbotschaft. Technikgeschäftsführer Thomas Weyer, seit vier Jahren als BBI-Chefplaner im Dienst, hat seinen Vertrag nicht verlängert, sondern wechselt spätestens zum Jahresende als Geschäftsführer für Aviation und Technik zum Flughafen München, der den zögerlichen Berlinern und Brandenburgern bereits Jahre zuvor das einst erhoffte Lufthansa-Drehkreuz abspenstig gemacht hatte. Sein Weggang habe nichts mit den Entwicklungen beim BBI zu tun gehabt, der damals auf einem guten Weg gewesen sei, sagt Weyer heute. Es sei ihm ausschließlich um die gebotene berufliche Perspektive gegangen.

Noch immer sind die Aufträge für den Bau des Terminals nicht vergeben. Die europaweiten Ausschreibungen für den Rohbau und die Gepäckförderanlage laufen. Die Zeit drängt. Während die FBS offiziell noch immer am Eröffnungstermin festhält, mehren sich die Zweifel. Hinter den Kulissen werde längst von einer Inbetriebnahme im Jahr 2012 gesprochen, zitiert *Der Tagesspiegel* EasyJet-Deutschlanddirektor Kohlsaat. Der Leiter der FBS-Planungsabteilung, Manfred Körtgen, meint dagegen, der 30. Oktober 2011 sei noch zu schaffen, schränkt aber ein, dass dann nichts mehr schiefgehen dürfe. Am 25. März erhält die Firma Drees & Sommer den Zuschlag für das Construction Management aller BBI-Hochbauten. Dessen Einrichtung wurde beschlossen, um den zusätzlichen Schnittstellenaufwand abzufedern, der durch die Entscheidung entstanden ist, den Terminalbau in sieben Teillosen zu vergeben.

Anfang April wird bekannt, dass die Bahn den BBI zunächst nur spärlich bedienen kann. Weil es noch immer keinen Planfeststellungsbeschluss für den Ausbau der Dresdner Bahn gibt, kann der Airport Express vom Hauptbahnhof vorerst nur im 30-Minuten-Takt über die stark ausgelastete Trasse der Anhalter Bahn fahren. Daneben wird nur die S-Bahn im Zuckeltrab den Flughafenbahnhof ansteuern. Christian Wiesenhuetter, stellvertretender Hauptgeschäftsführer der IHK Berlin, findet das »blamabel«, der Vorsitzende des Fahrgastverbandes IGEB, Christfried Tschepe, spricht von einem »Desaster«.

Am 7. April beginnt eine erneute Anhörung zum BBI. Diesmal geht es um die Nachtflugregelung. Rund 36 000 Einwendungen sind während der zuvor erfolgten Auslegung der Unterlagen bei der Brandenburger Luftfahrtbehörde eingegangen. Als Erstes werden Träger öffentlicher Belange gehört, ab dem 14. April kommen dann auch betroffene Privatleute zu Wort. Nach den von der FBS vorgelegten Gutachten geht es den Fluggesellschaften primär um die sogenannten Randzeiten. Ausgehend von den für 2023 prognostizierten 30 Millionen Passagieren halten die Fluggesellschaften rund 90 tägliche Starts und Landungen in diesem Zeitfenster für erforderlich, etwa 60 davon zwischen 22 und 23 Uhr. Dagegen scheint es für die vom Bundesverwaltungsgericht als besonders kritisch betrachtete Nachtkernzeit zwischen null und fünf Uhr keinen zwingenden Bedarf für einen Flugbetrieb zu geben.

Am 25. April erhält Vanderlande Industries den Zuschlag für den Bau der automatischen Gepäckförder- und Sortieranlage, dem operativen Herzstück des neuen Terminals. Sie soll ab 2010 installiert werden und ihre Anfangskapazität bei 9000 Gepäckstücken pro Stunde liegen, was laut FBS einem Passagiervolumen von bis zu 25 Millionen Reisenden pro Jahr entspricht. Eine bedarfsgerechte Erweiterungsmöglichkeit ist vorgesehen. In die Anlage integriert wird eine mehrstufige Röntgenanlage, in der alle abgehenden oder im Transitverkehr umzuladenden Gepäckstücke kontrolliert werden.

Elf Tage später erfolgt auch die Vergabe des Auftrags für die Technik der Flugbetriebsflächen, der an eine Bietergemeinschaft der Firmen Siemens und Honeywell geht. Hierbei handelt es sich um die Befeuerung und Beschilderung von Start- und Landebahnen, Rollwegen und Vorfeldflächen sowie die Erweiterung bzw. Herstellung von Eisfrühwarnanlage, Vorfeldbeleuchtung, Bodenstromversorgung, Andocksystem, Zaunstraßenbeleuchtung und Videoüberwachung. Die Arbeiten sollen im Juni beginnen.

Vor dem Volksentscheid meldet sich angesichts der kompromisslosen Haltung des rot-roten Senats überraschend auch die erste Frau der Nation in der Tempelhof-Debatte zu Wort. Gegenüber der BZ erklärt Bundeskanzlerin Angela Merkel (CDU): »Der Weiterbetrieb von Tempelhof ist nicht nur von Bedeutung für Wirtschaft und Arbeitsplätze, der Flughafen ist für viele und für mich persönlich mit der Luftbrücke ein Symbol der Geschichte dieser Stadt.« SPD und Grüne sind nicht erfreut. Klaus Wowereit bezeichnet den Vorstoß der Kanzlerin als »starkes Stück« und wirft ihr vor, sich in eine Parteikampagne der Christdemokraten einspannen zu lassen. Der Regierende Bürgermeister macht noch einmal deutlich, dass ihm der Bürgerwille egal ist. Der Volksentscheid habe nur empfehlenden Charakter, er als Regierungschef aber die Verantwortung für die Fertigstellung des neuen Airports. Matthias Platzeck sagt, ein Weiterbetrieb des Zentralflughafens wäre mit »unkalkulierbaren Risiken« für den BBI verbunden.

Am 27. April scheitert der Volksentscheid nicht an der mehrheitlichen Meinung der Wahlteilnehmer, sondern an der insgesamt zu geringen Beteiligung. Laut Gesetz muss nicht nur die Mehrheit dem Anliegen zustimmen, sondern diese auch mindestens 25 Prozent aller Stimmberechtigten ausmachen. 529 880 Berliner sprechen sich für den Erhalt von Tempelhof als Verkehrsflughafen aus. Das sind zwar stolze 60,1 Prozent der Teilnehmer, doch nur 21,7 Prozent der Stimmberechtigten, für den Erfolg fehlen somit 79 629 Ja-Stimmen. Die Bewertung fällt unterschiedlich aus. Friedbert Pflüger bezeichnet den Ausgang dennoch als einen »tollen Sieg« und fordert ebenso wie die Initiatoren der Abstimmung aufgrund des klaren Votums die Offenhaltung des Flughafens. Klaus Wowereit sagt: »Ich habe Verständnis für Menschen, die aus emotionalen oder historischen Gründen mit der Schließung nicht einverstanden sind.« Aus seiner Sichtweise haben sich drei Viertel der Berliner nicht am Volksentscheid beteiligt oder mit Nein gestimmt. Deshalb erwartet er, »dass nun auch die Befürworter eines Flugbetriebs diese Mehrheit respektieren«.

Am 19. Mai kann Rainer Schwarz auf der Bilanzpressekonferenz der FBS von einem erneuten Rekordjahr berichten. Der Umsatz ist auf 233,3 Millionen Euro gestiegen, der Konzernjahresüberschuss betrug 16,7 Millionen Euro und lag damit deutlich über dem Vorjahreswert von 4,5 Millionen. Seit 2005 habe man mit 165 Millionen Euro bereits 38 Prozent des Eigenbeitrags zur BBI-Finanzierung erwirtschaftet und liege damit elf Prozent über Plan, so Schwarz. Weil die Gesellschafter Darlehen im Volumen von 225 Millionen Euro in Eigenkapital umgewandelt haben, ist die Flughafengesellschaft zudem endlich schuldenfrei.

Erneut betonen die Verantwortlichen, dass die Bauarbeiten voll im Zeit- und Kostenrahmen lägen. Am 15. Juli solle der Rohbau für das Terminal beginnen, kündigt der scheidende Technikchef Thomas Weyer an. »Außerdem starten wir in diesem Jahr mit dem Bau der neuen südlichen Start- und Landebahn sowie der Vorfelder. 2009 wird weiter am Terminal gearbeitet. Wir werden den Rohbau abschließen und beginnen mit dem baulichen Ausbau sowie Arbeiten an Dach und Fassade. Der Rohbau des Bahnhofs wird 2009 ebenfalls fertig gestellt.«

Personalgeschäftsführer Bobke-von Camen erklärt, dass die Schließung des Flughafens Tempelhof in die »heiße Phase« gehe, wozu auch die Umsetzung des Personalkonzeptes gehöre. »Unsere Mitarbeiterinnen und Mitarbeiter werden überwiegend nach Tegel oder Schönefeld versetzt, betriebsbedingte Kündigungen werden wir mit Hilfe von Altersteilzeit, freiwilligen Abfindungen oder eines neu eingerichteten Vermittlungsmanagements vermeiden können.«

Während die Allgemeine Luftfahrt künftig in Schönefeld untergebracht wird, soll der Linienverkehr nach Tegel umziehen. Dort platzt der Flughafen inzwischen aus allen Nähten, so dass die FBS bereits die Möglichkeiten für eine erneute Erweiterung prüft. Bereits Ende April hat es zusätzliche Engpässe gegeben, weil nach nur sieben Jahren umfangreiche Instandhaltungsarbeiten an der Gepäckförderanlage in Terminal D notwendig wurden. Für neun Tage mussten deshalb zahlreiche Flüge zusätzlich in anderen Bereichen des überlasteten Airports abgefertigt werden. In den ersten vier Monaten des Jahres wurden in Tegel bereits 4 477 179 Passagiere gezählt, 18,5 Prozent mehr als im Vergleichszeitraum des Vorjahres.

Am 23. Mai wird der letzte Abschnitt der A 113 (neu) zwischen Adlershof und dem Waltersdorfer Dreieck seiner Bestimmung übergeben. Allerdings ist eine ausreichende Zuganbindung des BBI noch immer nicht sichergestellt und sorgt nun auch für Streit zwischen Berlin und Brandenburg. Während in Potsdam Infrastrukturminister Reinhold Dellmann davon überzeugt ist, das der zunächst geplante Halbstundentakt für den Airport Express ausreichend ist, halten der Senat und die Flughafengesellschaft einen 20-Minuten-Takt für erforderlich, der ohne Abstriche bei anderen Verbindungen nur über die Dresdner Bahn realisiert werden kann. Wann deren Ausbau vom Eisenbahn-Bundesamt genehmigt wird, steht allerdings noch immer in den Sternen. Am Flughafen Leipzig/Halle wird am 26. Mai nach nur zweieinhalbjähriger Bau- und Testzeit das neue Luftfrachtdrehkreuz der Deutschen-Post-Tochter DHL eröffnet. Ausschlaggebend für die Standortentscheidung sei die Möglichkeit gewesen, rund um die Uhr starten und landen zu können, betont der Vorstandschef der Deutschen Post Frank Appel.

Am 19. Juni vergibt die FBS die entscheidenden Aufträge für den Bau des BBI-Terminals. Den Zuschlag für den Rohbau des Hauptgebäudes erhält die Stuttgarter BAM Deutschland AG; Nord- und Südpier – mit je 350 Meter Länge für die Low-Cost-Carrier konzipiert – werden durch eine Arbeitsgemeinschaft von Max Bögl und Alpine Bau Deutschland errichtet. Die Bruttogesamtgrundfläche des Abfertigungskomplexes liegt bei rund 280 000 Quadratmeter. Für den Rohbau werden etwa 35 000 Tonnen Stahl, 160 000 Kubikmeter Beton sowie 33 000 Quadratmeter Glas benötigt. Die Arbeiten sollen im Juli beginnen, insgesamt 25 Hochbaukräne müssen dafür aufgestellt werden. In Spitzenzeiten würden bis zu 1000 Bauarbeiter allein am Terminal beschäftigt sein, teilt die Flughafengesellschaft mit.

»Mit der zeitgerechten Vergabe des Auftrags stellen wir sicher, dass wir die Arbeiten am BBI – Eröffnung zum Beginn des Winterflugplans 2011/12 – im Zeitplan weiterführen können«, sagt Technikgeschäftsführer Thomas Weyer. Und Flughafenchef Schwarz betont: »Mit der Vergabe der Rohbauleistungen fürs Terminal haben wir einen wichtigen Schritt auf dem Weg zum BBI getan. In den nächsten Monaten wird man Zug um Zug sehen können, wie der neue Flughafen für Berlin und Brandenburg aus dem Boden wächst.«

Am 2. Juli feiert die FBS mit ihren Gesellschaftern die termingerechte Fertigstellung des Rohbaus des ersten, 165 Meter langen Teilabschnitts des Flughafenbahnhofs. Er bildet das Fundament für das Terminal. 53 000 Kubikmeter Beton und 5800 Tonnen Bewehrungsstahl wurden zwischen Juni 2007 und Juni 2008 verbaut. Eine besondere Herausforderung stellte die unterschiedliche Elektrifizierung der Züge im unterirdischen Bahnhof und im Tunnel dar. Während die Regional- und Fernbahnen mit 15000-Volt-Wechselstrom in Oberleitungen fahren, verkehrt die S-Bahn mit 825-Volt-Gleichstrom in Stromschienen an den Gleisen. So entstehen Magnetfelder, die elektronische Geräte in den Flugzeugen sowie im Terminal beeinträchtigen könnten. Aus diesem Grund waren umfangreiche Erdungsmaßnahmen erforderlich. Wie die FBS ankündigt, sollen in der zweiten Hälfte des kommenden Jahres der restliche Bahnhof sowie der östliche Tunnel an die Bahn übergeben werden, der westliche Tunnel unter dem Rollfeld soll dann Mitte 2010 folgen.

»Der erste große Abschnitt der BBI-Bauarbeiten ist abgeschlossen«, freut sich Klaus Wowereit. »Damit nimmt das wichtigste Zukunftsprojekt für Berlin und Brandenburg immer mehr Gestalt an.« »Der Bau des Bahnhofs BBI liegt damit voll im Zeitplan, außerdem kann durch die Lage des Bahnhofs im ersten Untergeschoss der Bau des Terminals uneingeschränkt starten«, sagt Staatssekretär Engelbert Lütke Daldrup und ist überzeugt: »Damit trägt unser Bauprojekt dazu bei, dass die Fertigstellung des gesamten Flughafens bis 2011 gelingt.« Rainer Schwarz pflichtet ihm in seiner Rede bei: »Wir haben unsere Hausaufgaben gemacht, innerhalb des Flughafenzauns liegen wir voll im Zeitplan.« Und weiter: »Die rechtzeitige Fertigstellung des Bahnhofs bestätigt einmal mehr, dass wir gut im Zeitplan für die BBI-Eröffnung am 31. Oktober 2011 liegen.«

Am Rande der Veranstaltung lässt sich Lütke Daldrup von Wowereit nicht den Schwarzen Peter für die Probleme bei der Bahnanbindung zuspielen. Der Regierende Bürgermeister, der einräumen muss, dass der Schienenverkehr zum BBI zunächst »nicht optimal« sein werde, kritisiert den Vertreter des Verkehrsministeriums wegen der Weigerung, den von Anwohnern geforderten Tunnel auf dem Lichtenrader Teilstück der Dresdner Bahn zu finanzieren. Wenn er wirklich notwendig wäre, würde man den Tunnel auch noch bezahlen, kontert der Staatssekretär und erinnert daran, wer die Verantwortung für den verzögerten Ausbau der Trasse trägt: »Berlin hat die Planung sieben Jahre liegen lassen.« Wowereit spielte dabei eine entscheidende Rolle. Lichtenrade – welch Zufall – ist sein Wahlkreis.

Auch der BBI wird von der Bankenkrise erfasst. Die Kreditverhandlungen gestalten sich schwieriger als erwartet. Auf seiner Sitzung am 7. Juli beschließt der Aufsichtsrat der FBS, dass die drei Gesellschafter statt für 80 für 100 Prozent der benötigten Kreditsumme von rund 2,4 Milliarden Euro bürgen müssen. Damit bekomme man aber auch günstigere Konditionen und könne 576 Millionen Euro an Finanzierungskosten sparen, so Brandenburgs Finanzminister Rainer Speer (SPD). In den 2,4 Milliarden seien auch Gelder für die Ertüchtigung in Tegel enthalten, während sich der Bau des BBI um rund 160 Millionen auf 2,2 Milliarden Euro verteuere, wie Thomas Weyer am 9. Juli vor dem Hauptausschuss des Berliner Abgeordnetenhauses erläutert. Als Gründe dafür nennt er die Erweiterung des Terminals um den Südpier sowie zusätzliche Flugzeugabstellplätze. Laut Speer wird nun doch eine Parkposition für den Megaliner Airbus A380 geschaffen.

Aber mit dem Scheitern der ursprünglich geplanten Projektfinanzierung seien auch die Weichen dafür gestellt worden, dass das Projekt später aus dem Ruder laufen konnte, erinnert sich Thomas Weyer. Bei entsprechendem zu übernehmendem Risiko hätten die Banken ein eigenes Kontrollgremium installiert und darauf geachtet, dass Zeit- und Kostenrahmen eingehalten werden und der für die Leistung der Zins- und Tilgungszahlungen notwendige erwirtschaftete Cashflow dem des Businessplans, welcher der Finanzierung zugrunde liegt, entspricht. Nach der 100-Prozent-Bürgschaft der Gesellschafter hatten die Kreditinstitute dazu keine Veranlassung mehr. Deshalb konnte es bis zuletzt so viele Änderungen geben, dass die Kosten ins Unermessliche stiegen. »Wenn man ein Bauprojekt erst einmal vergeben hat, wird jede nachträgliche Änderung doppelt so teuer«, sagt Weyer. »Mit dem, was wir damals geplant haben, hat das heutige Terminal hinsichtlich der gebauten Flächen nur noch wenig zu tun.«

Neun Tage nach der Übergabe des Bahnhofs, am 11. Juli 2008, treffen sich die Spitzenvertreter der Gesellschafter schon wieder in Schönefeld und beobachten, wie Schaufelbagger um 10.30 Uhr die ersten Male ins Erdreich greifen. »Mit dem Beginn der Rohbauarbeiten für das Terminal konnte ein weiterer entscheidender Meilenstein auf dem Weg zur Fertigstellung des BBI erzielt werden«, sagt Klaus Wowereit. »Mit BBI ist die Hauptstadtregion bestens gerüstet für die künftigen Herausforderungen in einer globalisierten Welt.« Auch Staatssekretär Lütke Daldrup freut sich: »Die Bauarbeiten kommen immer mehr voran.« Nur Matthias Platzeck hält sich, wie zuvor schon Wirtschaftsminister Junghanns bei der Bahnhofsübergabe, mit euphorischen Aussagen zum Baufortschritt zurück und konzentriert sich darauf, auf den hohen Anteil von Aufträgen für die regionale Wirtschaft zu verweisen.

»Das neue Terminal entspricht allen Anforderungen an einen modernen, leistungsfähigen und kundenorientierten Flughafen«, versichert Thomas Weyer. »Das Terminal ist eine Investition in die Zufriedenheit unserer Kunden. Es wird eines der neuen Wahrzeichen der Hauptstadtregion werden.« In der Haupthalle sollen jetzt acht Check-in-Inseln mit 112 Schaltern entstehen. Daneben setzen die Planer verstärkt auf CUSS (Common Use Self-Service) – dahinter verbergen sich Automaten, die Bordkarten für verschiedene Luftverkehrsgesellschaften ausspucken. Das Gepäck soll nach dem Check-in an sogenannten Drop-off-Points abgegeben werden.

Nach vorgelagerter Bordkartenkontrolle gelangen die Reisenden zu den 40 Sicherheitskontrolllinien und von dort direkt in einen großen Travel Value Shop. Am BBI will die FBS groß ins Retailgeschäft einsteigen, das andere Flughäfen längst als zweite Einnahmequelle erschlossen haben. Gleich hinter dem Walk-Through-Shop wird ein Marktplatz mit rund 45 Geschäften und Gastronomiebetrieben entstehen, insgesamt werden es etwa 130 auf einer Gesamtfläche von etwa 22 000 Quadratmeter sein.

Die Ankunftsebene liegt zwei Etagen tiefer und wird mit nur acht Gepäckausgabebändern ausgestattet. Der größenmäßig vergleichbare Flughafen Düsseldorf (2012: 20,8 Millionen Passagiere) verfügt beispielsweise über 19 Gepäckbänder. Während der Nordpier für die Billigflieger wie EasyJet und Ryanair eher spartanisch ausgestattet wird und die Passagiere bei Wind und Wetter zu ihren Flugzeugen laufen müssen, soll der Südpier nun zehn zusätzliche Fluggastbrücken erhalten und überwiegend vom Homecarrier Air Berlin genutzt werden. An dem 715 Meter langen Hauptpier sind 15 Fluggastbrücken vorgesehen, davon eine Position für den A380.

Heute sagt Weyer, dass die U-Form des Gebäudes eigentlich »suboptimal«, aber zwei Vorgaben geschuldet sei: »Wir mussten die Non-Aviation-Umsätze durch die Einrichtung des Marktplatzes erhöhen, um den Gesamtumsatz zu maximieren, und konnten es uns angesichts des Finanzrahmens nicht leisten, statt der Piere gleich einen Satelliten zu bauen.«

Die FBS nutzt den offiziellen Baubeginn des Terminals am 11. Juli, um den Nachfolger von Thomas Weyer als Technikgeschäftsführer vorzustellen. Es ist Manfred Körtgen, der als Abteilungsleiter bereits den Gesamtbereich »Planung und Bau BBI« der FBS verantwortete. Nach der Brandkatastrophe von 1996 hatte er bereits den Um- und Ausbau des Düsseldorfer Flughafens geleitet. Er wird sein neues Amt am 1. September antreten.

Nur einen Tag später trübt der Großkunde Lufthansa die Euphorie der Flughafenplaner. Der Konzernbevollmächtigte Thomas Kropp weist auf das hin, was offensichtlich ist: Schon jetzt droht der neue Flughafen bei seiner Eröffnung an der Kapazitätsgrenze zu operieren (tatsächlich werden 2012 in Tegel und Schönefeld zusammen mehr als 25 Millionen Passagiere gezählt). Eigentlich müsste bereits die Erweiterung geplant werden. Sie soll aus einem vorgelagerten Satellitenterminal vor dem Kontrollturm bestehen. Doch – anders als beim Terminal 2 in München – wollen Berlin und Brandenburg aus Kostengründen auf den vorausschauenden Bau eines rund 300 Meter langen Verbindungstunnels verzichten, der zusätzliche 80 Millionen Euro erfordert hätte. Damit drohe der BBI bereits kurz nach dem Start im Chaos zu enden, warnt Kropp. Denn entweder muss das Vorfeld zwischen Hauptgebäude und Satellit, auf dem zwei wichtige Flugzeug-Rollwege verlaufen, für den späteren Tunnelbau, den die Lufthansa zu einem Bruchteil der Kosten für realisierbar hält, wieder aufgerissen werden oder die Passagiere müssen mit Bussen zwischen den beiden Terminals transportiert werden, was angesichts der vorfahrtsberechtigten Flugzeuge mit langen Wartezeiten verbunden wäre. Die Alternative des Skywalks ist zu diesem Zeitpunkt längst verworfen worden. Die Brücke müsste eine Höhe von mindestens 25 Meter haben, damit alle Flugzeugtypen darunter hindurchrollen könnten. Und auch das Gepäck, das im Untergeschoss auf die abgehenden Flüge verteilt und von den ankommenden Flügen den Ausgabebändern zugeleitet wird, müsste dann über den Skywalk transportiert werden.

8. DER BBI WIRD ZUM BER – UND TEURER

Zwei Jahre nach dem ersten Spatenstich für den BBI ziehen die FBS und ihr Aufsichtsratschef Wowereit am 4. September 2008 eine positive Bilanz. Noch immer demonstrieren die Verantwortlichen ungebrochenen Optimismus. Während Thomas Weyer im Roten Rathaus offiziell verabschiedet wird, kann auch sein Nachfolger Manfred Körtgen noch keine Probleme ausmachen: »Die bisherigen Baufortschritte zeigen, dass wir gut in unserem Zeitplan für die BBI-Eröffnung am 30. Oktober 2011 liegen.« Mit Arbeiten im Gesamtwert von 1,2 Milliarden Euro wurde bereits mehr als die Hälfte des geplanten Auftragsvolumens für den neuen Flughafen vergeben. Und Rainer Schwarz findet: »Die Fortschritte auf der Baustelle sind beeindruckend.«

Am 25. September beschließt das Abgeordnetenhaus mit den Stimmen der rot-roten Koalition und der CDU mit der Drucksache 16/1712 das Gesetz zur Sicherstellung der Finanzierung des Flughafens Berlin Brandenburg International (BBI-Finanzierungs-Sicherstellungsgesetz). Mit bis zu 888 Millionen Euro haftet das Land Berlin jetzt für den Milliardenkredit, den die FBS aufnehmen muss. Die FDP und ein Abgeordneter der CDU enthalten sich, die Grünen stimmen dagegen, weil mit dem Gesetz »innerhalb von 14 Tagen die gesamte 15-jährige Diskussion um die Betreiberstruktur des Flughafens auf den Kopf gestellt wird«, wie es der Abgeordnete Oliver Schruoffeneger in der hitzigen Parlamentsdebatte formuliert. Durch den Wechsel von einer Ausfallbürgschaft für 80 Prozent der Kreditsumme zu einer selbstschuldnerischen Bürgschaft für 100 Prozent sei eine spätere Privatisierung der Flughafengesellschaft kaum noch möglich, weil die Gesellschafter im vollen Risiko bleiben würden. Auch Brandenburg und der Bund segnen die Bürgschaft ab, nun müssen nur noch die passenden Banken gefunden werden.

Darüber hinaus gibt es im Umfeld des künftigen Flughafens einen neuen Immobiliendeal. Brandenburgs Wirtschaftsminister Junghanns stellt am 9. Oktober das irische Konsortium FGS vor. Es hat drei Grundstücke mit einer Gesamtfläche von 59 Hektar erworben und kündigt gemeinsam mit dem deutschen Projektentwickler Investa die Investition von 1,1 Milliarden Euro an. Auf einem 34 Hektar großen Areal direkt an der Autobahnausfahrt Schönefeld-Nord soll der Airportpark Berlin-Brandenburg mit hochwertigen Büroflächen, einem Konferenzzentrum, Hotels und Wohnhäusern entstehen. Bei Waßmannsdorf sind auf vier Hektar einfache Gewerbeflächen und preisgünstige Hotels geplant. Dazwischen ist auf 25 Hektar ein Logistik- und Produktionsstandort für die Biotechnologiebranche vorgesehen. Spätestens Anfang 2010 soll mit dem Bau begonnen werden. Junghanns gibt bei dieser Gelegenheit bekannt, dass im Flughafenumfeld bereits für 241 gewerbliche Projekte mit einem Gesamtinvestitionsvolumen von 209 Millionen Euro Fördermittel in einer Gesamthöhe von 58 Millionen Euro bewilligt worden seien.

Am 30. Oktober schlägt die letzte Stunde des Flughafens Tempelhof. Der partyerprobte Bürgermeister Wowereit hat auch daraus eine VIP-Veranstaltung gemacht und will mit knapp 1000 handverlesenen Gästen in der riesigen Abfertigungshalle eine Abschiedsparty feiern, doch viele der Eingeladenen bleiben aus Protest fern, und die Rede des Politikers wird immer wieder durch Pfiffe und Buhrufe unterbrochen. Während man sich drinnen mit Sekt und Häppchen bei einem Showprogramm verlustiert, haben sich draußen auf dem »Eagle Square«, wie die Amerikaner den Vorplatz nannten, die Befürworter des Weiterbetriebs zu einer Trauerfeier versammelt. Einige Demonstranten haben es bis auf die Regierungsfeier geschafft, die kurz vor Mitternacht über die Treppen, über die Millionen von Fluggästen geschritten sind, auf das Vorfeld verlagert wird. Sie enthüllen ein Transparent mit der Aufschrift *Tempelhof bleibt – Wowi fliegt.*

Zeitgleich rollen kurz vor Mitternacht die Ju52 der Lufthansa und der DC-3-Rosinenbomber des Air Service Berlin mit den Piloten Georg Kohne und Steffen Wardin zum Start, die Lufthansa-Crew lässt demonstrativ einen Koffer zurück. Der letzte Funkspruch schreibt Geschichte: »Delta, Charlie, Delta, Lima Hotel. Wir stehen hier auf der Bahn 2-7 rechts in Berlin-Tempelhof, auf dem schönsten Flughafen der Welt. Und wir alle haben eine Träne im Auge. Und wir alle wissen, warum. Und Sie wissen auch, warum. Wenn wir irgendwann wieder kommen sollten, werden wir auch eine Träne im Auge haben. Und auch wissen, warum. Wir sagen: Auf Wiedersehen! Delta, Charlie, Delta, Lima Hotel is now ready for departure.« »Delta, Charlie, Delta, Lima Hotel and Delta, Charlie, Triple Xray, Tempelhof formation, wind is two five zero six knots, runway 2-7 right and runway 2-7 left cleared for take-off, auf Wiedersehen.« Unmittelbar nach der offiziellen Schließung lassen die Tempelhof-Fans Hunderte von Himmelslaternen über das Gelände ziehen.

Drei Piloten haben die Pläne des Senats zur endgültigen Schließung allerdings durchkreuzt. Ihre Flugzeuge – zwei Antonov An-2 und eine Beechcraft Bonanza – sind am 30. Oktober wegen der sich verschlechternden Sichtbedingungen nicht mehr gestartet und stehen auf dem eigentlich geschlossenen Flugplatz. Die FBS empfindet das als Provokation und will die Besitzer zwingen, die Maschinen auf dem Landweg abtransportieren zu lassen. Dem schließt sich die Landesluftfahrtbehörde nicht an und erteilt die notwendige Außenstarterlaubnis für einen Abflug am 24. November, der somit den tatsächlich letzten Flugbetriebstag in Tempelhof darstellt.

Am 25. November bestätigt das Berliner Landgericht die Richtigkeit der internen Kosten- und Leistungsrechnung der Berliner Flughäfen und damit auch die Rechtmäßigkeit der Entgeltkalkulation. Die Fluggesellschaften dba und Germania werden dazu verurteilt, die wegen vermuteter Quersubventionierung von Schönefeld und Tempelhof einbehaltenen Gebühren für die Nutzung des Flughafens Tegel in Höhe von rund zehn Millionen Euro zu zahlen.

Ebenfalls im November warnt die Firma Drees & Sommer, die erst im März mit dem Construction Management für das BBI-Terminal beauftragt wurde, die FBS-Geschäftsführung, dass das Projekt aus dem Ruder laufen könnte. Ohne eine erhebliche Kostensteigerung sei der Eröffnungstermin 30. Oktober 2011 nicht zu halten. Ein paar Wochen später wird der Vertrag mit dem Unternehmen gekündigt.

Vorerst konzentriert sich der Verkehr weiter auf Tegel, wo rund zwei Drittel der Hauptstadtpassagiere abgefertigt werden. 2008 stieg die Zahl der Reisenden erneut um 1,1 Millionen auf 14,5 Millionen Fluggäste. Schönefeld dagegen kann nur ein Plus von 300 000 Passagieren verbuchen und kommt auf 6,6 Millionen. So wird es schon wieder eng in Tegel, nach nur eineinhalb Jahren platzt auch das neue Terminal C aus den Nähten und wird für acht Millionen Euro erweitert. Fünf neue Flugzeugabstellplätze wurden bereits geschaffen. Weitere 700.000 Euro lässt sich die FBS den Bau einer 600 Meter langen Lärmschutzmauer kosten, um die Anwohner vor dem Krach der an- und abrollenden Maschinen zu schützen.

Mit dem Ausscheiden von Manfred Bobke-von Camen wird die FBS ab 2009 nur noch von der Doppelspitze Schwarz/Körtgen geleitet. Nachdem die Flughafengesellschaft und die Lufthansa im Vorjahr ihre Anteile am Abfertigungsunternehmen GlobeGround Berlin (rund 1500 Beschäftigte) an die Dienstleistungsgruppe Wisag verkauft haben, ist die Zahl der Mitarbeiter unter die Grenze gesunken, die einen eigenen Geschäftsführer für Personalangelegenheiten erforderlich macht.

Im Januar 2009 werden weitere Aufträge für das Terminal vergeben. Eine Bietergemeinschaft der Firmen Imtech und Caverion erhält den Zuschlag für die Sanitär-, Heizungs-, Kälte-, Lüftungs- und Klimaanlagen. Dazu gehören 320 Lüftungsanlagen mit einer Gesamtluftleistung von neun Millionen Kubikmeter pro Stunde, 210 000 Quadratmeter Blechkanäle, 177 000 Meter Rohrleitungen und 48 000 Sprinklerköpfe sowie 1300 Sanitärobjekte. Ferner werden im Rahmen dieses Auftrags wichtige Komponenten der Geothermieanlage installiert, mit der 15 Prozent des Wärme- und 31 Prozent des Kältebedarfs des Terminals abgedeckt werden sollen. Drei weitere Aufträge gehen an die Firmen Eiffel (Stahlbaukonstruktionen für Terminalhalle und Mainpier), Seele (Fassadenarbeiten, Dachkonstruktionen und Dachbelege von Terminalhalle und Mainpier) sowie die Bietergemeinschaft Radeberger Fensterbau/Rapid/ Gebr. Schneider (Fassadenarbeiten, Dachkonstruktion und Dachbeläge für Pier Nord und Süd). Mitte des Jahres soll mit der Stahlbaumontage des 48 000 Quadratmeter großen Daches der Terminalhalle begonnen werden.

Am 19. Januar hat sich die FBS einen ungewöhnlichen Ort für ihren traditionellen Neujahrsempfang ausgesucht. Als Einladung wurden gelbe Warnwesten verschickt, Ministerpräsident Platzeck und Flughafenchef Schwarz empfangen die geladenen Gäste im Rohbau des unterirdischen Bahnhofs, dem am weitesten vorangeschrittenen Teil des BBI. Man will demonstrieren, wie toll alles vorangeht.

Im Februar sorgt Wowereit-Vorgänger Eberhard Diepgen für Aufsehen. Der CDU-Politiker, der 1996 zu den Unterzeichnern des »Konsensbeschlusses« gehörte, welcher das Schicksal der Flughäfen Tempelhof und Tegel zugunsten des neuen

BBI besiegelte, setzt sich in der BZ überraschend gegen die Mehrheit seiner Partei für den Weiterbetrieb von Tegel ein. Er begründet das mit der Gefahr, dass der neue Airport bereits bei der Eröffnung wieder an seine Kapazitätsgrenzen gelangen werde. »Berlin muss sich die Möglichkeit offen halten, Tegel in Betrieb zu lassen«, so der ehemalige Regierende Bürgermeister. »Bei wachsendem Flugverkehr ist das mit einem neuen Planfeststellungsverfahren selbstverständlich möglich.« Politische Zustimmung erhält Diepgen nur von der Reinickendorfer Bürgermeisterin Marlies Wanjura (CDU), die auf den bedeutenden Wirtschaftsfaktor verweist, den der Flughafen für ihren Bezirk darstellt.

Ebenfalls im Februar beginnt die FBS mit dem Vermietungsverfahren für Einzelhändler, Gastronomen und Dienstleister. Insgesamt stehen im Terminal auf circa 22 000 Quadratmeter rund 150 Einzelflächen zur Verfügung, mit 18 000 Quadratmeter liegt der überwiegende Teil davon hinter den Sicherheitskontrollen und ist damit nur für Fluggäste zugänglich. Für die Autovermieter und den Betreiber des Mietwagen-Servicecenters hat das Präqualifikationsverfahren bereits begonnen.

Geplant ist ein umfassender Branchenmix mit einem qualitativ hochwertigen Angebot, »dass die Erwartungen der Kunden übertrifft«. Dabei wird eine Mischung aus internationalen Firmen und »lokalen Best-Performern« angestrebt. Um das zu gewährleisten, gibt es ein dreistufiges Vermietungsverfahren, mit dessen Durchführung die Managementberatung A. T. Kearney beauftragt wurde. Ein eigens dafür eingerichtetes Projektbüro nimmt die Anfragen von Interessenten entgegen, nach erfolgreicher Präqualifikation werden ausgewählte Bewerber zu einer Angebotsabgabe eingeladen. Von den Konzessionären kassiert der Flughafen neben der Grundmiete eine Umsatzbeteiligung. Bis Mitte 2010 sollen alle Erstmieter feststehen.

Der Jahresbeginn wird zunächst einmal von der globalen Rezession geprägt. Die Passagierzahlen gehen im Januar um sechs und im Februar um acht Prozent zurück. »Die Verkehrsergebnisse der ersten beiden Monate zeigen, dass die weltweite Wirtschaftskrise auch an Berlin nicht spurlos vorüber geht«, sagt Rainer Schwarz auf der FBS-Pressekonferenz während der Internationalen Tourismus-Börse (ITB) am 12. März. Dennoch hätten sich die Berliner Flughäfen »vom bundesweiten Trend abgekoppelt« und würden drei Prozent über dem Durchschnitt der deutschen Airports liegen. Dessen ungeachtet beschließt die Flughafengesellschaft das Kostensenkungsprogramm »Herkules 2009«, mit dem im laufenden Geschäftsjahr zehn Millionen Euro an Sachkosten eingespart werden sollen. Sparen will man unter anderem bei der Wartung von nicht sicherheitsrelevanten Anlagen in Tegel und Schönefeld. Diese müssten, so heißt es, ja ohnehin nur noch maximal drei Jahre durchhalten.

Schwarz kündigt an, dass der BBI mit den in Kürze startenden Hochbauarbeiten für das Terminal ein »Gesicht« bekommen werde und versichert wieder einmal, dass alle Arbeiten »im Zeit- und Kostenrahmen« lägen. Direkt vor der Baustellenzufahrt wird ein Gewerbepark eröffnet: Auf rund 15 000 Quadratmeter Gesamtfläche bieten verschiedene Zulieferfirmen Verkaufs- und Werkstätten, wo sich die am Bau beteiligten Firmen mit Werkzeugen und Ersatzteilen versorgen und Fahrzeuge oder Gerätschaften reparieren lassen können.

Gleichzeitig beginnt auf der Immobilienmesse MIPIM im französischen Cannes die Vermarktung der BBI Airport City. Auf dem etwa 16 Hektar großen Gelände beiderseits der künftigen Flughafenzufahrt stehen variable Baufelder für fünf- bis sechsgeschossige Gebäude zur Verfügung. Die erste Ausschreibung umfasst ein gehobenes Tagungs- und Kongresshotel, ein Büro- und ein Frachtgebäude mit einer Anfangsjahreskapazität von 60 000 Tonnen. Die für Anfang 2010 geplante Vergabe erfolgt auf Basis der Bestellung von Erbbaurechten mit Bauverpflichtung. Zum Jahresende ist die Ausschreibung weiterer Objekte vorgesehen. Dazu gehören Parkhäuser, Gebäude für Bodenverkehrs- und Sicherheitsdienste sowie ein Mietwagen-Servicecenter.

Bei der Jahrespressekonferenz am 31. März muss Schwarz einräumen, dass die Fremdfinanzierung für den BBI noch immer nicht stehe. Die Genehmigung der EU-Kommission für die 100-Prozent-Bürgschaft der staatlichen FBS-Gesellschafter steht noch aus. Erst vor zwei Wochen hat die Bundesregierung in Brüssel den notwendigen Notifizierungsschriftsatz eingereicht. »Wenn die Kommission zu einem positiven Ergebnis kommt, werden wir unverzüglich in konkrete Verhandlungen mit den Banken treten«, so der Geschäftsführer. »Unser Ziel ist es, in der zweiten Jahreshälfte zu einem langfristigen Finanzierungsabschluss zu kommen.« Notfalls könne bis dahin die Höhe eines bestehenden Überbrückungskredites über 350 Millionen Euro verdoppelt werden.

2008 haben die Berliner Flughäfen ihren Umsatz weiter auf 213 Millionen Euro steigern können, 46 Millionen entfielen davon auf den Non-Aviation-Bereich. Das Ergebnis vor Zinsen, Steuern und Abschreibungen stieg um 18,4 Prozent auf 79,7 Millionen Euro. Gerade hat sich die FBS mit der Dienstleistungsgewerkschaft Verdi auf einen neuen Tarifvertrag für die 1500 Mitarbeiter geeinigt, der einer vierprozentigen Erhöhung der Vergütungen entspricht. »Wir sind bei den Verhandlungen bis an die Schmerzgrenze gegangen«, verkündet Schwarz. »Der Abschluss stellt sicher, dass unsere Mitarbeiter angemessen am Unternehmenserfolg beteiligt werden. Aber es ist auch klar, dass wir nun mit allen Kräften gemeinsam daran arbeiten müssen, die Auswirkungen der weltweiten Finanz- und Wirtschaftskrise für den Luftverkehrsstandort Berlin so gering wie möglich zu halten.«

»Die Bauarbeiten laufen auf Hochtouren«, erklärt Technikchef Körtgen. »Rund 2000 Bauarbeiter sind zurzeit auf der Baustelle beschäftigt, im Laufe dieses Jahres werden es rund 3000 sein. Unser Ziel steht: Wir wollen den BBI am 30. Oktober 2011 in Betrieb nehmen.« Anfang April wird bekannt, das das Auswärtige Amt den Protokollbereich für Staatsgäste pünktlich zur BBI-Eröffnung von Tegel zum neuen Airport verlagern will. Ausgeschrieben wurde der Bau eines Empfangsgebäudes, das auch hohen repräsentativen Ansprüchen genügt und für welches bereits ein Architektenwettbewerb läuft. Es soll auf dem bisherigen Vorfeld vor dem bestehenden Terminal des Altflughafens Schönefeld entstehen. Hier will sich auch die Luftwaffe mit ihrer Flugbereitschaft ansiedeln, für die zusätzliche Gebäude und Hangars vorgesehen sind. Bisher sind die Flugzeuge und Hubschrauber zum Teil in Tegel und zum Teil in Köln/Bonn stationiert. Insgesamt sind für den »Regierungsbereich« am BBI Investitionen in Höhe von rund 120 Millionen Euro vorgesehen.

Im April beginnt die FBS mit den Erschließungsarbeiten für den BBI Business Park Berlin auf dem ehemaligen Baufeld Ost. Im Rahmen des ersten Erschließungsabschnitts wird von der B96a eine 30 Meter breite und 840 Meter lange Straße gebaut. Quer dazu entsteht über 470 Meter eine zweite schmalere Straße. Hinzu kommen Rad- und Gehwege, die Verlegung von Versorgungsleitungen, die Installation einer Straßenbeleuchtung sowie die Pflanzung von 200 Bäumen.

Am 13. Mai gibt die Europäische Kommission grünes Licht für die Baufinanzierung des BBI. Die hundertprozentige Gesellschafterbürgschaft laufe dem Gemeinschaftsinteresse »nicht zuwider« und sei »zum Erreichen gemeinschaftlicher Ziele notwendig«, heißt es in der Zustimmung, die den Weg für die Kreditaufnahme von insgesamt 2,4 Milliarden Euro frei macht. »Die Entscheidung gibt uns und den zahlreichen Banken Planungssicherheit, wir haben jetzt eine verlässliche Basis für die konkreten Verhandlungen«, sagt Rainer

Schwarz. Mit der Europäischen Investitionsbank hat die FBS bereits einen Kreditvertrag über 400 Millionen Euro abgeschlossen, der jetzt um einen Folgekredit über 600 Millionen Euro erweitert werden soll.

Am 27. Mai beschließt das Bundeskabinett das von Verkehrsminister Tiefensee vorgelegte Flughafenkonzept der Bundesregierung. Darin zählt der BBI neben Frankfurt, München, Düsseldorf, Köln/Bonn, Hamburg und Stuttgart zu den insgesamt sieben Flughäfen, an deren »bedarfsgerechter Weiterentwicklung« ein »großes verkehrspolitisches und volkswirtschaftliches Interesse und Bundesinteresse« besteht. »Insbesondere an den beiden Hubflughäfen Frankfurt und München sind die zu niedrigen Kapazitätseckwerte bereits heute ein gravierender Engpassfaktor«, wird in dem Papier festgehalten. Die anderen fünf genannten Airports »können zukünftig zusätzlich Interkontinentalverkehr aufnehmen, der bisher noch weitgehend über Hubflughäfen abgewickelt wird. Hierdurch erfahren diese Flughäfen eine Ausweitung ihrer Einzugsgebiete, der mit einer verbesserten Integration in die Verkehrsnetze am Boden, vorrangig der Schiene, begegnet werden muss. Die Entwicklung von Flughäfen in anderen Metropolregionen (Beispiel können hier Düsseldorf und der im Bau befindliche Flughafen BBI in der Hauptstadtregion Berlin-Brandenburg sein) zu weiteren ›Hubs‹ ist durch das aktuelle Hubsystem nicht ausgeschlossen«. Vor diesem Hintergrund machen Tiefensees Parteigenossen in Berlin und Brandenburg noch einmal Druck auf die Bahn, die Planung der BBI-Anbindung zu beschleunigen.

Am selben Tag unterzeichnen Rainer Schwarz und Ekkehard Schulz, Bürgermeister der Gemeinde Eichwalde, die Kostenerstattungsvereinbarung für den Schallschutz der Kindertagesstätte in der Stubenrauchstraße. Mit 150.000 Euro finanziert die FBS den Einbau von Schallschutzfenstern und Lüftungseinrichtungen sowie anteilig auch die Dachsanierung des Gebäudes. Es ist der Auftakt des mehr als 100 Millionen Euro teuren Schallschutzprogramms zur Reduzierung der Fluglärmbelastung in den Ein- und Abflugschneisen des BBI. Rund 50 Kindertagesstätten, Schulen und Pflegeheime sowie etwa 25 000 Privathaushalte in den festgelegten Schutzgebieten werden umgerüstet. Bereits eine Woche nach der Unterzeichnung werden die ersten Vereinbarungen an 100 Haushalte in Selchow verschickt. Die Anlieger können unter 15 Baufirmen wählen, mit denen die Flughafengesellschaft Rahmenverträge zur Realisierung der Schallschutzmaßnahmen geschlossen hat.

Zu Pfingsten startet die FBS eine einwöchige Festwoche, um 1000 Tage Flughafenbau zu feiern. Es gibt Livemusik, Kinderspiele und Baustellentouren. An den Berliner Flughäfen entstünden täglich zwei neue Jobs, sagt Rainer Schwarz. Seit 2006 sei die Zahl der direkten Arbeitsplätze um 2266 auf 17 785 gestiegen. Wieder einmal schwelgen die Flughafenchefs in Superlativen. »2011 wird mit dem BBI ein neuer Player den deutschen Luftverkehrsmarkt betreten«, tönt Schwarz. »Der Weg ist klar: Berlin baut mit dem BBI die Drehscheibe im Herzen des neuen Europa. Ziel ist es, die Region Berlin-Brandenburg mit dem BBI in die Top 10 der europäischen Flughafenstandorte zu führen. Zwanzig Jahre nach dem Fall der Mauer ist die Metropole Berlin auch aus Sicht des Luftverkehrs zurück auf den Landkarten Europas.« Und Manfred Körtgen schwärmt: »Was in den 90er Jahren der Potsdamer Platz war, das ist heute die Flughafenbaustelle BBI, der Ort an dem Berlins Zukunft gebaut wird.«

Am 9. Juni führt der Zoll erneut eine Kontrolle hinsichtlich Schwarzarbeit auf der Baustelle durch. Zuvor waren Mitarbeiter des Flughafens bei einer stichprobenartigen Routineüberprüfung auf Unregelmäßigkeiten bei am Terminalbau beteiligten Firmen gestoßen. Die Unterlagen werden den Behörden übergeben und erste Baustellenverbote ausgesprochen.

Am 24. Juni übergibt die FBS den ersten Rohbauabschnitt des unterirdischen Bahnhofs an die Deutsche Bahn, die für die weitere Ausstattung verantwortlich ist. »Unmittelbar nach der Übernahme des Bahnhofsrohbaus beginnen wir mit dem Ausbau, dann entstehen die drei Bahnsteige, werden Gleise verlegt, die Bahntechnik installiert«, sagt André Zeug, Vorstandsvorsitzender der DB Station & Service AG. »Am 30. Oktober 2011 wird der Terminalbahnhof in Betrieb gehen und dafür sorgen, dass der Flug vom Zug besonders bequem in wenigen Minuten erreicht wird.« »Die schnelle Erreichbarkeit des neuen Flughafens auf der Straße und auf der Schiene ist für uns von zentraler Bedeutung«, betont Klaus Wowereit. Fest steht nach wie vor, dass der Bahnanschluss zunächst nicht optimal sein wird. Noch immer gibt es keine Baugenehmigung für den vom Senat um Jahre verzögerten Ausbau der Dresdner Bahn. Und während die Deutsche Bahn eine oberirdische Trasse plant, gegen die Anwohner mit einer Klage drohen, bekräftigt Senatorin Junge-Reyer noch einmal, dass der Senat in Lichtenrade doch einen Tunnel möge.

Sechs Tage später ist die Finanzierung des BBI endlich unter Dach und Fach. Zusätzlich zum Milliardenkredit der Europäischen Investitionsbank steuern die KfW IPEX-Bank sowie die Investitionsbanken der Länder Berlin und Brandenburg jeweils 310 Millionen Euro bei. Von der Landesbank Berlin und der Norddeutschen Landesbank kommen je 150 Millionen, die DZ Bank beteiligt sich mit 100 Millionen und die Berliner Volksbank mit 70 Millionen.

Gleichzeitig gibt Rainer Schwarz bekannt, dass sich die Kosten für den BBI erneut um 300 Millionen Euro erhöhen, jetzt ist von 2,5 Milliarden Euro die Rede. Der Flughafenchef begründet die gestiegenen Kosten mit der Erweiterung des Startvolumens des neuen Airports von 22 bis 25 auf 27 Millionen Jahrespassagiere. So werden der Pier Süd und die Flugbetriebsflächen erweitert, eine zusätzliche Zwischenebene soll die Bedingungen für umsteigende Passagiere verbessern. Eine dritte Rollgasse zwischen dem Hauptpier und dem zukünftigen Satellitenterminal ist jetzt zur Verbesserung der Verkehrsführung am Boden vorgesehen. Auch das Schallschutzprogramm wird sich von 100 auf 140 Millionen Euro verteuern. Insgesamt hat die FBS für den Bau des neuen Flughafens bereits Aufträge im Gesamtvolumen von 1,5 Milliarden Euro vergeben.

»BBI kommt mit Riesenschritten voran«, frohlockt Verkehrsminister Tiefensee und spricht von einem »gelungenen Beispiel für den Aufbau Ost«. »Nach dem Planfeststellungsbeschluss und dem letztinstanzlichen Urteil des Bundesverwaltungsgerichts ist der Abschluss der Finanzierungsvereinbarung der bislang größte Schritt für den neuen Hauptstadtflughafen«, erklärt Klaus Wowereit. Und Matthias Platzeck ist überzeugt: »Der BBI bietet die einzigartige Chance, die Hauptstadtregion Berlin-Brandenburg in die weltweiten Verkehrsströme der globalisierten Wirtschaft einzuklinken.«

Beim Bahngipfel in Berlin am 13. Juli bestätigt Bahnchef Rüdiger Grube, dass man nun doch auch auf der Anhalter Bahn einen 20-Minuten-Takt für den Airport Express zwischen dem Hauptbahnhof und dem BBI realisieren wolle. Eine gemeinsame Task Force soll darüber hinaus prüfen, wie der Flughafen attraktiv in den Fernverkehr der Deutschen Bahn eingebunden werden kann.

Einen Tag später wird in Tegel der Erweiterungsbau des Terminals C in Betrieb genommen. Er wird für einen Großteil der Nicht-Schengen-Flüge nach Russland und in die Türkei genutzt. Neben Air Berlin und Germania fertigen in diesem auch weitere Airlines ihre Passagiere ab. Im Sicherheitsbereich gibt es einen Duty-free-Shop und einen Gastronomiebereich. In der ersten Jahreshälfte ist das Passagieraufkommen in Tegel bedingt durch die Wirtschaftskrise nur geringfügig um rund 334 000 Passagiere auf 6,7 Millionen Fluggäste zurückgegangen. Am BBI beginnen Ende August die Arbeiten an der Stahlkonstruktion des Terminal-Hallendachs.

Am 27. September wird in Brandenburg gewählt, die SPD unter Ministerpräsident Platzeck kann ihre Position als stärkste Partei leicht ausbauen und beendet die langjährige Koalition mit den Christdemokraten zugunsten einer nun ebenfalls rot-roten Landesregierung mit der Linkspartei. Im BBI-Wahlkreis 25 ist erstmals die von Flughafengegnern gegründete Wählergemeinschaft »Plan B« angetreten, deren Landtagskandidat Andreas Noack zwar chancenlos ist, es in Zossen aber auf stolze 13 Prozent der Wählerstimmen bringt. Im gesamten Wahlkreis erhält er 6,5 Prozent, die er überwiegend dem erneut siegreichen SPD-Abgeordneten Christoph Schulze abringt.

Zeitgleich findet auch die Bundestagswahl statt. Sie führt zu einer schwarz-gelben Koalition unter Angela Merkel, in der CSU-Spitzenkandidat Peter Ramsauer zum neuen Verkehrsminister wird.

Am 20. Oktober erlässt das Infrastrukturministerium in Potsdam den vom Bundesverwaltungsgericht geforderten Planergänzungsbeschluss »Lärmschutzkonzept BBI«. Danach ist von 5.30 bis 23.30 Uhr ein weitreichender Flugbetrieb möglich. Lediglich in der Nachtkernzeit von null bis fünf Uhr sind grundsätzlich keine regulären Flüge erlaubt. Nach 23.30 und bis 5.30 Uhr sind nur verspätete oder verfrühte Flüge zulässig. Zwischen 22 und 6 Uhr darf nur mit lärmarmen Flugzeugen geflogen werden. Die Zahl der zulässigen Starts und Landungen zwischen 23 und 24 Uhr sowie zwischen fünf und sechs Uhr wurde auf 12 852 pro Jahr begrenzt, davon 9125 in der sieben Monate langen Sommerflugplanperiode (April bis Oktober) und 3727 im Winterflugplan (November bis März).

Die tatsächlichen Nachtverkehrszahlen müssen vor jeder Flugplanperiode anhand des von den Luftverkehrsgesellschaften angemeldeten Bedarfs der Behörde gemeldet werden und dürfen nicht über den Höchstwerten liegen. Denn Flüge zwischen 23.30 und 24 Uhr sowie zwischen 5 und 5.30 Uhr werden doppelt gezählt. »Erfahrungsgemäß kann die Zahl dieser Flüge (Verfrühungen und Verspätungen) bis zu 36 Prozent aller Flüge in diesen Zeiten ausmachen«, heißt es im Planergänzungsbeschluss.

Insgesamt geht die Behörde in ihrer Prognose gegenüber 2008 von einem Anstieg von 42,5 auf 77 Flugbewegungen zwischen 22 und 6 Uhr im Jahr 2023 aus, in Spitzenzeiten können es auch bis zu 103 werden. Mit durchschnittlich drei Flügen pro Nacht ist auch zwischen null und fünf Uhr zu rechnen, denn das Nachtflugverbot gilt nicht für Post-, Ambulanz- oder Regierungsflüge. Auch die Regelungen zum passiven Schallschutz während der Nacht wurden unter Berücksichtigung der neuen Lärmschutzverordnung des Bundes zur Fluglärmberechnung neu formuliert. Dadurch erhalten weitere Anlieger Anspruch auf Schallschutz. Im Interesse der Gleichstellung verzichtet die Behörde im Gegenzug darauf, bisher Begünstigten, die nach der Neuregelung außerhalb des neuen Nachtschutzgebietes liegen, den Schallschutzanspruch zu entziehen. So gelangen unterm Strich rund 470 zusätzliche Wohneinheiten in den Genuss der Maßnahmen. Gleichzeitig wird der Grenzwert für den Dauerschallpegel, bei dem Flughafenanwohner einen Anspruch auf Entschädigung für Außenwohnbereiche wie Balkone und Terrassen erhalten, von 65 auf 62 Dezibel gesenkt. Damit vergrößert sich das Entschädigungsgebiet von 27 auf 50 Quadratkilometer und die Zahl der Berechtigten steigt von etwa 4400 auf rund 16 500.

»Die Planfeststellungsbehörde hat eine schwierige Aufgabe verantwortungsbewusst und mit Augenmaß gelöst«, so Infrastrukturminister Dellmann. »Der Beschluss ist ausgewogen und berücksichtigt die gleichermaßen berechtigten Interessen der Luftverkehrswirtschaft und der Menschen im Umfeld des zukünftigen BBI.« »Die Airlines haben den Bedarf für Flüge in den Randzeiten klar nachgewiesen«, betont

Flughafenchef Schwarz. »Mit der Entscheidung trägt die Behörde der Tatsache Rechnung, dass die Tagesrandzeiten für einen wirtschaftlichen Flugbetrieb heutzutage unabdingbar sind.« Dennoch zeigt er sich unzufrieden: »Langfristig jedoch wird uns die strikte Kontingentierung zwischen fünf und sechs Uhr sowie zwischen 23 und 24 Uhr im weiteren Wachstum hemmen.« Vertreter der Fluggesellschaften sind dagegen zufrieden mit der Regelung.

Indessen üben die Fluglärmbetroffenen heftige Kritik am Beschluss und am neuen SPD-Koalitionspartner. Im Wahlkampf hatte sich die Linkspartei noch für ein umfassendes Nachtflugverbot ausgesprochen. Der Planergänzungsbeschluss sei von der bisherigen SPD/CDU-Landesregierung »zugunsten der Wirtschaftlichkeit der Fluggesellschaften« gefasst worden, sagt die verkehrspolitische Sprecherin der Linken-Landtagsfraktion Anita Tack. Die Bürgermeister mehrerer BBI-Anliegergemeinden kündigen Klagen gegen den Beschluss an, während der BVBB mitteilt, dass es ihm dafür an Geld fehle.

Am 3. November feiert die Deutsche Flugsicherung das Richtfest für den neuen BBI-Kontrollturm, der mit 72 Meter der zweithöchste in der Bundesrepublik ist. Rund 35 Millionen Euro kostet der Bau. Auch DFS-Geschäftsführer Ralph Riedle gibt sich aus diesem Anlass euphorisch: »Hier wurde buchstäblich Großes geleistet. Bereits heute ist der neue Kontrollturm weithin sichtbar und das Wahrzeichen des künftigen Airports. BBI wird wachsen und gedeihen und ein Weltflughafen werden, auch weil wir mit diesem Tower die Weichen dafür stellen.«

Den Wettbewerb für das neue Regierungsterminal am BBI gewinnt das Berliner Architektenbüro Bussmann & Haberer gemeinsam mit der Arup GmbH als Tragwerksplaner. Der Entwurf sieht ein einfaches Gebäude mit einer Fassade aus Holzlamellen vor, die Nachhaltigkeit symbolisieren soll. Für den Bau des rund 20 Millionen Euro teuren Empfangsgebäudes, das südlich des bisherigen Terminals D errichtet werden soll, musste ein neues Planfeststellungsverfahren eingeleitet werden, da es nicht im Beschluss für den BBI enthalten ist. Die weiteren Anlagen für die Bundeswehr-Flugbereitschaft will der Bund erst nach Fertigstellung des Flughafens realisieren.

Am 11. Dezember beschließt der Aufsichtsrat der FBS das Aus für das Kürzel BBI, das in den zurückliegenden Jahren weltweit als Synonym für den neuen Airport gestanden hat. Dieser Three-Letter-Code, wie die dreistelligen Flugplankürzel der internationalen Luftverkehrsvereinigung IATA genannt werden, ist ohnehin schon an den indischen Flughafen Bhubaneswar vergeben. So besinnt man sich auf das der deutschen Hauptstadt bereits seit Jahrzehnten amtlich zugeordnete Kürzel BER. Es tauchte bisher nicht in den Flugplänen auf, weil Berlin über mehrere Flughäfen verfügte, die zwecks Unterscheidung unterschiedliche Codes erhielten, SXF für Schönefeld, TXL für Tegel und THF für Tempelhof. Wenn es dagegen nur noch einen Flughafen gibt, besteht keine Verwechslungsgefahr mehr. Um die Bezeichnung BBI endgültig zu eliminieren, wird der Flughafen Berlin Brandenburg International in Flughafen Berlin Brandenburg umbenannt und heißt international fortan Berlin Brandenburg Airport. Folglich soll aus der Flughafen Berlin Schönefeld GmbH (FBS) die Flughafen Berlin Brandenburg GmbH (FBB) werden. Die Änderungen sollen mit der geplanten Eröffnung des Flughafens im Oktober 2011 in Kraft treten.

Auch in der leidigen Frage um den Beinamen des Hauptstadt-Airports zieht der Aufsichtsrat einen Schlussstrich. Er folgt dem Wunsch der SPD und benennt ihn nach Willy Brandt, einer »herausragenden, weltweit geachteten Persönlichkeit«, wie es Klaus Wowereit und Matthias Platzeck formulieren. »Mit seinem politischen Lebenswerk als Regierender Bürgermeister von Berlin, Bundesaußenminister und

Bundeskanzler hat er lange Jahre das Bild der Bundesrepublik in der Welt geprägt. Der Name von Willy Brandt genießt international höchstes Ansehen, er ist ein würdiger Namenspatron für das wichtigste Zukunftsprojekt der deutschen Hauptstadtregion.«

9. DIE ERÖFFNUNG WIRD ERNEUT VERSCHOBEN

Während die Air Berlin ihre Aktivitäten im Hinblick auf den BBI bereits in Tegel ausweitet, erteilt Lufthansa-Vorstandschef Wolfgang Mayrhuber dem neuen Flughafen eine erneute Absage. Die Hauptstadtregion sei als Top-Wirtschaftsstandort zu schwach und liefere nicht das Quellaufkommen, um Langstreckenflüge oder gar eine Drehkreuzfunktion wie Frankfurt oder München zu rechtfertigen, sagt er im Januar 2010 auf einer Veranstaltung der Berliner Industrie- und Handelskammer. Gleichzeitig teilt der Bürgerverein Brandenburg-Berlin mit, dass er nun doch – ebenso wie die Umlandgemeinden – gegen die umstrittene Nachtflugregelung für den neuen Airport klagen werde. Durch Spenden sei es möglich geworden, die notwendigen Gelder aufzubringen.

Der Betrieb des Allgemeinen-Luftfahrt-Terminals, das sich schon jetzt im Südteil des Flughafens Schönefeld befindet, wird nach einer europaweiten Ausschreibung am 13. Januar an die Firma ExecuJet Europe vergeben. Am Allgemeinen-Luftfahrt-Terminal werden Geschäftsreiseflugzeuge abgefertigt, eine Großzahl der Betreiber befürchtet allerdings, dass es für sie am künftigen BBI keinen ausreichenden Platz mehr geben wird. »Die Business Aviation ist in Schönefeld und später auf dem BBI auf einer absoluten Premiumfläche angesiedelt«, versichert dagegen Flughafengeschäftsführer Schwarz.

Am 1. Februar übergibt die FBS die 20000 Quadratmeter große Gepäckhalle zum Einbau der rund 40 Millionen Euro teuren Sortieranlage an die damit beauftragte Firma Vanderlande. Für die Installation der insgesamt zehn Kilometer langen Förderbänder ist ein Zeitraum von einem Jahr vorgesehen. Dafür wird mit Gitterrosten eine 16000 Quadratmeter große Zwischenetage eingebaut, und rund 650 Tonnen Stahl werden für diesen Zweck verarbeitet. Die Anlage wird stündlich bis zu 15000 Gepäckstücke sortieren können und hat – insbesondere im Hinblick auf den Vorabend-Check-in – eine Zwischenlagerkapazität von etwa 1350 Koffern und Taschen. »Die vollautomatisierte Gepäcksortieranlage ist das Kernelement des Flughafens«, sagt Technikgeschäftsführer Manfred Körtgen. »Zwei komplett unabhängige Systeme mit hochmoderner Technik und Computersteuerung sorgen dafür, dass die Wartezeiten der Passagiere minimiert und gleichzeitig höchste Sicherheitsansprüche gewährleistet werden.« Alles werde rechtzeitig zum Beginn der BBI-Probeläufe im Mai 2011 abgeschlossen sein, teilt die Flughafengesellschaft mit.

Am 8. Februar 2010 meldet die IGK-IGR Ingenieurgesellschaft Kruck Insolvenz an. Sie ist innerhalb der mit der Generalplanung des Terminals beauftragten PG BBI für die Technische Gebäudeausrüstung zuständig gewesen – für das Projekt ein schwerer Rückschlag. Branchenkenner äußern sich verwundert darüber, dass die Flughafengesellschaft offensichtlich keinen Versuch unternommen hat, das in wirtschaftliche Schwierigkeiten geratene Unternehmen zu stützen. Zumal die Pleite für die FBS nicht überraschend gekommen sein dürfte, da Körtgen doch dem Vernehmen nach mit dem Inhaber befreundet ist. Die Öffentlichkeit erfährt vorerst nichts von den Problemen.

Knapp zwei Wochen später muss die FBS Fehler bei der Berechnung der Lärmschutzbereiche einräumen. Bei einer nochmaligen Überprüfung habe man »vereinzelte Ungenauigkeiten« bei der Dateneingabe festgestellt, teilt das Unternehmen mit. Als Konsequenz vergrößert sich das Nachtschutzgebiet rund um den BBI um etwa vier Prozent, wodurch nach Angaben eines Firmensprechers »einige hundert« weitere Anwohner Anspruch auf Schallschutzmaßnahmen bekommen. Umgekehrt verkleinert sich das Entschädigungsgebiet Außenwohnbereich. Allerdings verzichtet man darauf, die Zahl der bisher rund 16 500 Haushalte, die eine Einmalzahlung von 4000 Euro erhalten, zu reduzieren.

Das Eisenbahn-Bundesamt erlässt am 19. Februar den Planfeststellungsbeschluss »Schienenanbindung Ost Flughafen BBI« und gibt damit grünes Licht für den Ausbau, dem rund 14 Hektar Mischwald weichen müssen und für den umfangreiche Ausgleichsmaßnahmen nötig sein werden. Die Trasse führt vom unterirdischen Flughafenbahnhof durch den Bohnsdorfer Forst und stößt südlich des S-Bahnhofes Grünau auf die Strecke Berlin–Cottbus. Bereits fünf Tage später beginnt die Bahn mit den Arbeiten.

Am 26. Februar 2010 müssen bei den FBS-Geschäftsführern erneut die Alarmglocken geklingelt haben. Die PG BBI schickt Schwarz einen Brandbrief, in dem es heißt: »Die Fortschritte der Projektrealisierung lassen bei uns Zweifel aufkommen, ob das primäre Projektziel der Flughafeneröffnung am 01.11.2011 unter den derzeitigen Planungsbedingungen noch erreicht werden kann.« Wie aus gut informierten Kreisen zu vernehmen ist, haben die Flughafenmanager ungeachtet der Folgen offenbar fast allen Änderungswünschen der Fluggesellschaften nachgegeben. »Die Anforderungen der späteren Nutzer des Terminals haben nach und nach zu mehr als 250 Planungsänderungen und beispielsweise beim Ebenenshift zu einem kompletten neuen Bauantrag geführt«, heißt es weiter in dem Schreiben. »Die eingetretene Verschiebung der Baurealisierung durch einen gestörten Bauablauf hat u. a. dazu geführt, dass der Rohbau nicht, wie vorgesehen, Ende November 2009 fertiggestellt werden konnte.« Die einzige Reaktion von Schwarz ist, dass er die Verantwortlichen der Planungsgemeinschaft dafür rügt, dass sie sich an ihn gewandt haben, wo doch sein Kollege Körtgen primär für die Planung und den Bau des BBI zuständig sei.

Auf der Internationalen Tourismus-Börse (ITB) im März kündigt Christoph Debus, Chief Commercial Officer der Air Berlin, an, dass seine Fluggesellschaft noch im Vorgriff auf den BBI im laufenden Jahr damit beginnen werde, in Tegel ein Drehkreuz aufzubauen. In sechs Phasen wird die Fluggesellschaft mit bis zu 22 Flugzeugen über 6000 wöchentliche Berlin-Verbindungen anbieten und gleichzeitig zwölf neue Strecken eröffnen. Fluggäste aus ganz Europa sollen in der deutschen Hauptstadt bis zu 30 Umsteigemöglichkeiten erhalten. Am BBI will Air Berlin gemeinsam mit Germania einen Wartungshangar errichten. Mit rund sechs Millionen Passagieren liegt der Anteil der Air Berlin an den Berliner Flughäfen bei mehr als einem Viertel, für 2010 rechnet FBS-Chef Schwarz mit einem erneuten Anstieg der Gesamtzahl um rund eine Million auf 22 Millionen Fluggäste.

Das Auswärtige Amt gibt die Pläne auf, Teile des bisherigen Abfertigungsgebäudes in Schönefeld mit der BBI-Eröffnung vorübergehend für den Empfang von Staatsgästen zu nutzen. Weil das neue Regierungsterminal erst 2013 fertiggestellt wird, soll laut Verteidigungsministerium nun eine Containerzwischenlösung realisiert werden. Die Hubschrauber der Bundeswehr-Flugbereitschaft werden auch nach der Schließung von Tegel bis zum Abschluss der Bauarbeiten in Schönefeld in Tegel-Nord abheben. Sie brauchen keine Startbahn und das dortige Militärgelände ist vom Entwidmungsbeschluss für den Airport nicht betroffen.

Am 14. April kann Schwarz bei der Bilanzpressekonferenz der FBS auf ein stabiles Krisenjahr 2009 zurückblicken. Trotz der weltweiten Wirtschaftskrise ist es gelungen, den Passagierrückgang auf zwei Prozent zu begrenzen und ungeachtet eines um 3,3 Prozent rückläufigen Umsatzes den Ertrag um

14,4 Prozent auf 91,2 Millionen Euro zu steigern. Mit dem Kostensenkungsprogramm »Herkules« hat man 15 Millionen Euro einsparen können. »Das Zahlenwerk der vergangenen fünf Jahre zeigt, dass sich die Berliner Flughäfen von einer Flughafenverwaltung zu einem modernen Infrastrukturdienstleister entwickelt haben«, erklärt der Geschäftsführer. »Mit der BBI-Eröffnung 2011 wollen wir die Wachstumsstory fortschreiben und Berlin als drittes Standbein des Luftverkehrsstandortes Deutschland etablieren.« Nur einen Tag später berichtet *Der Tagesspiegel*: »Eröffnungstermin für Großflughafen wackelt«, verweist auf die harten Wintermonate, in denen nur beschränkt gearbeitet werden konnte sowie auf die Insolvenz der Planungsfirma. Technikchef Körtgen gibt sich jedoch weiter zuversichtlich, den Eröffnungstermin halten zu können.

Unsicherheit gibt es in der Frage, wie es mit der Internationalen Luft- und Raumfahrtausstellung weitergehen soll, für die am BBI ein neuer Platz gefunden werden muss. Der Bundesverband der Deutschen Luft- und Raumfahrtindustrie (BDLI), der die ILA bisher gemeinsam mit der Messe Berlin in Schönefeld veranstaltet hat, verlangt Sicherheiten und droht mit einem Abzug der Veranstaltung. Als Favorit unter den Alternativstandorten hat sich der BBI-Erzrivale Leipzig/Halle herauskristallisiert. Berlin und Brandenburg beschließen deshalb, in Selchow am Südwestrand des BBI einen neuen Messestandort aufzubauen, für den die Messe Berlin und die Zukunftsagentur Brandenburg eine gemeinsame Firma gründen.

Im Mai legt die Air Berlin noch einmal nach und kündigt zum Beginn des Winterflugplans drei neue Langstrecken nach Dubai, Miami und Mombasa an. Damit werde das Ziel, den BBI mit zwölf Langstrecken zu eröffnen, bereits ein Jahr vor dessen Eröffnung erreicht, freut sich Rainer Schwarz. Klaus Wowereit bezeichnet den Homecarrier als »verlässlichen Partner« und erwartet, dass nun auch die Lufthansa ihre Berlin-

Politik überdenkt. Mit dem BBI biete Berlin künftig alle Voraussetzungen für ein Luftverkehrsdrehkreuz.

Auch als am 7. Mai 2010 das Richtfest für das neue Terminal gefeiert wird, ist für ihn die Flughafenwelt offenbar noch in Ordnung. »Wir machen uns fit für die Zukunft«, sagt der Regierende Bürgermeister unter dem Richtkranz, der natürlich die Form eines Flugzeuges hat. »Berlin erhält mit dem neuen Willy-Brandt-Flughafen eine bessere Anbindung an die Metropolen der Welt. Der BBI wird zum wichtigen Standortfaktor zukunftsorientierter Dienstleistungen der deutschen Hauptstadt.« Berlin sei eine der »spannendsten Städte Europas« und werde 2011 mit dem neuen Flughafen »auch ein noch attraktiveres Ziel für den internationalen Luftverkehr«.

»Hier entsteht ein Tor zur Welt, sowohl für die Hauptstadtregion Berlin-Brandenburg als auch für den gesamten Luftverkehrs- und Logistikstandort Deutschland«, gibt sich Verkehrsministeriumsstaatssekretär Rainer Bomba (CDU) überzeugt. Der BBI werde »neben den Drehkreuzen Frankfurt und München ein weiterer wichtiger internationaler Verkehrsknotenpunkt«.

»Der Flughafen wird die neue Ost-West-Drehscheibe im Herzen Europas mit Umsteigeverbindungen in die ganze Welt«, sagt Rainer Schwarz. Und Manfred Körtgen berichtet: »Mit dem Abschluss der Stahlbauarbeiten am Dach des Terminals ist ein weiterer wichtiger Bauabschnitt abgeschlossen. Als Nächstes beginnen wir mit dem Innenausbau, über 12 000 Glasscheiben sind bereits eingesetzt, die Arbeiten an der Gepäcksortieranlage laufen auf Hochtouren und im August werden die ersten Fluggastbrücken installiert.« Die Pressemitteilung der FBS endet mit dem Satz: »Der erste Flieger landet zum Beginn des Winterflugplans 2011/2012 am 30. Oktober 2011.«

An den Folgetagen herrscht Volksfeststimmung auf der Baustelle. Von Kinderhüpfburgen über ein buntes Bühnenprogramm bis hin zu Hubschrauberrundflügen reicht das Angebot, mehr als 100 000 Menschen strömen auf das Gelände. Die anschließenden Wochen nutzt die Flughafengesellschaft für weitere Erfolgsmeldungen. Am 12. Mai wird mitgeteilt, dass die Finanzierung für den Bau von vier Parkhäusern, dem Mietwagen- und Servicecenter, einem Gebäude für die Sicherheitsdienstleister sowie drei Gebäuden für die Bodenverkehrsdienstleister stehe. Ein Konsortium unter Führung der Landesbank Berlin mit der DZ Bank, der Hamburger Sparkasse, der Mittelbrandenburgischen Sparkasse, der Nassauischen Sparkasse, der Stadtsparkasse Düsseldorf sowie der Investitionsbanken aus Berlin und Brandenburg stellt 240 Millionen Euro zur Verfügung, damit die Deutsche Anlagen-Leasing die Bauten errichten kann.

Auch 23 Gastronomieflächen auf insgesamt 6000 Quadratmeter werden im Mai vergeben, rund die Hälfte davon an regionale Firmen überwiegend aus Berlin. »Damit lösen wir das Versprechen ein, auch mit dem Gastronomie-Konzept die Bedeutung Berlins und der Region zu stärken«, so Norbert Minhorst, Bereichsleiter »Non Aviation« bei der FBS. Insgesamt hatte es mehr als 600 Bewerbungen gegeben, mit etwa zehn Prozent der Kandidaten gab es detaillierte Verhandlungen. McDonald's, Marché und Starbucks gehören ebenso zu den Siegern wie Borchardt, Lutter & Wegner, die Ständige Vertretung und ein Berliner-Kindl-Pub.

Doch die positiven Meldungen halten nicht lange an. Noch im Mai teilt die Staatsanwaltschaft Neuruppin mit, dass sie aufgrund einer anonymen Anzeige beim Flughafenbau wegen Korruptionsverdachts Ermittlungen eingeleitet habe. Es geht um drei Aufträge für Rohrleitungsarbeiten, die ein Zweckverband an eine Installationsfirma vergeben hat. In zwei Fällen waren Beschwerden gegen die Vergabe von der Vergabekammer abgewiesen worden. Nun heißt es, für die Auftragsvergabe sollen Gegenleistungen geflossen sein.

Erst als Ende Mai ein weiterer Brandbrief des BBI-Projektsteuerers WSP CBP Airport GmbH bekannt wird, wonach erst 20 Prozent der Planungsleistungen für den Innenausbau des Terminals erstellt sein sollen, wird der Öffentlichkeit bewusst, dass der Eröffnungstermin endgültig ins Wanken geraten ist. Während Klaus Wowereit und Matthias Platzeck angesichts der sich häufenden Presseberichte erklären, das Schreiben nicht zu kennen, sieht sich die FBS am 1. Juni dazu gezwungen zu reagieren. Man weist den Vorwurf, Informationen über Wochen zurückgehalten zu haben, als »unzutreffend« zurück. »Nach dem bisherigen Planungsstand ist vorgesehen, dass der BBI am 30. Oktober 2011 in Betrieb gehen wird«, wird erklärt. Zugleich wird aber bestätigt, dass WSP CBP mit einem Schreiben vom 19. Mai auf eine »Gefährdung des Zeitplans« durch insolvenzbedingte Verzüge bei der Planung der Technischen Gebäudeausrüstung hingewiesen habe. In einem Schreiben mit gleichem Datum hat die Planungsgemeinschaft BBI erklärt, dass sie sich auch nach der Pleite der IGK-IGR Ingenieurgesellschaft in der Lage sehe, die fehlenden Leistungen so zu erbringen, »dass die Gesamtzeitplanung zu halten sein würde«. Man habe die »divergierenden Einschätzungen« unter Hinzuziehung eines externen Gutachtens am 25. Mai in der Geschäftsführung erörtert.

Ein zweites Problem, so die FBS in ihrer Erklärung, seien die Auswirkungen der am 29. April in Kraft getretenen Verordnung der Europäischen Kommission zur Veränderung der Sicherheitsstandards in der Luftfahrt. Weil nach damaligem Stand ab April 2013 die Mitnahme von Flüssigkeiten im Handgepäck wieder unbeschränkt zugelassen werden soll, wird der Einsatz größerer neuartiger Scanner erforderlich. Am 25. Mai hat die Bundespolizei ihre konkretisierte Prognose zu den Konsequenzen präsentiert. Danach sei von einer Verdoppelung des Flächenbedarfs für die Kontrollen auszugehen, was zu Platzproblemen an den Sicherheitsschleusen führe und erheblichen Einfluss auf die Konfiguration des Terminals habe. Es wird intensiv nach Lösungen gesucht, »die im Zeit- und Budgetrahmen liegen«.

Bereits bei der Aufsichtsratssitzung am 26. März 2010 seien beide »nach Vorliegen der damaligen Erkenntnisse nicht zeitkritische Themen« zur Sprache gekommen, erklärt die FBS. Der Vorsitzende Wowereit habe der Geschäftsleitung den Auftrag erteilt, »beide Themen intensiv zu prüfen« und bis zur Sitzung des Projektausschusses am 11. Juni »belastbare Lösungsvorschläge« zu erarbeiten, über die der Aufsichtsrat am 25. Juni entscheiden wolle. Wowereit muss einräumen, dass der 30. Oktober 2011 möglicherweise nicht mehr zu halten sei. Der Zeitplan sei schon immer »ambitioniert« gewesen, sagt er. Der Berliner FDP-Fraktionschef Christoph Meyer wirft ihm vor, entweder durch sein Unwissen als Aufsichtsratschef versagt oder das Parlament absichtlich in Unkenntnis gelassen zu haben.

Im *Tagesspiegel* äußert sich Verkehrsminister Peter Ramsauer kritisch zur Berlin-Brandenburger Flickwerkstaktik am BBI. »Wir können uns keinen Pannenflughafen leisten«, sagt der Politiker und kritisiert zugleich, dass bei der mit der Schließung von Tegel vorgegebenen Reduzierung der Flughafenkapazität der Bundeshauptstadt von vier auf zwei Start- und Landebahnen »Engpässe vorprogrammiert« seien. Peinlich dabei ist: Ausgerechnet als das Terminkonzept für den BBI zusammenbricht, tagt die Jahreshauptversammlung der International Air Transport Association (IATA) in Berlin. Die Bosse von 230 Luftverkehrsgesellschaften aus aller Welt können sich vor Ort ein Bild von der hiesigen Flughafenpolitik machen.

Immerhin, es gibt auch ein paar Lichtblicke. Die FBS übergibt den westlichen Tunnel als letztes Teilstück der unterirdischen Schienenanbindung an die DB Netz AG. Beim Ortstermin des Bundesverwaltungsgerichts in Bohnsdorf zieht der

Bahnkundenverband seinen Eilantrag auf sofortigen Baustopp für die Ostanbindung des BBI zurück, das Hauptverfahren ist für November geplant. Der BDLI erteilt Berlin auch weiterhin den Zuschlag für die Internationale Luft- und Raumfahrtausstellung. Tags darauf eröffnet Bundeskanzlerin Merkel vor der Kulisse des halbfertigen BBI die größte ILA aller Zeiten.

Am 11. Juni besichtigt der Projektausschuss die BBI-Baustelle. Nach Medienberichten schlägt die Geschäftsleitung zwei Alternativen vor: Entweder man hält am Eröffnungstermin fest, was erhebliche Mehrkosten für einen Baustellenbetrieb praktisch rund um die Uhr erfordern würde, oder die Inbetriebnahme wird um sechs bis neun Monate verschoben. Wenige Tage später stellt Wowereit im Hauptausschuss des Abgeordnetenhauses vor, wie man zumindest das Problem mit dem erhöhten Platzbedarf für die Sicherheitskontrollen lösen will. Beiderseits des Terminals sollen bis 2013 zwei eingeschossige Pavillons als Anbauten entstehen und zusätzliche Kontrolllinien aufnehmen. Bis dahin glaubt man, sich mit einer reduzierten Zahl von Kontrollstellen sowie einem Mix aus alten und neuen Röntgengeräten und Scannern über die Runden retten zu können.

Acht Tage später kommt es in Schönefeld zu einer tatsächlichen Bruchlandung. Der »Rosinenbomber«, für den man nach der Tempelhof-Schließung vor Ort extra ein »Erlebnisterminal« mit Luftbrücken-Zeitreise geschaffen hat, ist gerade mit 25 Passagieren zu einem Rundflug gestartet, als unmittelbar nach dem Abheben das linke Triebwerk ausfällt. Den beiden Piloten gelingt eine Notlandung auf der BBI-Baustelle. Der Copilot wird schwer verletzt, der Flugkapitän, die Stewardess und vier Passagiere erleiden nur leichte Blessuren. Die zweimotorige Douglas DC-3 ist schwerbeschädigt, die linke Tragfläche abgerissen. Ein Verein bemüht sich seitdem um den Wiederaufbau der historischen Maschine.

Am 25. Juni ist es dann amtlich: Auch der BBI ist abgestürzt, der 30. Oktober als Eröffnungstermin geplatzt. Der Flughafen soll jetzt gut sieben Monate später seinen Betrieb aufnehmen. Das sorgt besonders bei den Airlines für Verwunderung, denn der Termin liegt mitten in der Sommerflugplanperiode. Die FBS versucht, den Rückschlag als Erfolg zu »verkaufen«, die entsprechende Pressemitteilung trägt die Überschrift: »Neuer Flughafen wird größer – erster Flieger startet am 3. Juni 2012.« Das »größer« bezieht sich auf die anzubauenden Behelfspavillons.

Für Klaus Wowereit ist der neue Eröffnungstermin »ein guter Kompromiss aus vorausschauender Planung und einer weiterhin zügigen Realisierung des Airports«. Bei vergleichbaren Projekten seien jahrelange Verzögerungen und Kostenexplosionen die Regel. »Davon sind wir weit entfernt, der Willy-Brandt-Flughafen ist und bleibt eine Erfolgsgeschichte«, sagt der Regierende Bürgermeister einem staunenden Publikum und redet so auch die neue Pleite schön.

Ministerpräsident Platzeck bezeichnet die Verschiebung als »eine Entscheidung der Vernunft« und Staatssekretär Bomba sieht die Forderung des Bundes, dass zur Eröffnung ein reibungsloser Betrieb gewährleistet sein müsse, erfüllt: »Alles muss tadellos funktionieren, wenn die ersten Maschinen planmäßig landen und abheben. Das ist für die Sicherheit ebenso wie für den Ruf des BBI zwingend notwendig. Mit dem nun vorgelegten Zeitplan eröffnen wir dem Wirtschafts- und Luftverkehrsstandort Berlin-Brandenburg eine klare Perspektive.«

»Ich halte die heutige Entscheidung für planerisch und wirtschaftlich ausgesprochen vernünftig«, meldet sich Rainer Schwarz zu Wort. Mit der jetzt beschlossenen, baulichen Lösung bleibe das Projekt »innerhalb des bestehenden Finanzierungsrahmens«. Und sein Technikvize Manfred Körtgen betont: »Bei einem komplexen Großprojekt wie einem Flughafen gibt es enormen Abstimmungsbedarf. Auch mit der neuen Zeitplanung wird der Bau des BBI kein Selbstläufer.

Daher ist klar, wir werden die BBI-Realisierung weiterhin mit Hochdruck vorantreiben.«

Insider werfen der Flughafengeschäftsführung und dem Aufsichtsrat dagegen Fehlplanung vor. Dass neue und größere Kontrollgeräte kommen würden, sei seit Jahren absehbar und somit planbar gewesen. Die Opposition spricht von einem »Versagen« Wowereits, der auch den neuen Termin bereits wieder als »ehrgeizig« bezeichnet.

Bei der Eröffnung des BBI sollen nun 32 der vorgesehenen 36 Kontrollstellen zur Verfügung stehen und pro Spitzenstunde 4500 Passagiere bewältigen können. Zum April 2013, dem geplanten Inkrafttreten der neuen Sicherheitsregelung, ist die Fertigstellung der Pavillons mit vier weiteren Kontrolllinien und einer Kapazitätserhöhung auf maximal 5500 Reisende vorgesehen. Was die Technische Gebäudeausstattung betrifft, so sind sich alle Beteiligten einig, dass ein Festhalten am bisherigen Eröffnungstermin »selbst unter Zuhilfenahme aller erdenklichen Beschleunigungsmaßnahmen zu risikoreich« gewesen wäre, die erforderlichen Planungsleistungen aber innerhalb des neuen Zeitplans erbracht werden können. Dies sei das »Ergebnis umfangreicher Beratungen, Detailplanungen und Abstimmungen«.

Durch die Neuplanung entstehen Zusatzkosten in Höhe von 112 Millionen Euro, mit weiteren 26 Millionen Euro schlagen die Mindereinnahmen durch die verspätete Eröffnung zu Buche. Durch »Umschichtungen im Budget und die Verwendung von Reserven« will man trotzdem im Finanzierungsrahmen von 3,27 Milliarden Euro bleiben.

10. WURDE BEI DEN FLUGROUTEN GEMOGELT?

Am 5. September 2010 ist es vier Jahre her, dass der erste Spatenstich für den neuen Flughafen getan wurde. Zum Ausbaustand wird verkündet: Der Rohbau des BBI-Terminals ist fertiggestellt, als Nächstes erfolgt der Innenausbau. Die Betonarbeiten an der neuen 4000 Meter langen Start- und Landebahn, den Vorfeldern und Rollbahnsystemen sind bis auf eine Vorfelderweiterung am DFS-Tower und Restbereiche am Terminal abgeschlossen. Im Januar 2010 hat der Probebetrieb in den neuen Energiezentralen begonnen, bei der Wasserver- und -entsorgung läuft die Komplettierung und Gesamtfertigstellung der Netze. Bis August 2010 wurden für den Flughafenbau Aufträge in einem Gesamtvolumen von 1,98 Milliarden Euro vergeben, nahezu zwei Drittel davon an Unternehmen aus der Region. Technikgeschäftsführer Manfred Körtgen spricht von einer »baulogistischen Meisterleistung«. Er sagt: »2011 werden die meisten Gebäude so weit fertiggestellt, dass der Probebetrieb wie geplant beginnen kann. Nach dem sechsmonatigen Probelauf kann der Flughafen dann am 3. Juni 2012 eröffnen.«

Bereits im August wurde die letzte der insgesamt neun Straßenbrücken am BBI betoniert. Sie ist 50 Meter lang und gehört zur Zufahrt für das Terminal und die davor entstehende Airport City. Insgesamt sind für den neuen Flughafen 22,6 Kilometer Haupt- und 6,2 Kilometer Nebenstraßen gebaut worden. Mehr als 600 000 Kubikmeter Erde wurden dafür bewegt, 117 000 Kubikmeter Schotterunterbau und 146 000 Tonnen Asphalt verarbeitet.

Mit dem Heidelberger Immobilieninvestor Harder & Partner schließt die FBS einen Erbbauvertrag für die 26 000 Quadratmeter große Fläche, auf der das Unternehmen den 12 000 Quadratmeter großen Wartungshangar errichtet, den Air Berlin zu zwei Dritteln und Germania zu einem Drittel nutzen wird. Die Halle bietet Platz für sechs Flugzeuge der Airbus-A 320-Familie oder zwei A 330-Großraumjets. »Der Hangar wird rechtzeitig zur BBI-Inbetriebnahme am 3. Juni 2012 fertiggestellt«, teilt die Flughafengesellschaft am 31. August mit. Das Investment sei »von wesentlicher Bedeutung für die weitere Entwicklung des Standortes«, erläutert Technikgeschäftsführer Körtgen.

Vergeben werden auch die 69 Einzelhandels- und Serviceflächen im BBI-Terminal. Zu den Anbietern werden neben dem Travel-Value-Shop-Betreiber Gebr. Heinemann internationale Anbieter wie Marc O'Polo und Wolford ebenso gehören wie regionale Firmen, zu denen die Berliner Uhrenmanufaktur Askania, Ampelmann, From Spreewald and more sowie Fassbender & Rausch zählen. Dazu kommen das Welcome Center Berlin-Brandenburg der Berlin Tourismus Marketing GmbH, die großen Flugreiseveranstalter und vier namhafte Autovermieter. Im allgemein zugänglichen Bereich hält sich die Zahl der Läden entgegen früherer Ankündigungen angesichts des zunehmenden Platzmangels in überschaubaren Grenzen. Flughafenbesucher werden hier nicht einmal – so wie bisher in Tegel – einen Lufthansa-Shop finden. Wegen fehlender Verkaufsflächen musste die FBS auch der Airline eine Absage erteilen.

Am 6. September 2010 kündigt sich die nächste Krise an, die den BBI in Frage stellt. Vertreter der Deutschen Flugsicherung weisen in einer Sitzung der Fluglärmkommission arglos darauf hin, dass nach bestehender Vorschrift beim geplanten Parallelbetrieb der Runways die Flugzeuge schon kurz nach dem Start im Winkel von 15 Grad zueinander nach links oder rechts abbiegen müssten. Was aus ihrer Sicht eine bekannte Tatsache ist, schlägt ein wie eine Bombe. Nicht nur die nichtsahnenden Flughafenanlieger zeigen sich von dieser Mitteilung völlig überrascht, auch die Politik will davon nichts gewusst haben. Bisher war man – wie sich zeigen wird, völlig blauäugig und wohl auch wider besseren Wissens – davon ausgegangen, dass die startenden Maschinen eine lange Strecke im Geradeausflug zurücklegen. Damit dürfen plötzlich doch wieder weite Teile des Berliner Stadtgebiets und zahlreiche Brandenburger Gemeinden, die sich bisher verschont glaubten, überflogen werden. Die endgültigen An- und Abflugrouten sollen bis zum Frühjahr 2012 durch das Bundesaufsichtsamt für Flugsicherung festgelegt werden. Möglicherweise müssen die Schallschutzgebiete neu berechnet werden, eventuell sind Bereiche, in denen der Einbau von teuren Isolierfenstern bereits begonnen hat, überhaupt nicht mehr betroffen. Schnell werden Tatsachen bekannt, die Zweifel aufkommen lassen, ob die Verantwortlichen davon wirklich nichts gewusst haben.

Im Potsdamer Infrastrukturministerium heißt es, dass der Planfeststellungsbeschluss für den Bau des BBI keine verbindlichen Flugrouten enthalte und man selbst nichts von der bestehenden Vorschrift gewusst habe. Doch nur wenige Wochen später gerät ein Schreiben ans Licht der Öffentlichkeit, in dem die DFS das Ministerium bereits im August 1998 darauf hingewiesen hat, dass die Flugrouten der parallel startenden Maschinen abknicken müssten. Warum die Behörden die Bürger nicht frühzeitig darauf hingewiesen haben, bleibt unklar. Während Wowereit und Platzeck erstmals ein Überdenken der Abflugstrecken fordern, gründen sich in den vermeintlich betroffenen Brandenburger Gemeinden und Berliner Bezirken neue Protestbewegungen, die mit neuen Klagen drohen. Die DFS weist darauf hin, dass man das Modell mit der geringsten Lärmbelastung ausgewählt habe und die Überflüge durchweg in größeren Höhen erfolgen würden, als das bisher geplant gewesen sei.

Während Air Berlin neue Nonstopflüge nach New York und die Erhöhung der Frequenzen nach Miami ankündigt, droht Ryanair-Chef Michael O'Leary mit einem Rückzug aus Berlin. Der irische Billigflieger, der sich bisher vergeblich um eine BBI-Alternative in Neuhardenberg oder Eberswalde-Finow bemüht hat, erklärt, dass er die am neuen Flughafen geplanten drastischen Gebührenerhöhungen nicht akzeptieren wolle.

Am 28. September 2010 beginnen vor dem Terminal die Bauarbeiten für die Airport City. Rund 300 Millionen Euro werden in der ersten Bauphase investiert. Die Deutsche Anlagen-Leasing (DAL) errichtet vier Parkhäuser mit insgesamt rund 10 000 Stellplätzen und das Mietwagencenter, ECE Projektmanagement gemeinsam mit der Steigenberger-Gruppe ein Viersternehotel mit angeschlossenem Konferenzbereich. Das Berlin Brandenburg Airport Center, ein Büro- und Dienstleistungszentrum, wird von der Fay Projects GmbH gebaut.

In die Fluglärmkommission werden auch Vertreter der südlichen Berliner Stadtbezirke aufgenommen, das Gremium wächst somit von 17 auf 34 Mitglieder. Wie sich herausstellt, war auch die FBS offenbar frühzeitig über die Notwendigkeit abknickender Abflugrouten informiert worden. Der Verband der Deutschen Grundstücksnutzer (VDGN) erstattet Strafanzeigen gegen Wowereit und Platzeck sowie die Flughafengeschäftsleitung. Nach einem eigenen Gutachten äußert der VDGN den Verdacht, dass für die Festlegung der Schallschutzgebiete nur Mittelwerte des Lärmpegels als Grundlage gedient hätten, die in entsprechenden Vereinbarungen als Maximalpegel bezeichnet würden. Tatsächlich seien nicht 42 000 sondern bis zu 155 000 Menschen betroffen. »Der Flughafen trickst hier massiv zu Lasten der betroffenen Bürger«, sagt Verbandspräsident Peter Ohm. Nach Einschätzung des VDGN sind 750 Millionen Euro statt der bisher vorgesehenen 140 Millionen für einen ausreichenden Schallschutz der Anlieger erforderlich.

Derweil nehmen die Proteste weiter zu. In Berlin liegt der Forschungsreaktor des Helmholtz-Zentrums unterhalb einer Abflugstrecke, weshalb auch die zuständige Senatsverwaltung eine Änderung fordert. Der Bürgerverein Brandenburg-Berlin verlangt erneut einen Baustopp für den BBI. Tausende von Menschen gehen auf die Straße, um gegen die geplanten Flugrouten zu demonstrieren. Brandenburgs Infrastrukturstaatssekretär Rainer Bretschneider muss bei den zahlreichen Bürgerveranstaltungen einräumen, dass die Frage des noch festzulegenden Verlaufs der Strecken in den vergangenen Jahren nicht ausreichend kommuniziert worden sei.

Am 28. Oktober meldet sich auch Bundesverkehrsminister Ramsauer zu Wort. Er erwartet, »dass die Routen, die im Rahmen des Planfeststellungsverfahrens vorgelegen haben, die Basis aller weiteren Arbeiten bleiben müssen«. Der Politiker fordert die Behörden auf, zu prüfen, welches Verkehrsaufkommen am BBI mit Geradeausabflügen bewältigt werden könne. Er glaubt, dass die voraussichtliche Zunahme des Luftverkehrs den für Spitzensituationen vorgesehenen Parallelbetrieb in den kommenden 20 bis 30 Jahren noch gar nicht erfordern wird – und ist mit seiner Einschätzung auf dem Holzweg.

Am 4. November schließen sich zwölf Bürgerinitiativen zum Bündnis »Berlin-Brandenburg gegen neue Flugrouten« zusammen. Klaus Wowereit bezeichnet die Belastung der Anwohner als Preis, den man für einen stadtnahen Flughafen zahlen müsse und setzt sich zugleich ebenfalls für ein Festhalten an den alten Flugrouten ein. »Ich bekenne mich zu dem Fehler, dass wir das Planfeststellungsverfahren getrennt von der Routenführung gemacht haben«, gesteht Matthias Platzeck bei einer Protestveranstaltung in Zeuthen, und auch Klaus Wowereit räumt ein, dass man die Frage der Flugrouten

»nicht auf dem Schirm gehabt« habe. Potsdams Oberbürgermeister Jann Jakob (SPD) bezeichnet es als »abenteuerlich«, dass der BBI ohne feststehende Flugrouten genehmigt werden konnte.

Die FBS überprüft auf Bitte von Ramsauer erneut die Flugroutenproblematik und belehrt den Minister am 8. November eines Besseren. Ein unabhängiger Parallelbetrieb beider Bahnen ist für den BBI danach »unabdingbar«, weil sonst die Zahl der Flüge bereits gegenüber dem Ist-Zustand reduziert werden müsste. Derzeit sind stündlich 30 Starts in Tegel und 20 Starts in Schönefeld zugelassen. »Bei einem abhängigen Parallelbetrieb wären auf dem BBI in der Spitzenstunde aufgrund der in Deutschland geltenden Vorschriften (sogenannte Separationsregeln) maximal 40 Starts möglich. Bereits für das Eröffnungsjahr 2012 liegen Anmeldungen vor, die nur mit unabhängigen Parallelstarts bedient werden können. Die aktuellen von den Berliner Flughäfen mit ihren Airline-Kunden abgestimmten Planungen ergeben bereits für das Eröffnungsjahr des BBI eine Marktnachfrage von 49 Starts in der Spitzenstunde, in den Folgejahren wird die Nachfrage für Starts in den Spitzenstunden weiter steigen.«

Diese Spitzenstunden seien für die weiteren Wachstumsmöglichkeiten des Berlin-Brandenburger Luftverkehrs entscheidend, heißt es weiter. Sie liegen nach dem derzeitigen Planungsstand bis zum Jahr 2015 zwischen acht und neun Uhr am Morgen sowie zwischen 20 und 21 Uhr am Abend. »Ab 2015 rechnen die Berliner Flughäfen aufgrund des zu erwartenden Verkehrswachstums mit dem Auftreten einer dritten Spitze in der Mittagszeit zwischen 12 und 14 Uhr. Würden die Berliner Flughäfen für die Spitzenstunden entgegen der seit 1996 verfolgten und bereits letztinstanzlich genehmigten Planung auf einen Parallelbetrieb auf dem BBI verzichten, müsste Luftverkehr in nennenswerter Größenordnung abgewiesen werden.«

Die Luftverkehrssteuer, die ab 2011 in Deutschland erhoben wird, wirft ihre Schatten voraus. Rainer Schwarz rechnet mit einem Verlust von 800 000 Passagieren pro Jahr. Air Berlin kündigt eine fünfprozentige Kapazitätsreduzierung an. CEO Joachim Hunold erklärt in diesem Zusammenhang, dass ein Parallelbetrieb der Bahnen zwingend erforderlich und eine weitere Verzögerung des BBI-Baus nicht hinnehmbar sei. Die Ryanair streicht ihre innerdeutschen Verbindungen von Schönefeld nach Bremen, Frankfurt-Hahn und Weeze, weil sich der Preis pro Passagier bei Inlandsflügen um 16 Euro erhöht. Im Interview mit dem *Tagesspiegel* bezeichnet Ryanair-Chef O'Leary den künftigen Berliner Single-Flughafen BBI als »Schwachsinnsidee«, weil damit auf jeden Wettbewerb verzichtet werde. Am 24. November weist das Oberverwaltungsgericht Berlin-Brandenburg zwei Klagen des Bahnkundenverbandes gegen den fast fertigen Trassenbau der östlichen Schienenanbindung des Flughafens und der Gemeinde Eichwalde auf zusätzliche Lärmschutzmaßnahmen aus rein formalen Gründen ab. In beiden Fällen waren die erforderlichen Fristen nicht eingehalten worden.

Rainer Schwarz wird vom Aufsichtsrat am 8. Dezember für weitere fünf Jahre zum Sprecher der Geschäftsführung der FBS berufen. »Wir freuen uns über die langfristige Vereinbarung mit Herrn Schwarz«, erklärt Klaus Wowereit. »So ist eine zielgerechte Entwicklung des Luftverkehrsstandortes Berlin-Brandenburg auch über die Eröffnung des Willy-Brandt-Flughafens 2012 hinaus gewährleistet.«

Der Streit um die Flugrouten bewegt indessen weiter die Gemüter. Der Verdacht, dass die abknickenden Abflugstrecken für die Verantwortlichen nicht so überraschend kamen, wie sie behaupten, verdichtet sich durch das Auftauchen eines Schreibens, mit dem der damalige Flughafenchef Götz Herberg das Bundesverkehrsministerium bereits 1998 um ein Festhalten an den Geradeausabflügen bat. Damals stand man mit dem Planfeststellungsverfahren unter Zeitdruck, weil niemand ahnen konnte, dass die Laufzeit des Verkehrswegebeschleunigungsgesetztes verlängert werden würde. Eine Änderung der Abflugrouten hätte für weitere Verzögerungen gesorgt. Herberg erklärt vor dem Untersuchungsausschuss im Februar 2013, dass sein Brief nur »eine Aufmerksammachung« gewesen sei und man damals davon ausgegangen sei, dass die Geradeausabflüge angesichts des großen Abstandes zwischen den Parallelbahnen kein Problem seien. Mehrere Anwohner kündigen Klagen wegen vorsätzlicher Täuschung an.

Noch im Dezember gibt die Fluglärmkommission 16 Anträge für mögliche Flugrouten zur Prüfung an die DFS weiter. Die Flughafengesellschaft fordert die Rückkehr zu einer »sachlichen und konstruktiven Flugroutendiskussion«. Aus den Protokollen gehe hervor, dass das Thema bereits in den Anhörungen zum Planfeststellungsbeschluss eine Rolle gespielt habe. Danach würde sich laut DFS die Frage des Abknickens nur in »Ausnahmefällen« bei unabhängigen Parallelstarts stellen. Alle Beteiligten hätten davon ausgehen müssen, dass die Vorschläge der DFS mit überwiegend geraden Abflügen »ein realistisches Bild des Regelfalls und damit der zu erwartenden Lärmauswirkungen« zeichnen würden. Dass die Deutsche Flugsicherung die unabhängigen Parallelstarts nun zur Regel mache und in ihren neuen Vorschlägen die Routen um bis zu 50 Prozent divergierten, sei »so nicht vorhersehbar« gewesen. »Die von einigen Beteiligten mutwillig vorangetriebene Vermischung einer sinnvollen und durchaus berechtigten Flugroutendiskussion mit einer längst geführten Flughafendiskussion sorgt für Verunsicherung in der Region und schadet dem Wirtschaftsstandort Berlin-Brandenburg.«

Doch genau diese Diskussion kommt auf. Und wieder einmal muss sich das Bundesverwaltungsgericht mit dem BBI befassen. Noch im Dezember gehen dort sechs Klagen von der Gemeinde Kleinmachnow, der Gemeindlichen Wohnungsbaugesellschaft und vier betroffenen Anwohnern ein. Sie fordern genau das, was die Geschäftsleitung der FBS befürchtet: die Aufhebung des aus ihrer Sicht rechtswidrig entstandenen Planfeststellungsbeschlusses. Denn in den Antragsunterlagen fehlt der Schriftwechsel über einen möglichen Abknickverkehr. In diesen ist nur von Geradeausflügen die Rede. Das Brandenburger Infrastrukturministerium, beeilt sich die Flughafengesellschaft zu versichern, habe klargestellt, dass sich die beiden fraglichen Briefe in dessen Akten befunden hätten und somit auch dem Gericht bei der Nachprüfung des Planfeststellungsbeschlusses zur Verfügung gestanden hätten.

Im Berliner Wahlkampf – 2012 werden das Abgeordnetenhaus und somit auch der Senat neu gewählt – wirft die Grünen-Spitzenkandidatin Renate Künast schließlich die Frage auf, ob man den BBI nicht auf den Europaverkehr beschränken sollte.

11. »DIENSTREISE« ZUR GEGENDEMO?

Am 5. Januar gibt die FBS bekannt: »BBI-Countdown beginnt: 2011 beginnt die Uhr rückwärts zu laufen. Ab Juni 2011 ist es nur noch ein Jahr bis zur Eröffnung des Hauptstadtflughafens.« Weiter heißt es in der Pressemitteilung zum neuen Jahr: »Die Berliner Flughäfen werden insbesondere den Innenausbau des BBI-Terminals vorantreiben, mit dem Bau der zusätzlichen Pavillons beginnen und weitere Betriebsgebäude fertigstellen. Die Probeläufe beginnen Ende November.«

Für 2010 können die Berliner Flughäfen mit 22,3 Millionen Reisenden erneut einen Passagierrekord melden, und auch der Umsatz erreicht mit rund 250 Millionen Euro einen neuen Höchststand. Bei einem Vorsteuerergebnis von 90 Millionen Euro hat die FBS ihren Eigenanteil an der BBI-Finanzierung bis auf 20 Millionen Euro beisammen. 15 Millionen Fluggäste musste Tegel, wo es inzwischen an allen Ecken und Enden knirscht und knackt, im letzten Jahr verkraften, sieben Millionen waren es in Schönefeld.

Rainer Schwarz freut sich, dass sich die Passagierzahlen binnen zehn Jahren verdoppelt hätten und verliert kein Wort darüber, dass dieser Trend einmal mehr belegt, dass es am neuen Flughafen bereits zur geplanten Eröffnung eng werden könnte. Zum andauernden Streit um die Flugrouten sagt er: »Wir sind sehr optimistisch, dass hier in den nächsten Monaten tragfähige Lösungen erarbeitet werden können«, und warnt zugleich vor einem Verzicht auf den Parallelverkehr der beiden Startbahnen sowie vor einer Ausweitung des Nachtflugverbots. »Nur bei voller Funktionalität kann der BBI die Positiveffekte für die Region Berlin-Brandenburg erbringen, die wir so dringend benötigen. Wer beispielsweise ein Nachtflugverbot von 22 bis 6 Uhr fordert, macht die deutsche Hauptstadtregion dauerhaft zur Flugprovinz und gefährdet bis zu 18 000 Arbeitsplätze.«

Am 17. Januar teilt Kathrin Schneider, die Vorsitzende der Fluglärmkommission, mit, dass die Deutsche Flugsicherung die 16 vorgeschlagenen Flugroutenalternativen weiterhin prüft und erst bis zur Jahresmitte einen endgültigen Entwurf in Aussicht stellen kann. Der Konflikt zeichnet sich immer deutlicher ab, ebenso wie die Unmöglichkeit, eine Lösung zu finden, die alle Beteiligten zufriedenstellt. Jede Gemeinde bevorzugt die Variante, bei der sie am wenigsten betroffen ist, doch irgendwo werden die Flugzeuge entlangfliegen müssen. Aber die Proteste werden immer massiver. Am Sonntag, den 23. Januar demonstrieren rund 15 000 Menschen auf dem Parkplatz vor dem Flughafen Schönefeld. Eine der Rednerinnen ist die Schirmherrin des Bündnisses »Berlin-Brandenburg gegen neue Flugrouten«, die CDU-Politikerin und ehemalige DDR-Volkskammerpräsidentin Sabine Bergmann-Pohl. Berlins Grüne fallen indessen mit ihrem Wahlprogramm ihrer eigenen Spitzenkandidatin Renate Künast in den Rücken und bekennen sich zum BBI als interkontinentalem Großflughafen.

Parallel dazu läuft das Verfahren für die im Planfeststellungsbeschluss festgelegten Lärmschutzgebiete weiter. Danach haben 42 000 Anwohner in 25 500 Wohneinheiten Anspruch auf Schallschutz. Laut Mitteilung der FBS liegen Ende Januar knapp 12 400 vollständige Anträge vor, von denen 11 500 bearbeitet werden und rund 7000 Kostenübernahmevereinbarungen bereits verschickt wurden.

Bei der Lufthansa scheint man inzwischen zu merken, dass man in der Hauptstadt den Anschluss zu verlieren droht. Seit dem Ausscheiden von Vorstandschef Heinz Ruhnau im Jahr 1991 haben dessen Nachfolger Jürgen Weber und Wolfgang Mayrhuber die Berliner und Brandenburger, die entferntere Ziele anstreben, stur mit Kurzstreckenjets zu Anschlussflügen an ihren Drehkreuzen Frankfurt und München gebracht. Der neue Vorstandsvorsitzende Christoph Franz startet das Projekt »Zukunft Berlin« und beauftragt mit Josef Bogdanski einen Spitzenmanager des Konzerns, neue Möglichkeiten durch den BBI zu prüfen.

Anfang Februar haben bereits 765 Bürger beim Potsdamer Infrastrukturministerium einen Antrag auf Wiederaufnahme des Planfeststellungsverfahrens für den BBI gestellt, der von Minister Jörg Vogelsänger (SPD) abgelehnt wird. 18 Betroffene wollen notfalls auf einen Baustopp klagen. Unterstützung bekommen die Protestler sogar von Bundeskanzlerin Merkel. »Den Menschen bestimmte Routen vorzustellen und dann plötzlich ›Nee, nee, April, April‹ sagen, so etwas ist mit der CDU nicht zu machen, das zerstört Vertrauen«, sagt sie auf dem Landesparteitag der Christdemokraten. »Die Verantwortlichen, bei der Flugsicherung oder wo auch immer, haben die Verpflichtung, dass eine vernünftige Lösung gefunden wird auf der Basis dessen, was versprochen wurde. Da darf es kein Wenn und kein Aber geben.«

In einem Interview mit der *Berliner Zeitung* betont DFS-Chef Dieter Kaden nochmals, dass man bereits 1998 auf die Notwendigkeit abknickender Routen verwiesen habe und die Flughafengesellschaft ab 2004 in alle entsprechenden Simulationen eingebunden gewesen sei. Die Karten, mit denen die FBS und die Behörden die parallelen Abflugrouten publizierten, hätten nicht von der Flugsicherung gestammt. Das Umweltbundesamt spricht sich für ein striktes Nachtflugverbot zwischen 23 und 6 Uhr aus, die Berliner CDU möchte im Wahlkampf den Flugbetrieb sogar bereits um 22 Uhr beenden. Das würde der wirtschaftlichen Entwicklung des Airports schaden und einem Gutachten zufolge 18 000 Arbeitsplätze kosten, warnt Rainer Schwarz. Erste Gerüchte werden laut, dass sich die geplante Eröffnung des neuen Flughafens erneut verzögern könnte.

Am 1. März wird bekannt, dass sich der Bau des Regierungsterminals und der Hallen für die Flugbereitschaft, dessen Kostenschätzung bereits von 125 auf 310 Millionen Euro gestiegen ist, wohl um weitere 30 Millionen Euro verteuern wird. Mit einer Fertigstellung wird erst Ende 2014 gerechnet. Anstelle der Aufstellung von Behelfscontainern soll nun doch ein Teil des alten Schönefelder Terminals nach der BBI-Eröffnung als Zwischenlösung dienen.

Am 2. März meldet die FBS: »Große Fortschritte auf Europas größter Baustelle«. Bei einer Rundfahrt über das Gelände informiert Technikchef Körtgen über den Stand der Bauarbeiten: »Derzeit werden die Fußböden verlegt, die Fassaden der Fluggastbrücken installiert und das Zusammenspiel der verschiedenen Komponenten der Gepäckförderanlage aufeinander abgestimmt. In der Terminalabflughalle geht der Einbau der Check-in-Bereiche zügig voran.« Um den Passagieren die langen Wege zu erleichtern, werden im Main- und im Südpier jeweils acht bis zu 75 Meter lange Laufbänder installiert. Im Nordpier, der den Billigfliegern vorbehalten ist, müssen die Reisenden auf solchen Komfort verzichten und laufen. Körtgen erklärt, er sei »absolut sicher«, dass der Eröffnungstermin 3. Juni 2012 eingehalten werde.

»Die Zeit der Nettigkeiten ist vorbei«, sagt Matthias Schubert von der Initiative gegen die neuen Flugrouten aus Kleinmachnow. Am Sonnabend, den 12. März blockieren nach unterschiedlichen Angaben zwischen 6000 und 10 000 Demonstranten auf der B96a die Zufahrt zum Flughafen Schönefeld. Die Fehlinformationen zu den Abflugstrecken haben dazu geführt, dass man jetzt auch wieder gezielt gegen den Airport vorgeht und dessen Ausbau grundsätzlich verhindern will. FBS-Sprecher Ralf Kunkel bezeichnet dies als einen verlorengegangenen Realitätssinn »gegen die Interessen einer ganzen Region«. Rainer Schwarz zeichnet erneut ein euphorisches Bild des neuen Airports: »Mit dem BBI kehrt Berlin zurück auf die Weltkarte des Luftverkehrs. Die Region bekommt den modernen Flughafen, den sie nicht nur dringend braucht, sondern auch verdient hat. Wir erhalten wieder direkten Anschluss an die Märkte und Menschen der Welt. Bereits vor der BBI-Eröffnung hat die Air Berlin dieses Potential erkannt und im Mai 2010 mit dem Drehkreuzaufbau begonnen.«

Am 21. März erfolgt die Grundsteinlegung für den Wartungshangar von Air Berlin und Germania. Mit der BBI-Eröffnung werde sich so die Wartungskapazität seiner Gesellschaft in Berlin verdoppeln, sagt CEO Joachim Hunold. »Wir brauchen den Parallelbahnbetrieb, ohne diesen kann man kein Drehkreuz darstellen.« »Mit der Inbetriebnahme des Flughafens Berlin Brandenburg beginnt eine neue Ära für den Luftverkehr in der Hauptstadtregion«, unterstreicht Klaus Wowereit und ergänzt: »BBI wird kein Provinzflughafen werden, wir werden alles dafür tun, dass er expandieren kann.« Brandenburgs Wirtschaftsminister Christoffers (Die Linke) betont: »Die Flugroutendebatte werden wir zu Ende führen, es wird Kompromisse geben, aber nicht auf Kosten der Wirtschaftlichkeit.«

Wenige Tage später teilen die Veranstalter mit, dass die Luftfahrtmesse ILA 2012 von Juni auf September verschoben werde. Der offiziell genannte Hauptgrund, sich von der Airshow im britischen Farnborough und von einer Rüstungsmesse in Paris absetzen zu wollen, scheint allerdings nur vorgeschoben. Tatsächlich hat die FBS wegen der Zeitnähe zur geplanten BBI-Eröffnung, zum Sommerferienbeginn sowie der Fußball-Europameisterschaft in Polen und der Ukraine auf eine Verschiebung gedrängt.

Ende März beschließt die Fluglärmkommission, der DFS vorzuschlagen, nur die auf der Südbahn startenden Maschinen nach Süden abknicken zu lassen, während die von der Nordbahn abhebenden Flugzeuge stets geradeaus fliegen sollen. Der Berliner Ortsteil Lichtenrade, aber auch Kleinmachnow und Teltow blieben so vom Fluglärm verschont. Dagegen sieht sich Blankenfelde-Mahlow bei diesem Konzept als großer Verlierer und kündigt eine Klage auf verstärkten Lärmschutz an. Nach Auffassung von Bürgermeister Ortwin Baier (SPD) haben die Berliner Vertreter in der Fluglärmkommission den Routenvorschlag aus Wahlkampfgründen durchgepaukt.

Am 6. April genehmigt das Brandenburger Ministerium für Infrastruktur und Landwirtschaft die von der FBS beantragte Entgeltordnung für den BBI. Rainer Schwarz bezeichnet die Regelung als »vernünftigen Kompromiss zwischen den Interessen der Airlines und der Flughafengesellschaft«. Mit einer durchschnittlichen Kostenerhöhung um fünf Euro pro abfliegendem Passagier bleibe man deutlich unter dem Preisniveau der großen deutschen Umsteigeflughäfen. Von Anfang an sei Maßgabe gewesen, dass der BBI kein Subventionsempfänger und somit eine Belastung für den Steuerzahler werden dürfe.

»Belohnt« durch Nachlässe werden nach der neuen Entgeltordnung Airlines, deren Flugzeuge nur kurze Bodenzeiten und/oder eine hohe Auslastung haben, dem BBI Verkehrswachstum bringen oder durch Langstrecken den Umsteigeverkehr stärken. Neu eingeführt wird eine emissionsbezogene Abgabe, Lärmentgelte gibt es künftig nicht nur für Landungen, sondern auch für Starts. Und durch einen differenzierteren Lärmaufschlag für Flüge zwischen 22 und 6 Uhr sollen die Luftverkehrsgesellschaften animiert werden, diese Bewegungen – wenn möglich – in die Tageszeit zu verlegen. »Das ist ein Schritt in die falsche Richtung«, sagt Lufthansa-Sprecher Wolfgang Weber. Gerade an einem Standort, der auf Wachstum angewiesen sei und einen großen Nachholbedarf habe.

Tags darauf bitten die Abgeordneten im Infrastrukturausschuss des Potsdamer Landtages zur Expertenanhörung hinsichtlich des Flugbetriebs in den Tagesrandzeiten. Die Grünen und je ein Abweichler der SPD- und der FDP-Fraktion wollen eine strengere Nachtflugregelung durchsetzen. Vertreter von Air Berlin und Lufthansa sowie Christian Amsinck vom Unternehmerverband Berlin-Brandenburg verweisen auf die Bedeutung der Wettbewerbsfähigkeit des BBI. Rainer Schwarz erklärt, dass eine weitere Verschärfung »15 Jahre gemeinsame Flughafenplanung in unserer Region ad absurdum führen« und »über die gängige Rechtsprechung des Bundesverwaltungsgerichts weit hinaus« gehen würde. Berlin/Brandenburg würden »mehrere hundert Millionen Euro an Einnahmen und Wertschöpfung« sowie rund 18 000 Arbeitsplätze verlorengehen. Der als Gutachter der BBI-Gegner engagierte Dieter Faulenbach da Costa (fdc Airport Consulting) zweifelt die wirtschaftliche Bedeutung der Nachtflüge dagegen an. Und der Frankfurter Kardiologe Martin Kaltenbach erklärt, dass permanenter Fluglärm zu erhöhtem Blutdruck und einem gesteigerten Herzinfarktrisiko führe. Am 10. April blockieren erneut Tausende von Demonstranten den Schönefelder Flughafen. Jedoch erweist sich die Fluglärmkommission aufgrund der individuellen Interessen ihrer Mitglieder als völlig zerstritten.

Die neu angefachte Grundsatzdiskussion um den BBI treibt immer kuriosere Blüten. Am 25. April stellt der Bürgerverein Brandenburg-Berlin eine nach den Worten seines Ehrenvorsitzenden Ferdi Breidbach »langfristig angelegte Alternative« vor. Danach soll binnen 10 bis 15 Jahren in Sperenberg ein neuer »Zentralflughafen für Deutschland« mit vier Start- und Landebahnen, 24-Stunden-Betrieb und einer Jahreskapazität von 125 Millionen Passagieren entstehen. Der BBI soll demzufolge mit nur noch einer Piste zum Sonderlandeplatz zurückgestuft werden und ausschließlich dem Regierungs- und

Rettungsverkehr, Privatflügen und als Veranstaltungsort der ILA dienen. Hier könnten auch ein Messezentrum und – wie einstmals bereits in Tempelhof geplant – ein Gesundheitszentrum mit angeschlossener Landebahn entstehen, so die Initiatoren.

»Nur am Standort Sperenberg sind alle Forderungen der Flugbetriebswirtschaft erfüllbar und umsetzbar«, heißt es im Konzept des BVBB. Der neue Zentralflughafen soll von privaten Investoren errichtet werden, in einer ersten Ausbauphase für 50 Millionen Passagiere rund vier Milliarden Euro kosten und zugleich auch die Airports in Frankfurt, München, Köln/Bonn und Düsseldorf entlasten. Der Check-in soll bereits am Hauptbahnhof vor einer 30-minütigen Zugfahrt oder am BBI mit einer Shuttle-Fahrzeit von 15 Minuten erfolgen. FBS-Sprecher Kunkel bezeichnet den Vorschlag als »ausgemachten Blödsinn fern jeder Realität«.

Während die Fluglärmgegner für den folgenden Samstag ihre nächste Großdemonstration in Schönefeld ankündigen, beginnt am 5. Mai am BBI der Bau des Air Cargo Center Berlin. Das Gebäude mit 12 000 Quadratmeter Hallen- und 7000 Quadratmeter Bürofläche soll von der Dietz AG bis zum April 2012 errichtet werden. Die beiden Luftfrachtabfertiger Wisag Cargo Service Berlin-Brandenburg und Swissport Cargo Services Deutschland haben mit dem Unternehmen langfristige Mietverträge geschlossen.

Fünf Tage später ist nach den abschließenden Beleuchtungstests die neue Südbahn fertiggestellt. »Alles was Flügel hat, kann hier starten und landen«, so Technikgeschäftsführer Körtgen. Die 4000 Meter lange und 60 Meter breite Piste liegt 1900 Meter von der Nordbahn entfernt und ist zusammen mit dem angeschlossenen Rollwegsystem und dem Vorfeld mit insgesamt 5450 Unterflur- und 1425 Überflurfeuern ausgestattet, dazu gehören 1000 LED-Lampen zur Kennzeichnung der Bahnmittellinie und 350 Stoppbarfeuer zur Markierung der Pistenenden. Darüber hinaus wurden 485 Hinweisschilder für die Piloten aufgestellt. Am 11. Mai erfolgt die Grundsteinlegung für das BAC Berlin-Brandenburg Airport Center.

»Ein Jahr vor der Eröffnung des Flughafen Berlin Brandenburg Willy Brandt befinden wir uns auf der Zielgeraden«, verkündet Rainer Schwarz am 8. Juni. Mit der Umbenennung des Flughafens will man nicht länger warten. Damit gehört die mit vielen Pleiten und Pannen assoziierte Abkürzung BBI endgültig der Vergangenheit an. Aus Berlin Brandenburg International wird der Flughafen Berlin Brandenburg (FBB), der wiederum das Flugplankürzel BER erhält. Am Flughafen Tegel wird eine überdimensionale Plakatwand installiert, die dort für den künftigen Standort wirbt.

»Heute nehmen wir Abschied vom Kürzel BBI, das nur ein Arbeitstitel in der Planungs- und Bauphase des neuen Flughafens war«, sagt Klaus Wowereit. »BER steht für die Vision eines starken, international vernetzten Wirtschaftsstandortes, zu dem ein leistungsstarker Flughafen gehört – kein Provinzlandeplatz, sondern ein internationales Drehkreuz, das die Reisezeiten in alle Teile der Welt entscheidend verkürzt und auch in den Randzeiten erreichbar ist.«

Damals noch im Einvernehmen mit Politik und Flughafengesellschaft meldet sich auch der Architekt beider Flughäfen, Meinhard von Gerkan, zu Wort: »Der neue Flughafen Berlin Brandenburg ist ein Flughafen, der zur deutschen Hauptstadtregion passt. Er ist mit Anklängen an die regionale Bautradition klar in Berlin und Brandenburg verortet. Das Terminal greift mit seinen gegliederten Fassaden und klaren geometrischen Formen architektonische Elemente von Schinkel bis zum Bauhaus auf, die zentrale Zufahrt über eine baumbestandene Allee verweist auf charakteristische Merkmale aus dem Städte- und Landschaftsbild von Berlin und Brandenburg.«

Zwei Tage später tauft die Lufthansa zumindest eines ihrer Flugzeuge auf den Namen Schönefeld. Während Berlin und

Brandenburg dem Konzern je einen Jumbojet wert sind, der für den BER ohnehin nicht vorgesehene Langstrecken bedient, hat es für die Gemeinde nur zum kleinsten Modell der Flotte, einem Airbus A319, gereicht. Aber selbst mit diesem steuert die Gesellschaft Schönefeld nicht an, und weil es von dort aus auch keine Verbindung nach Frankfurt gibt, müssen Bürgermeister Udo Haase (parteilos) und seine als Taufpatin fungierende Ehefrau Eva an der Spitze einer 15-köpfigen Delegation von Tegel aus in die Mainmetropole fliegen.

Am 4. Juli präsentiert die Deutsche Flugsicherung ihren endgültigen Vorschlag für die neuen BER-Flugrouten, bei dem viele Anregungen aus der Fluglärmkommission aufgegriffen wurden und insbesondere der Berliner Süden sowie Potsdam entlastet werden. Bei den überwiegenden Starts in Richtung Westen sollen die Maschinen erst später nach Osten abdrehen und über Wannsee eine Mindesthöhe von 2400 Meter erreicht haben. In Richtung Osten sollen die nach Norden abdrehenden Flugzeuge ihren Kurvenflug bereits vor Erkner beginnen und den Müggelsee in gut 1000 Meter überfliegen. Klaus Wowereit spricht von einer »deutlichen Korrektur« des ursprünglichen Verfahrens. Die endgültigen Flugrouten sollen erst im Januar 2012 vom Bundesaufsichtsamt für Flugsicherung bekanntgegeben werden.

Eine Studie, die von der Dresdner Gesellschaft für Luftverkehrsforschung im Auftrag des Brandenburger Infrastrukturministeriums erstellt wurde, enthüllt, dass es am BER entgegen den bisherigen Behauptungen der FBS wohl kaum ausreichend Platz für Geschäftsflieger geben wird. Bis 2020 gehen die Gutachter von einer Verdoppelung des bisherigen Jahresvolumens von 8000 derartigen Flügen aus. Deshalb sollte die Flughafengesellschaft »zeitnah geeignete Entwicklungsstrategien zur Sicherung der Geschäftsreisenachfrage sowie der Luftfahrtunternehmen vorlegen«. Parallel dazu empfiehlt die Studie den adäquaten Ausbau eines hauptstadtnahen kleineren Flugplatzes für die Allgemeine Luftfahrt, wobei Schönhagen und Strausberg als geeignet bezeichnet werden.

Am 20. und 21. September bittet das Bundesverwaltungsgericht zur mündlichen Verhandlung über die Klagen der Gemeinden Blankenfelde-Mahlow, Eichwalde, Großbeeren und Schulzendorf sowie von etwa 40 Anwohnern gegen den Planergänzungsbeschluss »Lärmschutzkonzept BBI«. Vor der Tür protestieren ein paar hundert Fluglärmgegner; im Vorfeld hat ein Aushang an den Berliner Flughäfen für Aufsehen gesorgt, mit dem Mitarbeiter aufgefordert wurden, in Leipzig für den BER zu demonstrieren. »Die Fahrt gilt als Dienstreise«, heißt es in dem Papier, das mit »Ihre Geschäftsleitung« sowie den Namen Rainer Schwarz und Manfred Körtgen unterzeichnet ist. Mit dem »nicht autorisierten« Aushang sei »ein Kollege ein Stück über das Ziel hinausgeschossen«, erklärt FBS-Sprecher Kunkel.

Der Vierte Senat des Gerichts unter Vorsitz von Richter Rüdiger Rubel versucht in der Verhandlung zu klären, ob es tatsächlich einen ausreichenden Bedarf für Flüge in den Tagesrandzeiten gibt. Staatssekretär Bretschneider kündigt nach heftiger Kritik durch den Richter während der Verhandlung überraschend an, dass das Potsdamer Ministerium für Infrastruktur und Landwirtschaft (MIL) bei der Berechnung der Lärmschutzgrenzen bereits die neuen Flugroutenvorschläge der DFS berücksichtigen werde.

Am Flughafen Tegel, der Ende September mit bisher 12,6 Millionen Fluggästen erneut 13,9 Prozent über dem Verkehrsaufkommen der ersten neun Monate des Vorjahres liegt, wird am 30. September die nächste Erweiterung des Terminals C in Betrieb genommen. Ohne direkte bauliche Verbindung ist am Südostrand des bestehenden Gebäudes ein 1200 Quadratmeter großer Leichtbau mit Zeltdach entstanden, der Platz für sechs Check-in-Counter, drei Sicherheits- und vier Passkontrollstellen sowie drei zusätzliche Abflug-Gates bietet. Der einfach gehaltene Bau hat nur einen sechsstelligen Betrag gekostet, mehr Geld wollte man anscheinend nicht mehr investieren.

Zwei Tage später findet das für die Luftfahrtbranche größte Event des Jahres in den Messehallen am Funkturm statt: die World Routes 2011, offizieller Gastgeber ist die FBS. Rund 2700 Delegierte – darunter Vertreter von 300 Luftverkehrsgesellschaften und 800 Flughäfen – diskutieren und planen neue Verbindungen. »Für uns ist die World Routes 2011 eine hervorragende Chance, Luftfahrtexperten aus der ganzen Welt den neuen Flughafen für die deutsche Hauptstadtregion zu präsentierten«, sagt Rainer Schwarz. »Nächstes Jahr eröffnen wir Europas modernsten Flughafen und schlagen damit ein neues Kapitel in der Geschichte der Berliner Luftfahrt auf, mit einem modernen Single-Airport für eine moderne, weltoffene Stadt.«

Am 13. September weist das Bundesverwaltungsgericht die Klagen gegen den Planergänzungsbeschluss »Lärmschutzkonzept BBI« ab. Dem Urteil nach »hat das MIL mit dieser Regelung des Nachtflugbetriebs den ihm eingeräumten planerischen Gestaltungsspielraum nicht überschritten«. »Einen Nachtflugbedarf hat es rechtsfehlerfrei bejaht. Die Nachtflugprognose, die es zum Nachweis einer entsprechenden Nachfrage in Auftrag gegeben hat, ist methodengerecht erstellt, die Ergebnisse sind einleuchtend begründet.«

Weiter stellen die Richter fest: »Anders als bei der Festlegung der Schutz- und Entschädigungsgebiete durfte das MIL für die Regelung des Flugbetriebs die Lärmbetroffenheiten auf der Grundlage von parallelen An- und Abflugrouten ermitteln. Die DFS hatte zwar darauf hingewiesen, dass die Abflugrouten bei unabhängigen Abflügen von parallelen Bahnen um mindestens 15 Grad divergieren sollen. Der Flugbetrieb wird jedoch nicht für bestimmte Flugrouten geregelt, sondern für einen Flughafen an einem bestimmten Standort mit einer bestimmten Siedlungsstruktur in seiner Umgebung.«

Am 18. September verliert Klaus Wowereit bei der Abgeordnetenhauswahl seinen Wahlkreis, die SPD kommt nur noch auf 28,3 Prozent der Stimmen, bleibt aber stärkste Partei vor der CDU, die sich auf 23,3 Prozent steigern kann. Sozial- und Christdemokraten bilden eine große Koalition, Wowereit wird wieder zum Regierenden Bürgermeister gewählt.

Am 9. November stellt die Lufthansa ihre neue Berlin-Initiative vor. »Wir setzen auf Berlin und sind entschlossen, am künftigen Kapazitätswachstum am Flughafen BER überproportional zu partizipieren«, sagt Vorstandsmitglied Carsten Spohr. Mit Beginn des Sommerflugplans 2012 sollen 28 neue europäische Ziele und zwei Städte im Nahen Osten angeflogen werden. Dazu will die Gesellschaft 15 Flugzeuge aus der Airbus-A320-Familie fest am BER stationieren und zusätzlich 20 weitere Maschinen aus der eigenen Flotte sowie von den Verbund-Airlines einsetzen. 60 Millionen Euro sollen am neuen Flughafen investiert, rund 130 Piloten und 200 Flugbegleiter in der Hauptstadtregion eingestellt werden. Das Kabinenpersonal soll allerdings von einer Fremdfirma rekrutiert werden und deutlich weniger verdienen als »echte« Lufthansa-Mitarbeiter. Prompt kündigt die Flugbegleitergewerkschaft UFO Widerstand an, woraufhin diese Pläne später aufgegeben werden. Ein Exemplar ihres neuen Flaggschiffes, den Airbus A380, will die Lufthansa auf den Namen Berlin taufen und damit am 3. Juni neben einer parallel startenden Maschine der Air Berlin den BER eröffnen.

Am 24. November beginnt der interne Probebetrieb des Terminals, bei dem Mitarbeiter der beteiligten Unternehmen alle Funktionen in einer Simulation testen. Daran werden sich im kommenden Frühjahr auch 10 000 Passagierkomparsen beteiligen, die sich bereits im Sommer über das Internet bewerben konnten. Parallel dazu beginnt ein Expertenteam des TÜV Rheinland im Auftrag der Bauleitung mit der technischen Abnahme des Terminals und weiterer Flughafengebäude.

Zum 1. Januar 2012 wird nun auch die Umbenennung der Flughafengesellschaft vorgezogen. Aus der Flughafen Berlin Schönefeld GmbH (FBS) wird die Flughafen Berlin Brandenburg GmbH (FBB).

12. BRUCHLANDUNG 26 TAGE VOR DEM START

Anfang 2012 scheint die BER-Welt noch in Ordnung. Die Air Berlin, die sich vehement zum Standort und zum neuen Flughafen bekennt, präsentiert am 23. Januar einen Langstreckenjet, der dafür mit einer Sonderlackierung weltweit werben wird. Der Airbus A330-200 trägt die Aufschrift *BER Berlin Brandenburg Airport Europe's most modern airport.* »Dieses Branding ist ein klares Bekenntnis zu unserem Standort Berlin und unterstreicht unsere Position als größte Airline in der Hauptstadtregion«, sagt der neue CEO der Fluggesellschaft in gutem Glauben. Es ist der ehemalige Bahnchef Hartmut Mehdorn, der inzwischen zum zweiten, aber noch nicht zum letzten Mal eine wichtige Rolle am neuen Airport, der in gut vier Monaten seinen Betrieb aufnehmen soll, spielen wird.

»Wir freuen uns, schon jetzt den Namen unseres neuen Heimatflughafens in die Welt zu tragen, an dem wir auch in Zukunft weiter wachsen wollen, wo wir unseren Unternehmenssitz haben und mehr als 2800 Mitarbeiter beschäftigen«, sagt Mehdorn. FBB-Chef Rainer Schwarz lässt keinen Zweifel: »Die Eröffnung des BER ist greifbar nahe – und am 3. Juni starten wir gemeinsam in eine vielversprechende Zukunft.« Kurz nach der Präsentation startet die »Papa Juliett«, so das Kennzeichen der Maschine, als AB7160 zu ihrem ersten werbeträchtigen Interkontinentalflug.

Derweil ist ein Gutachten des Umweltbundesamtes zur »lärmfachlichen Bewertung des Flughafens Berlin Brandenburg« anders ausgefallen, als es die Verantwortlichen erhofft hatten. Es plädiert für ein Nachtflugverbot von 22 bis 6 Uhr und gegen die Flugroute über den Müggelsee. Eine bereits anberaumte Pressekonferenz zur Vorstellung der Studie wird auf Intervention aus dem Bundesverkehrsministerium kurzfristig abgesagt, das brisante Papier vorübergehend unter Verschluss gehalten. Nach massivem öffentlichem Druck wird das Gutachten schließlich doch noch im Internet veröffentlicht.

»Wo ein Flughafen ist, ist auch Lärm«, sagt der Direktor des Bundesaufsichtsamtes für Flugsicherung, Nikolaus Herrmann, als er am 26. Januar die endgültigen Flugrouten vorstellt, die weitgehend den Vorschlägen der Deutschen Flugsicherung entsprechen. Vorrang bei der Festlegung habe der Schutz der Wohngebiete gehabt, hinsichtlich des unabhängigen Parallelbetriebs beider Start- und Landebahnen gebe es keine Alternativen. So bleibt es auch bei der umstrittenen Abflugstrecke über den Müggelsee. Die Routen stellen »Profit vor Gesundheit«, sagt Gregor Gysi, Fraktionschef der Linken im Bundestag, dessen Wahlkreis Treptow-Köpenick in einem der betroffenen Gebiete liegt. Klaus Wowereit dagegen ruft die Bürger auf, die Strecken als »Kompromiss« zu akzeptieren. Diese scheinen allerdings die Nase langsam voll zu haben: Bei einer Forsa-Umfrage der *Berliner Zeitung* vertreten inzwischen 50 Prozent der befragten Berliner die Meinung, es wäre besser gewesen, es bei den drei Altflughäfen zu belassen.

Während der Flughafen Tegel 2011 mit 16,9 Millionen Passagieren einen neuen Rekord verbucht hat, ging das Fluggastaufkommen in Schönefeld um 2,5 Prozent auf 7,1 Millionen zurück. Im Februar wird bekannt, dass es am BER deutlich mehr tägliche Starts geben wird, als bisher prognostiziert wurde, 454 statt 390. Das gibt den Fluglärmgegnern neuen Auftrieb. Das Potsdamer Infrastrukturministerium verweist darauf, dass es im ersten Betriebsjahr nur 240 000 Flugbewegungen geben und die zugelassene Höchstzahl von 360 000

Starts und Landungen erst 2026 erreicht werde. Die Gemeinden Kleinmachnow, Stahnsdorf und Teltow kündigen neue Klagen vor dem Oberverwaltungsgericht an, nachdem Blankenfelde-Mahlow bereits eine Verfassungsbeschwerde beim Bundesverfassungsgericht in Karlsruhe eingereicht hat. Der BER wird immer mehr zum juristischen Dauerbrenner und ernährt längst Heerscharen von Anwälten und Gutachtern.

Am 7. Februar beginnt im neuen Terminal der viermonatige Probebetrieb mit den ersten 250 von rund 10 000 Komparsen. Diese tragen blaue Westen mit der Aufschrift *Flughafentester* und werden von Mitarbeitern in roten Westen kommandiert, auf denen ORAT steht. Das bedeutet »Operational Readyness and Airport Transfer« und weist sie als Dirigenten der Übung aus. »Während des Testbetriebs stellen wir sämtliche Systeme und Prozesse auf die Probe«, sagt Technikchef Körtgen. »Ziel ist es, möglichst schon im Vorfeld der Eröffnung Fehler in den Abläufen zu erkennen und zu beheben. Mit Hilfe der Komparsen wollen wir einen weitestgehend reibungslosen Start am 3. Juni ermöglichen.« Bei den insgesamt 47 vorgesehenen Probebetriebsläufen sollen 500 verschiedene Ereignisse simuliert werden, darunter mehr als 100 000 Check-in-Vorgänge. 15 000 Gepäckstücke stehen dafür bereit.

Auch der Umzugsplan steht schon fest. Bereits Anfang April sollen die ersten Gerätschaften und Anlagen wie die Winterdienst- und Enteisungsfahrzeuge von Tegel zum BER verlagert werden. In den Wochen vor der Eröffnung ist die sukzessive Verlegung der rund 190 Airport-Nutzer vorgesehen. In der »Nacht der Nächte« vom 2. zum 3. Juni soll schließlich die rund 35 Kilometer lange Autobahnstrecke zwischen Tegel und dem neuen Flughafen in Fahrtrichtung Süden gesperrt werden, damit sich nach einem minutiösen Plan ein Konvoi von rund 600 Lkw, Tiefladern und Spezialfahrzeugen auf den Weg von Nord nach Süd machen kann. Dazu wurden Fahrzeuge von Speditionen aus ganz Europa angemietet.

»Endspurt: noch 100 Tage bis zur Eröffnung des Flughafens Berlin Brandenburg«, frohlockt die FBB am 23. Februar. »In den 1997 Tagen seit Baubeginn ist südlich des jetzigen Flughafens Schönefeld der neue Flughafen für die Hauptstadtregion entstanden. Flugbetriebsflächen und Betriebsgebäude sind fertiggestellt, ebenso die unterirdischen Anlagen, Bahnhof und Bahnanbindung, sowie die Energiezentralen. Derzeit sind 5000 Bauarbeiter mit den abschließenden Arbeiten auf der Baustelle beschäftigt. In den verbleibenden 100 Tagen stehen der weitere Innenausbau des Terminals an, der Ausbau der Mieterflächen und die Herstellung der Außenbereiche inklusive der Grünanlagen. Baustelleneinrichtungen werden zurückgebaut, die Endreinigung wird durchgeführt und die Gebäude möbliert.« Aktuell werden von externen Unternehmen am Flughafen und in dessen Umfeld bis zur Eröffnung noch mehrere hundert Arbeitskräfte gesucht.

Um den beginnenden Flugbetrieb nicht zu stören, ist die große Eröffnungsfeier mit Bundeskanzlerin Merkel bereits auf den 24. Mai terminiert. Neben 10 000 geladenen Gästen dürfen auch 30 000 Privatpersonen an dem Riesenspektakel teilnehmen. »Mit der Eröffnung des Flughafens Berlin Brandenburg beginnt für die Hauptstadtregion eine neue Ära«, sagt Rainer Schwarz am 7. März auf der Internationalen Tourismus-Börse. »In 88 Tagen ist es soweit.« Die ersten Passagiere werden bereits am Vorabend der offiziellen Inbetriebnahme am BER erwartet, denn die Flugzeuge, die in Berlin übernachten, sollen zur Vermeidung von teuren Überführungsflügen am 2. Juni nicht mehr in Tegel, sondern in Schönefeld landen. Zu den eigentlichen Erstflügen werden Air Berlin und Lufthansa am Morgen des 3. Juni zeitgleich um 5.30 Uhr von den Parallelbahnen starten. »Dieses Mal ist nicht damit zu rechnen, dass es erneut eine Verzögerung gibt«, schreibt *Der Tagesspiegel* am 15. März. »Sollte auf den letzten Metern noch etwas schiefgehen, sind alle Beteiligten entschlossen, alle Möglichkeiten zu nutzen, um wie vorgesehen starten zu können – koste es, was es wolle.«

Am 20. März wird auf dem BER-Gelände schon einmal groß gefeiert. Die Air Berlin tritt dem globalen Airline-Bündnis Oneworld bei, die Zeremonie erfolgt in einem Festzelt auf dem Vorfeld unterhalb des Towers. Zwei Jets dürfen schon einmal als Kulisse heranrollen, zur Feier des Tages dockt ein Airbus A 330 sogar probeweise an einem Gate des Südpiers an. Die Chefs der Oneworld-Fluggesellschaften – von American Airlines bis zur australischen Qantas – nutzen die Gelegenheit, sich über den kurz vor der Eröffnung stehenden Flughafen informieren zu lassen. Alan Joyce (Qantas) und John Slosar (Cathay Pacific/Hongkong) bekunden Interesse, hier je nach Verfügbarkeit geeigneter Flugzeuge ab 2015 zu landen. Einen Tag später reicht die Deutsche Umwelthilfe zusammen mit den Gemeinden Kleinmachnow und Stahnsdorf sowie drei Flughafenanwohnern Klage gegen die Routenfestlegung des Bundesaufsichtsamtes für Flugsicherung ein.

Am 30. März stellen Wowereit, Platzeck und Schwarz im Roten Rathaus gemeinsam mit dem Geschäftsführer der Bundeskanzler-Willy-Brandt-Stiftung, Wolfram Hoppenstedt, die von der Agentur Scholz & Friends konzipierte, etwas seltsam anmutende Eröffnungskampagne für den BER vor. Sie konzentriert sich voll auf den 1992 verstorbenen Sozialdemokraten. Unter dem Titel »Willy Brandt begrüßt die Welt« erscheint auf riesigen Plakaten ein schwarzweißes Ausrissfoto des Politikers, der – sozusagen aus dem Jenseits – unter anderen US-Präsident Obama und DJ Paul van Dyk die Hand schüttelt. Deutlich kleiner steht darunter: *Der Flughafen Berlin Brandenburg Willy Brandt eröffnet am 3. Juni 2012.* Ob dem Betrachter dadurch klar wird, dass hier für den neuen Flughafen geworben wird, darüber sind die anwesenden Journalisten geteilter Meinung. Drei Wochen später präsentiert Wowereit mit EasyJet-Chefin Carolyn McCall einen Airbus A 320, dessen Rumpf das Porträt und der Namenszug von Willy Brandt zieren. Weil die beiden Erststarts bereits an die beiden größten Fluggesellschaften im Berlin-Verkehr vergeben sind, soll dieses Flugzeug des bisher wichtigsten Schönefeld-Kunden als erste Maschine am 3. Juni um 5.35 Uhr am neuen Flughafen landen.

Indessen zeichnet sich ab, dass die FBB beim Lärmschutz den Planfeststellungsbeschluss möglicherweise zu ihren Gunsten falsch interpretiert hat. Am 19. April stellt das Unternehmen beim Potsdamer Infrastrukturministerium einen Klarstellungsantrag. Es geht um die Frage, wie oft der maximale Lärmpegel von 55 Dezibel im Tagschutzgebiet des BER überschritten werden darf. Während die Flughafengesellschaft davon ausgeht, dass dies sechsmal täglich möglich ist und ihr Schallschutzprogramm darauf ausgerichtet hat, vertreten die Betroffenen die Auffassung, dass es überhaupt keine Überschreitung geben dürfe.

Nach der Aufsichtsratssitzung am 20. April wird bekannt, dass der BER wegen nicht fertiggestellter Bauteile zunächst nur mit einer Sondergenehmigung der Bauaufsicht des zuständigen Landratsamtes Dahme-Spreewald den Betrieb aufnehmen darf, und es außerdem Probleme mit der rechtzeitigen Fertigstellung der Rauchentlüftung gibt. Am Eröffnungstermin wird noch nicht gerüttelt, obwohl erste Berichte vom offensichtlich teilweise chaotischen Verlauf des Probebetriebs an die Öffentlichkeit dringen. Drei Tage später wird in München der Grundstein für ein Satellitengebäude zur Erweiterung des Terminals 2 gelegt.

Am 24. April lässt Manfred Körtgen auf der Bilanzpressekonferenz keinen Zweifel daran, dass der 3. Juni steht. »Wir sind auf der Zielgeraden«, sagt er und betont, in allen bisher mit Heißgasrauchversuchen getesteten Teilbereichen habe die Brandschutzanlage einwandfrei funktioniert.

Wie Insider berichten, ist das Verhältnis zwischen Schwarz und Körtgen zerrüttet. »Die haben nicht miteinander gesprochen, nur über ihre Vorzimmer kommuniziert.« Wie es weiter heißt, ließ sich Körtgen nur selten auf der Baustelle sehen und schickte auch dann, wenn es galt, im Aufsichtsrat über den Baufortschritt zu berichten, oft Mitarbeiter vor. In der heißen Phase – sechs Wochen vor der geplanten Inbetriebnahme – gönnt er sich am 30. April sogar einen Brückentag, während seine Mitarbeiter Urlaubssperre haben.

Auch am 7. Mai gaukelt Flughafenchef Schwarz bei der Schlüsselübergabe für den neuen Wartungshangar an Air Berlin und Germania eine heile Welt vor. So sagt Air Berlin-Chef Mehdorn nichtsahnend: »Als Marktführer in Berlin freuen wir uns auf den neuen Flughafen, an dem wir noch besseren Service für unsere Fluggäste anbieten und unsere Marktposition weiter ausbauen können.« Rainer Schwarz bekräftigt: »In weniger als einem Monat geht Ostdeutschlands größte Arbeitsstätte an den Start. Das wirtschaftliche Schwungrad wird nach Inbetriebnahme weiter an Fahrt gewinnen.«

Nach der Veranstaltung greift Schwarz abends zum Telefon und ruft Klaus Wowereit an. Keine 24 Stunden nach der Hangarfeier werden die Medien am 8. Mai mittags zu einer dringenden Pressekonferenz in die Airport World in Schönefeld gebeten. Mit betretenen Gesichtern nehmen Wowereit, Platzeck, Schwarz und Körtgen auf dem Podium Platz. Um 13.01 Uhr lässt Schwarz die Bombe offiziell platzen, nachdem die Meldung längst die Runde gemacht hat: »Wir haben heute zu dieser Pressekonferenz eingeladen, weil wir Ihnen mitzuteilen haben, dass wir den Eröffnungstermin am 3.6. nicht halten können. Wir stoppen ab sofort den teilweise schon begonnenen Umzug von Tegel zu dem neuen Flughafen.«

Fertigstellung und Abnahme der »größten Entrauchungsanlage der Welt« seien nicht fristgerecht zu realisieren, heißt es zur Begründung. »Die Sachverständigenprüfungen konnten noch nicht in dem Maße durchgeführt werden, die werden in den nächsten Wochen durchgeführt«, radebrecht Technikgeschäftsführer Körtgen. »Wir rechnen nach dem Sommer damit, dass die volle Funktionsfähigkeit erreicht ist, um die Sicherheit im Terminal zu erreichen.«

Die Länder- und Aufsichtsratschefs sind zutiefst verärgert. »Kein guter Tag für den Flughafen Berlin Brandenburg Willy Brandt, kein guter Tag für die Bürgerinnen und Bürger unserer beiden Länder und die vielen Besucherinnen und Besucher unserer Region«, sagt Klaus Wowereit. In den zurückliegenden Monaten habe man »alles unternommen«, um den »ambitionierten Eröffnungstermin« sicherzustellen und den Bau zu beschleunigen, »mit mehr Manpower Dinge, die im Rückstand waren, aufzuholen«. »Reinen Gewissens« hätten er, Platzeck und Staatssekretär Bomba bisher auf Fragen antworten können, »ja, der Eröffnungstermin, der steht«.

»Das ist mehr als eine böse Überraschung«, murrt Matthias Platzeck. »Wir waren bis dato davon ausgegangen, dass zwar unter höchster Anspannung, aber trotzdem auf der Basis realistischer Annahmen die Eröffnung am 3. Juni hätte stattfinden können. Ich verhehle auch nicht, dass ich stocksauer bin, insbesondere was Fragen der Früherkennung, des Projektmanagements angeht. So eine Überraschung darf eigentlich nicht kurz vorher noch passieren.« Möglicherweise haben die Flughafenchefs bis zuletzt nicht wahrhaben wollen, was längst nicht mehr zu ändern war. Schwarz sei obendrein ein schlechter Zuhörer, der gern überhöre, was ihm nicht gefalle, berichten Eingeweihte. So habe er häufig auf Dinge, die ihm bereits mehrfach berichtet worden seien, mit dem Satz reagiert: »Das höre ich aber heute zum ersten Mal.« Schwarz und Amann gelten als ausgesprochen eitel und wollten mit einem erfolgreichen BER Ruhm ernten, doch daraus wird nun nichts.

»Es muss jetzt darum gehen, zügig und konzentriert mit hoher Qualität so zu arbeiten, dass wir spätestens in der zweiten Augusthälfte den Flughafen eröffnen können«, so Platzeck. Die Geschäftsführung habe den Auftrag bekommen, »zügig und schnell ganz klare Ablaufpläne vorzulegen, ob und wie dieses Ziel erreicht werden kann, es wird aus jetziger Sicht als realistisch angesehen«. »Bei aller Aufklärung und aller Fragen des Regresses haben wir in erster Linie den Flughafen fertigzustellen«, betont auch Klaus Wowereit. »Ich erwarte, dass da drüben geschubbert wird«, sagt er und: »Wir brauchen alle Kräfte die jetzt hier vor Ort tätig sind, die können nicht einfach ersetzt werden, sondern müssen weiterarbeiten.«

Die Konsequenzen aus der Verschiebung nur 26 Tage vor der geplanten Eröffnung sind dramatisch. Sie reichen vom Rücktransport der bereits von Tegel zum BER verlegten Materialien bis zur weltweiten Änderung von Flugplänen und Reservierungssystemen. Millionen von Passagiere müssen benachrichtigt und umgebucht werden. Die Air Berlin spricht bereits von »noch nicht kalkulierbaren Mehrkosten«. FDP-Fraktionschef Rainer Brüderle (FDP) bezeichnet die neuerliche BER-Pleite als »peinliche Blamage«, während Anton Hofreiter (Bündnis 90/Die Grünen), Vorsitzender des Bundestagsverkehrsausschusses, findet, dass die erneute Verschiebung des Eröffnungstermins »ins Bild dieses Pleiten-, Pech- und Pannenflughafens« passe.

»Man kann es als Desaster bezeichnen«, gesteht Klaus Wowereit zwei Tage später bei einer Regierungserklärung vor dem Berliner Abgeordnetenhaus. Er räumt ein, von den Problemen mit der Brandschutzanlage gewusst zu haben. Sie seien dem Aufsichtsrat von der Geschäftsleitung aber bis zuletzt als lösbar dargestellt worden. In den Folgetagen wird deutlich, dass die Schwierigkeiten seit Monaten bekannt waren, von den Verantwortlichen aber immer wieder heruntergespielt wurden. Darüber hinaus zeigt sich, wie dilettantisch versucht wurde, die Sache in den Griff zu bekommen. So wollte die Flughafengesellschaft 700 Hilfskräfte einstellen, um die 4000 noch nicht automatisch funktionierenden Feuerschutztüren im Schichtbetrieb vorerst per Hand bedienen zu lassen. Auch der Aufsichtsrat glaubte an diese Lösung und bewilligte am 20. April noch rund 13 Millionen Euro für die Zeitarbeitskräfte.

Doch längst nicht nur bei der Sicherheitstechnik hapert es. Starkstromkabel wurden in gemeinsamen Schächten neben Kommunikationskabeln verlegt und sorgen für Störungen des Telefon- und Datenverkehrs. Entrauchungsklappen sind verbaut worden und dort, wo einmal Videokameras installiert werden sollten, befinden sich bereits Revisionsklappen. Abgehängte Decken müssen wieder aufgerissen werden, weil Rohre oder Leitungen darunter überhaupt noch nicht verlegt sind. Der Eindruck entsteht, dass die einzelnen Gewerke nicht kontrolliert miteinander, sondern unkontrolliert nebeneinander gearbeitet haben. Mit der Verschiebung des Termins ist man der drohenden Nichtabnahme des Terminals durch die Baubehörde buchstäblich in letzter Minute zuvorgekommen.

Die Flughafengesellschaft verschickt eiligst ein Rundschreiben an die geladenen Gäste, in dem die für den 24. Mai geplante Eröffnungsfeier mit der Bundeskanzlerin abgesagt wird. In der Hektik wurde die Grußformel nicht vollständig abgedruckt, außerdem fehlen die Unterschriften. Matthias Platzeck kündigt an, dass es keine neue Eröffnungsfeier mehr geben werde. Dagegen hat Klaus Wowereit die Einladungen zum traditionellen Hoffest, das am 12. Juni im Roten Rathaus stattfindet, nicht mehr ändern können. Die Feier sollte im Zeichen der BER-Eröffnung stehen, die zu diesem Zeitpunkt bereits vor neun Tagen stattgefunden haben sollte. Die Einladungskarten haben die Form einer Bordkarte.

Nachdem bekannt wird, dass Manfred Körtgen parallel zu seiner Arbeit in Düsseldorf und Berlin an seiner 2010 publizierten Doktorarbeit geschrieben hat, werden auch öffentliche Zweifel laut, ob der Technikgeschäftsführer genügend Zeit hatte, sich in ausreichender Weise um den Flughafenbau zu kümmern. Der Aufsichtsrat hatte Körtgens Promotionsabsichten abgesegnet. Bereits am 11. Mai steht fest, dass es auch im August keine Eröffnung geben wird. Staatssekretär Henning Heidemanns vom Brandenburger Wirtschaftsministerium nennt Oktober oder November als voraussichtlichen Zeitrahmen, anbieten würde sich der Beginn des Winterflugplans am 28. Oktober. Peter Ramsauer fordert im *Focus* »eine wasserdichte Projektplanung« mit einem einhaltbaren Terminplan. »Die Pannenserie muss endlich ein Ende haben«, wettert der Bundesverkehrsminister. »Es geht beim BER schließlich um ein international renommiertes Großprojekt und nicht um den Bau einer Pommesbude.«

Am 16. Mai veranstaltet der Aufsichtsrat eine Krisensitzung. Danach gibt Klaus Wowereit bekannt, dass es im laufenden Jahr überhaupt nichts mehr werde mit der Inbetriebnahme des BER. Als neuen Eröffnungstermin nennt er den 17. März 2013. Zuvor sind die Pläne der FBB, den Flughafen zunächst mit einer teilautomatisierten Brandschutzanlage zu betreiben, endgültig gescheitert. Bereits einen Tag nach der Absage des 3. Juni hat das Bauordnungsamt des Landkreises schriftlich mitgeteilt: »Ein weiterer Antrag, der die Nutzung des Terminals mit Interimsmaßnahmen wie der Mensch-Maschine-Schnittstelle beinhaltet, wird nicht zum Erfolg führen.« Vor Dezember wird man nach Angaben der Flughafengesellschaft aber keinen vollautomatisierten Betrieb gewährleisten können. Erst danach sollen die sogenannte Wirk- und Komplexprüfung durch zertifizierte Gutachter, die anschließende Prüfung durch das Bauordnungsamt, weitere Probebetriebstage, die Widmung des Flughafengeländes als Sicherheitsbereich sowie die Anlieferung der Waren der Konzessionäre beginnen.

Der Aufsichtsrat kritisiert, dass die Flughafenplaner die durch die verspätete Fertigstellung der Brandschutzanlage entstandenen Risiken unterschätzt hätten. Die Situation hätte sich zuletzt auch dadurch verschärft, dass verschiedene Gewerke mit ihren Arbeiten im Rückstand gewesen seien und

Planungen, Bauarbeiten, Mitarbeiterschulungen und Probebetrieb letztendlich gleichzeitig stattfinden hätten müssen, räumt das Gremium ein. Der Bericht macht deutlich, wie chaotisch es in den letzten Wochen und Monaten vor der Terminabsage auf der Baustelle zugegangen sein muss: Viele Szenarien konnten nicht, wie geplant, getestet werden, ganze Check-in-Inseln fielen aus, weil Bauarbeiter deren Stecker zogen, um stattdessen ihre Geräte ans Stromnetz anzuschließen. Darüber hinaus wies die Daten- und Sicherheitstechnik mangelnde Stabilität auf.

In der Folge muss zunächst nur Manfred Körtgen seinen Hut nehmen. Er werde die FBB zum 1. Juni verlassen, teilt Wowereit mit. Wie später herauskommt, soll er dafür auch noch eine Abfindung erhalten. Und statt alle Kräfte weiterarbeiten zu lassen, wie zuvor von Wowereit gefordert, wird der PG BBI und dem Architekten Meinhard von Gerkan, die als Generalplaner auch für die Objektüberwachung zuständig waren, fristlos gekündigt, ein kapitaler Fehler, wie sich noch herausstellen wird. Grund sei »insbesondere die mangelhafte Koordinierung der Bauüberwachungsleistungen«, so die FBB. Sie will Teile der Überwachung nun mit ihrer 100 Mitarbeiter zählenden Planungs- und Bauabteilung in Eigenregie übernehmen und Gespräche mit Unterauftragnehmern der gefeuerten Planungsgesellschaft über die Fortsetzung einzelner Arbeitspakete führen. Auf der Baustelle wird nicht »geschubbert«, wie vom Regierenden Bürgermeister gefordert, der Betrieb ruht.

Durch die Verschiebung droht der Kostenplan für den BER aus den Fugen zu geraten. Auf rund 15 Millionen Euro pro Monat werden allein die Unterhaltungskosten veranschlagt. Air Berlin, Lufthansa und die Deutsche Bahn haben bereits Schadensersatzforderungen angekündigt. Zur Aufsichtsratssitzung am 22. Juni soll die FBB eine detaillierte Kostenaufstellung vorlegen. »Ich kann nicht ausschließen, dass die Kante des Kreditrahmens übersprungen wird«, sagt Wowereit vor dem Verkehrsausschuss des Berliner Abgeordnetenhauses. Die Kosten für den Bau des Terminals haben sich bereits von 630 Millionen auf 1,2 Milliarden Euro nahezu verdoppelt.

Besonders betroffen sind auch die Mieter der rund 150 Einzelhandels-, Gastronomie- und Serviceflächen, die zum großen Teil schon Personal für die Betriebsaufnahme am 3. Juni eingestellt haben. »Es ist im Interesse des Flughafens, Härtefälle zu vermeiden und insbesondere für kleine Unternehmen keine existenzbedrohende Situation entstehen zu lassen«, teilt die FBB mit. Man wolle alle Mietverträge aufrechterhalten und insbesondere die regionale Komponente im Angebot sichern. Bereits ausgebaute Mieterflächen will die Flughafengesellschaft bis zum neuen Eröffnungstermin gegen Diebstahl und Baustaub sichern. Der Handelsverband Berlin-Brandenburg sowie die Landesverbände des Hotel- und Gaststättenverbandes DeHoGa starten eine Hilfsoffensive für die betroffenen Unternehmen.

Das Vertrauen von Peter Ramsauer in die Flughafengeschäftsführung ist nachhaltig erschüttert. Noch im Mai setzt der Bundesverkehrsminister eine eigene »Soko BER« ein, die das Projekt künftig überwachen soll. Im Brandenburger Hauptausschuss räumt Rainer Schwarz am 30. Mai ein, dass sich der Flughafenbau um eine halbe Milliarde auf rund drei Milliarden Euro verteuern werde. Als Reaktion auf den Klarstellungsantrag der Flughafengesellschaft kündigt Brandenburgs Infrastrukturminister Jörg Vogelsänger (SPD) am 6. Juni vor dem Potsdamer Landtag die Durchführung eines erneuten Planänderungsverfahrens zum Lärmschutz an. Mit einem Ergebnis sei erst 2013 zu rechnen.

Am 15. Juni gibt es die nächste Pleite im BER-Desaster. Das Oberverwaltungsgericht Berlin-Brandenburg bestätigt, dass die Bewohner des Tagesschutzgebietes einen Anspruch auf Schallschutz hätten, der keine Überschreitung eines Maximalpegels von 55 Dezibel zulässe, und befindet die bisherigen

Schallschutzmaßnahmen der FBB in diesem Bereich für unzureichend. Mit der »unzutreffenden Annahme«, dass der Maximalpegel pro Durchschnittstag der sechs verkehrsreichsten Monate bis zu sechs Mal überschritten werden dürfe, habe die Flughafengesellschaft »die planfestgestellten Schutzauflagen systematisch verfehlt«. Das Infrastrukturministerium wird per einstweiliger Anordnung verpflichtet, »durch geeignete aufsichtsrechtliche Maßnahmen darauf hinzuwirken, dass die Vorhabensträgerin des Flughafens Berlin Brandenburg das im Planfeststellungsbeschluss für den Tagzeitraum vorgesehene Schallschutzprogramm umsetzt«.

Nach inoffiziellen Schätzungen bedeutet das für die Flughafengesellschaften erneute Mehrkosten in einer Größenordnung von 250 bis 300 Millionen Euro. Da bei 85 Prozent der rund 14 000 Häuser im entsprechenden Gebiet der Einbau des geforderten Schallschutzes »technisch nicht mehr sinnvoll möglich« ist und laut Planfeststellungsbeschluss die Entschädigungsregelung in Höhe von 30 Prozent des Verkehrswertes greifen würde, geht die FBB sogar von rund 591 Millionen Euro aus. Die Zusatzkosten durch die verschobene Inbetriebnahme des BER beziffert Schwarz auf 586 Millionen Euro. Damit drohen sich die Gesamtkosten für den Flughafenbau ohne die Bahnanbindung auf mehr als vier Milliarden Euro zu erhöhen. Der Aufsichtsrat beauftragt die Flughafengesellschaft, gegen den zu erwartenden Bescheid des Infrastrukturministeriums zur sofortigen Umsetzung des OVG-Beschlusses zu klagen.

13. NEUE VERSCHIEBUNG – SCHWARZ MUSS GEHEN

Nachdem die Terminverschiebung sowie der Rauswurf des Technikchefs und der Generalplaner die Baustelle seit gut einem Monat weitgehend lähmen, hat man endlich einen Körtgen-Nachfolger gefunden. Am 22. Juni wird Horst Amann vom Aufsichtsrat zum neuen technischen Geschäftsführer der FBB berufen. Der 59-Jährige hat für die Deutsche Bahn die Hochgeschwindigkeitsstrecke Frankfurt/Main–Köln sowie den Frankfurter Flughafenbahnhof realisiert. Zuletzt hat er die Abteilung Realisierungsmanagement der Frankfurter Flughafengesellschaft Fraport geleitet, bei der er für den Bau der neuen Landebahn zuständig war und das Terminal 3 geplant hat. Er wird den neuen Job am BER zum 1. August 2012 antreten. Höchste Zeit, denn in einem Schreiben an die FBB teilt der Baudezernent des Landkreises, Carl-Heinz Klinkmüller, »Bedenken zum Betriebsaufnahmetermin am 17. März 2013« mit und mahnt die bisher unzureichende Verfolgung und Beseitigung der unzähligen Mängel an.

Noch vor seinem offiziellen Amtsantritt äußert sich auch Horst Amann skeptisch hinsichtlich des neuen Eröffnungstermins. Der 17. März sei »extrem knapp und absolut ambitioniert«, sagt er am 9. Juli anlässlich eines Besuchs der CDU-Landtagsfraktion auf der Baustelle. Dort laufen die Arbeiten seit der Terminverschiebung nur noch auf Sparflamme in einem auf die Werktage beschränkten Ein-Schicht-Betrieb. Denn niemand weiß so wirklich, wie es nun weitergehen soll.

Außerdem halten sich die Firmen dem Vernehmen nach zurück, weil sie nicht sicher sind, welche Arbeiten noch bezahlt werden und welche nicht. Und obendrein fehlen genaue Pläne, denn die haben die gefeuerten Planungsbüros offenbar mitgenommen. Wie es weitergeht, das soll Amann Mitte August, nur zwei Wochen nach seinem offiziellen Dienstbeginn, verkünden – aber ambitionierte Zeitpläne ist man am BER ja mittlerweile gewohnt.

Immerhin fahren schon leere S-Bahnzüge und Regionalbahnen durch den gespenstisch anmutenden Bahnhof. Die Fahrten sind nötig, um die Belüftung des unterirdischen Gebäudes sowie die Funktion von Weichen und Signalen zu gewährleisten. Oben gibt es vorerst neue Probleme mit der Entrauchungsanlage. Wenn der reguläre Strom ausfällt, soll ein Notstromaggregat sicherstellen, dass der Qualm bei einem Brand weiter nach draußen geleitet wird. Zwischen Stromausfall und Notstrombetrieb dürfen maximal 15 Sekunden vergehen, doch davon ist man am BER noch weit entfernt. Dafür brennt das Licht im Terminal rund um die Uhr. Nicht weil es sich nicht ausschalten lässt, wie kolportiert wird, sondern weil die Bestimmungen der Berufsgenossenschaft für die Beschäftigten eine bestimmte Helligkeit am Arbeitsplatz vorschreiben.

Berlin und Brandenburg entzweien sich in der Flughafenfrage immer weiter. Klaus Wowereit fordert im Hinblick auf die Passagierentwicklung, dass bereits 2013 über den Bau des ersten Satellitenterminals zur Erweiterung der BER-Kapazität entschieden werden müsse. Matthias Platzeck dagegen sieht für die »nächsten zehn, 15 Jahre« keinen Ausbaubedarf. Die FBB reicht gemäß Aufsichtsratsbeschluss beim Oberverwaltungsgericht die Klage gegen den Beschluss zur sofortigen Umsetzung der strengeren Schallschutzmaßnahmen ein und brüskiert am 24. Juli einmal mehr den Verkehrsminister. Vertretern der »Soko BER« wird die Teilnahme an einem wichtigen Testlauf der Entrauchungsanlage im Hauptpier verweigert.

Daraufhin fordert Peter Ramsauer die derzeit nur aus Rainer Schwarz bestehende Flughafengeschäftsführung auf, endlich auf »Heimlichtuerei und Schönrederei« zu verzichten.

Ende Juli veröffentlicht *Der Spiegel* Details einer Schadensersatzklage über 80 Millionen Euro, die von der FBB bereits im Juni vor dem Landgericht Potsdam gegen die geschasste Planungsgemeinschaft BBI erhoben wurde. Danach wurden von den Planern immer wieder fehlerhafte Pläne und Berechnungen geliefert. Bereits Ende 2010 sei man mit der Sicherheitstechnik 15 Monate im Verzug gewesen und habe den Rückstand nur mit großer Mühe und zusätzlichem Finanzaufwand von 20 Millionen Euro wenigstens um vier Monate reduzieren können, wird erklärt. Im April 2011 warnte das Bauordnungsamt des Landkreises, »dass bei gleichbleibender Vorgehensweise die Baustelle nicht mehr beherrschbar und steuerbar« sei.

Am 31. Juli weist das Bundesverwaltungsgericht die Klagen von Kleinmachnow, der Wohnungsbaugesellschaft und 21 Anwohnern ab. Sie hatten den Planfeststellungsbeschluss »Ausbau Verkehrsflughafen Berlin-Schönefeld« mit der Begründung angefochten, dass ihm wider besseren Wissens unrealistische Abflugrouten zugrunde gelegt worden seien. »Für den Vorwurf der Arglist sieht der Senat keine Anhaltspunkte«, so der Vorsitzende Richter Rüdiger Rubel. Damit lag kein Fall von höherer Gewalt vor, der ein Wiedereinsetzen der abgelaufenen Klagefrist gegen den Planfeststellungsbeschluss von 2004 gerechtfertigt hätte.

Entgegen der Ankündigung äußert sich Horst Amann bei der Aufsichtsratssitzung am 16. August noch nicht zu der Frage, ob die Inbetriebnahme des BER am 17. März 2013 einzuhalten ist. »Ich prüfe derzeit mit internen und externen Bauspezialisten die Machbarkeit des Eröffnungstermins«, erklärt der neue Technikchef nach der Sitzung. »Wir haben erst vor kurzem mit den Arbeiten begonnen und können heute noch keine verbindliche Bewertung abgeben. Spätestens auf der nächsten Aufsichtsratssitzung Mitte September werden wir Klarheit haben.« Klaus Wowereit bleibt hoffnungsvoll: »Der 17. März 2013 ist noch nicht vom Tisch.«

Rainer Schwarz kündigt überraschend an, dass die FBB ihren Klarstellungsantrag zum Planfeststellungsbeschluss und ihre Klage vor dem OVG zurückziehen werde. Darauf haben sich die Gesellschafter geeinigt. Die Flughafengesellschaft wird nun »die Vorgaben des Infrastrukturministeriums umsetzen, die die jüngste Rechtsprechung des Oberverwaltungsgerichts Berlin-Brandenburg berücksichtigen«. Damit verteuert sich der BER erneut um rund 300 Millionen Euro, finanziell wird es wieder einmal eng für die Flughafengesellschaft. »Die Gesellschafter stellen die Liquidität sicher«, bekräftigt Verkehrsstaatssekretär Bomba.

Am 22. August versagt die Gesellschafterversammlung Rainer Schwarz die Entlastung für das Geschäftsjahr 2011. Doch allen Erwartungen zum Trotz bleibt der umstrittene Flughafenchef weiter im Amt. Auch er selbst sieht keinen Grund für einen Rücktritt. »Ich habe bereits mehrfach betont, dass ich keine Veranlassung sehe, aus der Verantwortung zu gehen«, wiederholt er stur. Vor dem Berliner Abgeordnetenhaus versichert Klaus Wowereit einmal mehr, der BER bleibe eine »Erfolgsgeschichte«. Er räumt ein, dass durch den Rauswurf der Generalplaner der Zeitplan für den Bau noch weiter aus den Fugen geraten sei, spricht aber von einem »schmerzlichen, riskanten Schnitt«, der »unumgänglich« gewesen sei.

Am 6. September landet im Vorfeld der Internationalen Luft- und Raumfahrtausstellung, die fünf Tage später eröffnet wird, ein Transall-Transporter der Luftwaffe als erstes Flugzeug auf der neuen Südbahn des BER. Die Piste ist offiziell noch immer gesperrt und darf für die ILA nur mit einer sogenannten »Außenstartgenehmigung« benutzt werden. Denn nach gültiger Anordnung der Luftfahrtbehörde muss der Flughafen Tegel spätestens ein halbes Jahr nach der amtlichen Inbetriebnahme der Südbahn geschlossen werden, was angesichts der unklaren Entwicklung der Flughafenbaustelle verheerend wäre. Für die Veranstalter der Luftfahrtshow, die erstmals auf dem neuen Messegelände in Selchow unmittelbar am Nordwestende der Runway stattfindet, ist die Verschiebung der BER-Eröffnung ein unerwarteter Glücksfall, verfügt man doch zum ersten und wahrscheinlich auch letzten Mal über eine eigene, exklusive Start- und Landebahn.

Einen Tag später ist amtlich, was Ministerpräsident Platzeck bereits drei Tage zuvor bestätigt hat: Auch der 17. März ist als Eröffnungstermin nicht zu halten. Der BER solle jetzt am 27. Oktober 2013, dem Beginn des Winterflugplans, in Betrieb gehen, wird nach der Aufsichtsratssitzung offiziell bekanntgegeben. »Ich habe bestehende Einschätzungen, Zusagen und Ablaufpläne kritisch hinterfragt«, erklärt Horst Amann. »Ich habe im Bereich der Technischen Gebäudeausrüstung den Resetknopf gedrückt, die gegenwärtige Situation analysiert und die nächsten Maßnahmen festgelegt. Nur mit einem solchen Schritt können wir den Flughafen zurück auf die Spur zu einer verlässlichen Eröffnung bringen.«

Die von den gekündigten Generalplanern stammenden Ausführungspläne sind nach Angaben des Technikchefs »lückenhaft und fehlerbehaftet«. Andere Unterlagen sind überhaupt nicht vorhanden. »Es fehlen noch Pläne für eine gesamthafte, integrierte Planung«, sagt Amann. »Hier ist weitere Planungsarbeit nötig, damit die Baufirmen eine verlässliche Basis für ihre restlichen Arbeiten haben.« Insgesamt zieht der neue Technikchef eine verheerende Bilanz: Eine mangelhafte Koordinierung der Bauüberwachung habe dazu beigetragen, dass es vor dem ursprünglich geplanten Eröffnungstermin am 3. Juni zu unsachgemäßen Bauarbeiten gekommen sei. Im Zuge der Beschleunigungsmaßnahmen, mit denen das Datum doch noch gehalten werden sollte, sei es zu Problemen wie der Überbelegung von Kabeltrassen gekommen.

Auch das Verhältnis zur Genehmigungsbehörde muss verbessert werden, hat Amann erkannt. »Wir müssen das Bauordnungsamt durch zuverlässige Zuarbeiten und eindeutige Funktionsnachweise der Brandschutzanlage in die Lage versetzen, den Flughafen zu genehmigen.« Der neue Hoffnungsträger der Gesellschafter räumt ein, dass für die Bestandsaufnahme die Arbeiten in fast allen Bereichen ausgesetzt worden seien. Nach Erstellung der noch fehlenden Ausführungspläne sollen bis zum Sommer 2013 die restlichen Bauarbeiten erfolgen. Nach Verbundtests und der abschließenden Prüfung durch das Bauordnungsamt will er dann die technische Betriebsbereitschaft für einen erneuten Probebetrieb herstellen lassen.

Der Terminplan ist »belastbar und realistisch«, betont Amann. Er habe auf Dienstleisterseite bereits damit begonnen, klare Strukturen und Verantwortlichkeiten zu schaffen. »In einem nächsten Schritt werden wir sehr rasch die Funktion der Projektleitung auf Bauherren-, also Flughafenseite stärken und wahrnehmen.« Und der neue Technikchef sorgt auch für personelle Konsequenzen. Der amtierende Projektleiter Joachim Korkhaus wird versetzt.

Der Aufsichtsrat bestätigt, dass sich der Bau des Flughafens um insgesamt 1,2 Milliarden Euro verteuere. Zu den bisherigen Bau-Mehrkosten von 276 Millionen Euro kommen verschiebungsbedingte Mehrkosten und Belastungen von 297 Millionen, Zusatzkosten von 305 Millionen für die Umsetzung des Schallschutzprogramms und 322 Millionen als Risikovorsorge für sonstige Mehrkosten und Mindereinnahmen. In den kommenden Tagen soll von den Gesellschaftern ein Finanzierungskonzept erstellt und bei der Europäischen Kommission zur Notifizierung angemeldet werden

»Die Phase der Unsicherheit ist vorbei, die Weichen sind gestellt«, sagt Klaus Wowereit in einer erneuten Regierungserklärung vor dem Abgeordnetenhaus. Er gesteht »große und ärgerliche Fehler« beim Flughafenbau ein, die zusätzlichen

Kosten – allein für das Land Berlin 444 Millionen Euro – bezeichnet er aber als »keine Verschwendung von Steuergeldern, sondern eine kluge Investition«. Und nennt trotz des Desasters den BER wieder einmal eine »Erfolgsgeschichte«.

Zeitgleich mehrt sich die Kritik an Geschäftsführung und Aufsichtsrat. Vor dem Hauptausschuss des Brandenburger Landtages bestätigt Rainer Schwarz, dass im Bestreben, den ursprünglichen Eröffnungstermin am 3. Juni zu halten, »technische Unzulänglichkeiten ausgeblendet« worden seien. Dennoch soll Schwarz im Amt bleiben, allerdings mit reduzierter Kompetenz. Die Gesellschafter wollen die FBB-Spitze um einen dritten Geschäftsführer erweitern, der künftig für die Finanzen zuständig sein soll. Auf dem SPD-Landesparteitag räumt Matthias Platzeck ein, dass viele Informationen über den desolaten Bauverlauf weder die Geschäftsleitung noch den Aufsichtsrat erreicht hätten und man deshalb die Notbremse erst habe ziehen können, »als es zu spät war«. Der Ministerpräsident gesteht: »Die Entwicklungen der vergangenen Monate rund um unseren Flughafen Willy Brandt sind alles andere als ein Ruhmesblatt für unser Land, für die Flughafengesellschaft, die Geschäftsführung, den Aufsichtsrat, auch für mich selbst.«

»Es kann für den Flughafen Berlin Brandenburg nur frisches Geld geben, wenn sich in der Führung des Unternehmens und der Qualität der Aufsichtsarbeit sichtbar etwas ändert«, so FDP-Generalsekretär Patrick Döring. »Das Ganze hat inzwischen ein Maß an Ärgernis erreicht, wo man sich wirklich fragt, was die Zuständigen im Aufsichtsrat eigentlich die ganzen Jahre in der Vergangenheit gemacht haben«, sagt der Vorsitzende des Bundestagsverkehrsausschusses Anton Hofreiter. Nach einer Besichtigung der Baustelle äußert der Grünen-Politiker bereits erste Zweifel am neuen Eröffnungstermin, weil es im Zeitplan »fast keinen Puffer« gebe.

Am 1. Oktober teilt der Landeswahlleiter mit, dass in Berlin ein Volksbegehren für ein Nachtflugverbot am BER gescheitert sei. Nur 139 129 gültige Unterschriften wurden eingereicht, notwendig wären 173 233 gewesen. Am 19. Oktober konstituiert sich im Berliner Abgeordnetenhaus unter Vorsitz von Martin Delius (Piratenpartei) der parlamentarische Untersuchungsausschuss zum BER-Skandal. Bevor die Abgeordneten mit der Zeugenvernehmung beginnen, besichtigen sie am 2. November die Baustelle.

Am 30. Oktober informiert der Brandschutzgutachter HTP Berlin die FBB schriftlich, dass es Abweichungen zwischen Brandschutzkonzept, Baugenehmigung und baulicher Realisierung des Flughafens gebe. Die Auswertung dieser Stellungnahme habe ergeben, »dass noch nicht für alle offenen Punkte tragfähige Lösungen vorliegen«, teilt Horst Amann dazu am 10. November mit. Drei Tage später präsentiert er seine Lösungsansätze. Im Mainpier wird die Brandschutzanlage an vier Stellen so umgebaut, dass die Entrauchung nicht mehr geschossübergreifend, sondern geschossweise erfolgt. Im Bereich von Gepäckförderanlage und -ausgabehalle werden die Abweichungen von der Baugenehmigung durch den Einbau von Rauchabschlüssen an den ebenenwechselnden Förderbändern korrigiert. Für die komplexe Sprinkleranlage mit Zehntausenden von Sprühköpfen sowie für das vollautomatische Keycard-Schließsystem glaubt die Flughafengesellschaft der Genehmigungsbehörde die Funktionalität ohne Umbauten nachweisen zu können.

Um während der anstehenden Restarbeiten ein enges Controlling zu gewährleisten, hat der Technikchef »neue Strukturen mit einer Reihe neuer Mitarbeiter, klarer Verantwortung und Aufgabenverteilung« geschaffen. »Der Eröffnungstermin 27.10.2013 steht, er ist aber kein Selbstläufer«, sagt Amann. So richtig voran gehen die Arbeiten jedoch nicht. Bei einer Begehung durch den Aufsichtsrat am 7. Dezember sind nur etwa 300 Bauarbeiter im Einsatz, überwiegend an den Kabeltrassen und der Brandschutzanlage. »Ich hätte mir gewünscht, dass wir schon mehr Bauarbeiten sehen, aber wir sind im Plan«, versichert Amann. Sein Aufsichtsratschef Wowereit ist fünf Tage später vor dem Abgeordnetenhaus davon nicht mehr so wirklich überzeugt. Eine Garantie für das Datum könne er angesichts der noch immer »riesigen Probleme« nicht abgeben, zumal wegen der andauernden Gespräche mit den Firmen die Arbeiten noch nicht im geplanten Umfang wieder aufgenommen worden seien. Auch Matthias Platzeck räumt kurz darauf im Landtag ein, dass »die Kuh noch nicht vom Eis ist«.

Das Baugeschehen kommt auch deshalb nicht voran, weil sich die Flughafengesellschaft und beteiligte Baufirmen noch um offene Rechnungen streiten. Von zusätzlichen Forderungen in Höhe von rund 250 Millionen Euro ist die Rede. Wie verlautet, sind in der hektischen Phase vor der geplatzten Eröffnung im Juni Aufträge zum Teil nur mündlich erteilt worden und können nur noch schwerlich nachvollzogen werden. Außerdem pokern dem Vernehmen nach einige Unternehmen um die Preise für die noch anstehenden Maßnahmen. Der Aufsichtsrat beschließt, die Mehrkosten durch Umschichtungen im Budget zu finanzieren. Damit soll es bei der Kapitalzuführung von 1,2 Milliarden Euro durch die Gesellschafter bleiben, für die die EU-Kommission am 19. Dezember grünes Licht gibt.

Die Diskussion um Rainer Schwarz geht weiter, zumal bekannt geworden ist, dass Gutachter ihn bereits vor der entscheidenden Aufsichtsratssitzung am 20. April davor gewarnt hatten, dass der 3. Juni kaum mehr zu halten sei. Dennoch hatte der Flughafenchef dem Gremium suggeriert, dass es noch zu schaffen sei und so zusätzliche Mittel für letztlich vergebliche Beschleunigungsmaßnahmen locker gemacht. Wenn es nach ihm gehe, wäre Schwarz »längst weg«, doch Berlin und Brandenburg hätten nicht mitgezogen, sagt Verkehrsminister Ramsauer in der ARD. »Die Grundlagen für eine vertrauensvolle, verlässliche Zusammenarbeit sind nicht mehr gegeben.«

Klaus Wowereit ist empört: »Personalangelegenheiten werden in den zuständigen Gremien diskutiert und nicht in der Öffentlichkeit.«

Bereits am 18. Dezember wird deutlich, dass es wieder nichts wird mit der Inbetriebnahme des Flughafens. Amann, Bomba und Christoffers sowie weitere Vertreter der Gesellschafter treffen sich mit den für die Brandschutzanlage verantwortlichen Firmen Bosch und Siemens, um die Lage zu besprechen. »Wir haben den aktuellen Stand sowie die nächsten Schritte bei den Bauarbeiten für den BER kritisch erörtert«, berichtet Amann. »Dabei wurde klar, dass die bisherigen Erkenntnisse zu vergrößerten Risiken für die geplante Inbetriebnahme am 27. Oktober 2013 geführt haben.« In altbewährter BER-Manier prüft man jedoch zunächst einmal weiter, ob es nicht noch einen Hoffnungsschimmer gibt, die fünfte Verschiebung des Eröffnungstermins zu vermeiden. Am Freitag, dem 4. Januar 2013, steht fest, dass es keine Alternative gibt, und Amann informiert die Gesellschafter, dass der Eröffnungstermin wieder einmal geplatzt sei. Als man am Montag die Öffentlichkeit informiert, hat die Meldung längst ihre Runde gemacht.

Doch nicht nur mit der Brandschutzanlage gibt es Probleme. Bereits am 2. Januar hatte sich die FBB aufgrund von Medienberichten genötigt gesehen, zum Controllingbericht für das vierte Quartal des Vorjahres Stellung zu nehmen. Um ganzjährig eine konstante Kühlung des empfindlichen Computersystems sicherzustellen, muss eine zusätzliche Kühlanlage installiert werden. Auch an der Unterflurbetankungsanlage für die Flugzeuge müssen Bauteile gewechselt werden. Beides sei aber ebenso wenig »terminkritisch« wie defekte Rolltreppen und das Eindringen von Regenwasser. Insgesamt ist von 20 000 Einzelmängeln die Rede.

Ein neues Datum wagt niemand mehr zu prophezeien, nicht einmal auf das Jahr 2014 mag man sich festlegen. »Ich gehe eher von 2015 aus«, meint Amann in einem Fernsehinterview. »Die Terminfrage ist derzeit nicht zu entscheiden«, sagt Klaus Wowereit. Er hat, wie später bekannt wird, seinen Rücktritt als Regierender Bürgermeister angeboten, ist jedoch vom SPD-Bundesvorsitzenden Sigmar Gabriel und dem Landesvorsitzenden Jan Stöß gebeten worden, im Amt zu bleiben. Wowereits Rücktritt als Aufsichtsratsvorsitzender ist dann eine Farce, er tauscht den Posten lediglich mit seinem bisherigen Stellvertreter Matthias Platzeck, damit ändert sich praktisch nichts im Kontrollgremium der Flughafengesellschaft. Allerdings ist Rainer Schwarz für die beiden Länderchefs unhaltbar geworden. Wowereit dagegen übersteht dank der soliden Mehrheit der großen Koalition das von den Grünen initiierte Misstrauensvotum, ebenso kann Platzeck angesichts der Mehrheit seiner rot-roten Koalition getrost im Landtag die Vertrauensfrage stellen.

Auf einer vorgezogenen Krisensitzung am 16. Januar bestätigt der Aufsichtsrat die Rochade an seiner Spitze. Staatssekretär Bomba löst den Brandenburger Minister Christoffers als Vorsitzender des Projektausschusses ab. Rainer Schwarz wird mit sofortiger Wirkung als Sprecher der FBB-Geschäftsführung abberufen. Künftig soll eine Dreierspitze das Unternehmen leiten. Ob die geschassten Geschäftsführer – Schwarz verdiente laut FBB-Jahresbericht 2012 insgesamt 569.000 Euro, und Körtgen durfte sich über 351.000 Euro einschließlich einer Sonderzahlung von 193.000 Euro freuen, wobei es sich um eine Abfindung handeln dürfte – schadensersatzpflichtig gemacht werden können, gilt als unklar. Zudem besteht für alle Geschäftsführer und Aufsichtsräte des Flughafens eine Haftpflichtversicherung.

Die Sitzung habe den gemeinsamen Willen der drei Gesellschafter gezeigt, »das Unternehmen gemeinsam aus dem schweren Fahrwasser herauszuführen«, sagt Platzeck. »Unser Ziel ist, in den kommenden Monaten die Bestandsaufnahme am Flughafen Berlin Brandenburg, dem wichtigsten Zukunftsprojekt Ostdeutschlands, abzuschließen, um anschließend zu einem verlässlichen und erfolgreichen Fahrplan bis zur Eröffnung des Flughafens zu kommen. Dafür sind harte Entscheidungen und eine stärkere Kontrolle des Unternehmens durch den Aufsichtsrat nötig.« Erst am Ende der Analyse, die »einige Monate« in Anspruch nehmen werde, könne man einen neuen Eröffnungstermin nennen.

14. MEHDORN SOLL ES RICHTEN

2012 hat das Passagiervolumen der Berliner Flughäfen erstmals die ursprünglich geplante Anfangskapazität des BER von 25 Millionen Passagieren überschritten. Mit gut 18 Millionen Reisenden entfiel der Löwenanteil wie all die Jahre zuvor auf Tegel, während Schönefeld sogar einen geringen Rückgang verzeichnete. Am 13. Februar beschließt der Aufsichtsrat, bis zu 20 Millionen Euro – deutlich weniger als beantragt – für die Ertüchtigung beider Airports bereitzustellen, der größere Teil der Summe soll für Tegel verwendet werden. Dort hat man die Dinge im Hinblick auf die geplante Schließung, die eigentlich längst erfolgt sein sollte, seit Jahren schleifen lassen. Eine Grundreinigung der Terminals, die Sanierung der bestehenden Sanitäreinrichtungen und der Einbau weiterer Toiletten gehören zu den dringlichsten Maßnahmen. Instandsetzungsbedürftig sind aber auch die bereits häufig ausfallenden Gepäckbänder, die Klimatisierung und die Gebäudeleittechnik.

Am BER geht es weiterhin nur langsam voran. »Unkritische Arbeiten in den Deckenhohlräumen und Restarbeiten an den Kabeltrassen finden zwar weiterhin statt«, sagt Technikchef Amann. »Aber Kern unserer Arbeit ist momentan die bauliche Bestandsaufnahme und der Abgleich mit der vorliegenden Planung. Dieser Arbeitsschritt wird noch einige Monate in Anspruch nehmen.« Als zentrales Problem gilt weiterhin der Brandschutz, vor allem die noch nicht vollständig funktionierende Nachströmung von Frischluft im Brandfall.

Matthias Platzeck teilt mit, dass die FBB prüfe, ob man die Startkapazität des BER noch vor der Inbetriebnahme erweitern und die Sanierung der Nordbahn vorziehen könne.

Eine Studie des Airport Research Center zur Verkehrsentwicklung, die noch von einer Inbetriebnahme am 27. Oktober ausgegangen war und erst jetzt bekannt wird, zeigt auf, dass es am BER eng zu werden droht. Zwar beeilt sich die FBB mitzuteilen, dass die Gutachter zu dem Schluss gelangt seien, dass in der Winterflugplanperiode 2013/14 »ausreichende Abfertigungsressourcen unter der Prämisse einer aktiven betrieblichen Kontrolle und Steuerung« zur Verfügung stehen würden, aber zum Thema Check-in heißt es: »Am Spitzentag stehen nicht genügend Schalter als Ausfall- und Dispositionsreserve zur Verfügung.« Auch bei der Gepäckausgabe drohen Engpässe. »Die Kapazität der Gepäckbänder ist bei entsprechender Disposition ausreichend«, erklärt die Flughafengesellschaft, bekräftigt aber zugleich: »Direkt nach Eröffnung können im Bedarfsfall zusätzliche Gepäckausgabebänder realisiert werden.«

Am 23. Januar befindet das Oberverwaltungsgericht Berlin-Brandenburg die als Wannseeroute bezeichnete Abflugstrecke des zukünftigen BER, die östlich am Forschungsreaktor des Helmholtz-Zentrums vorbeiführen soll, für rechtswidrig. »Das Risiko eines Flugunfalls oder eines terroristischen Anschlags auf den Luftverkehr und der dadurch ausgelösten Freisetzung ionisierender Strahlung des Forschungsreaktors wurde nicht hinreichend in den Blick genommen«, urteilen die Richter. Eine entsprechende Risikoermittlung sei auch deshalb geboten gewesen, weil die Risikobetrachtungen für den Reaktor in Bezug auf den Flugverkehr veraltet gewesen seien und das Bundesaufsichtsamt für Flugsicherung darauf durch die Atomaufsichtsbehörde hingewiesen worden sei (OVG 11 A 1.13 und 3.13).

An weltweitem Spott fehlt es Berlin angesichts des Flughafendramas nicht. Ende Januar 2013 meldet sich in der *Berliner Morgenpost* Sharad Kumar zu Wort. Er ist Chef des Provinzflughafens Biju-Patnaik im indischen Bhubaneswar, der offiziell das internationale Flugplankürzel BBI trägt. Am echten BBI gibt es nur eine Million Jahrespassagiere, ein neues Terminal wurde aber voll im Zeitplan fertiggestellt. Die einst als große Ingenieure gefeierten Deutschen seien faul geworden, die Inder Experten im Flughafenbau, lästert der Airport-Manager. Im Februar berichtet der »Entenkurier« in der *Micky Maus* realitätsnah über die geplatzte Inbetriebnahme des Flughafens EER Entenhausen-Erpelbach, wo Dagobert Duck das in den Sand gesetzte Airport-Projekt retten soll. In Leipzig/Halle eröffnen die Ministerpräsidenten von Sachsen und Sachsen-Anhalt eine neue Wartungsbasis der weltweit agierenden Volga-Dnepr-Gruppe.

Am 19. Februar kommt es auch noch zum Eklat zwischen Platzeck und Wowereit. Unter dem Druck des erfolgreichen Volksbegehrens und seiner rot-roten Koalition sowie der 2014 anstehenden Landtagswahl kündigt Brandenburgs Ministerpräsident an, dass er mit den BER-Mitgesellschaftern Bund und Berlin über mehr Nachtruhe am neuen Flughafen verhandeln wolle. Er habe kein Verständnis dafür, dass sich Platzeck in diesem Punkt »vom Acker macht«, tobt Wowereit über die Kehrtwende seines Kollegen. Damit drohe Brandenburg, die gemeinsame Grundlage für die Entwicklung des Airports zu zerstören. Platzeck weist die Kritik, er verstoße gegen seine Pflichten als Aufsichtsratschef, zurück und erklärt, er suche angesichts der massiven Bürgerproteste einen Kompromiss.

Verzweifelt sucht der Aufsichtsrat nach einem neuen Flughafenchef, der die tief im märkischen Sumpf steckende BER-Karre »aus dem Dreck ziehen« soll. Doch man kassiert eine Abfuhr nach der anderen, kaum jemand, der in der Branche Rang und Namen hat, ist an dem Schleudersitz an der FBB-Spitze interessiert. Der Chef des Flughafens Köln/Bonn Michael Garvens kennt die örtlichen Verhältnisse als ehemaliger Geschäftsführer des Abfertigungsdienstleisters GlobeGround und hatte schon 2005 das Angebot, zurück nach Berlin zu kommen, abgelehnt. Er sagt erneut dankend ab. »Die Talsohle ist da noch nicht erreicht«, lautet sein Kommentar zum BER. Auch bei Thomas Weyer blitzt Klaus Wowereit ab. »Ich habe in München eine deutlich spannendere berufliche Perspektive, während der BER für die nächsten 15 Jahre eine reine Mangelverwaltung ohne unternehmerische Perspektive sein wird«, so der heutige Finanz- und Infrastrukturgeschäftsführer des Münchner Flughafens.

Dann erscheint der pensionierte Vorstandschef der Frankfurter Fraport AG, Wilhelm Bender, auf der Bildfläche. Den Geschäftsführerposten lehnt er letztlich ebenfalls ab, soll jedoch für zwei Tage pro Woche als Chefberater engagiert werden. Aber im Aufsichtsrat bahnt sich neuer Ärger an. Den für den 27. Februar anberaumten Pressetermin zur Vertragsunterzeichnung lässt Klaus Wowereit platzen. Die Vertragsdetails waren dem Vernehmen nach an ihm vorbei von Staatssekretär Rainer Bomba ausgehandelt worden. In den folgenden Tagen wird durch Indiskretionen bekannt, dass Bender pro Tag ein Honorar von 4.000 Euro erhalten sollte, was zu einer öffentlichen Diskussion führt. Unter herber Kritik an den Verantwortlichen verabschiedet sich Bender daraufhin endgültig vom BER-Projekt.

Dann, am 8. März, die große Überraschung: Hartmut Mehdorn betritt zum dritten Mal die BBI/BER-Bühne. War er zunächst als Bahnchef für den unterirdischen Bahnhof verantwortlich und dann als Air-Berlin-CEO der Boss des größten Kunden der Berliner Flughäfen, ist er nun mit einem Dreijahresvertrag zur Gegenseite gewechselt. Kurz zuvor ist bekannt geworden, dass sich die Gesamtzahl der festgestellten Mängel am BER wohl auf 40 000 verdoppelt hat. »Es ist uns gelungen, mit Hartmut Mehdorn einen sehr erfahrenen Manager und exzellenten Branchenkenner zu gewinnen«, sagt Matthias Platzeck. Er sei sich sicher, dass es mit ihm »gelingen wird, dem Flughafen Berlin Brandenburg zu mehr Akzeptanz zu verhelfen und ihn zurück in die Erfolgsspur und zu einer gelungenen Eröffnung zu bringen«. Auch in Branchenkreisen äußert man sich durchweg positiv über die Personalentscheidung, gilt Mehdorn doch als mit der Materie bestens vertrauter Querdenker, der sich keinem politischen Diktat beugt.

Anders als Rainer Schwarz, der »nur« Sprecher der Geschäftsführung war, wird Mehdorn mit sofortiger Wirkung zum Vorsitzenden der Geschäftsführung ernannt. Die Berufung ist nicht ohne Brisanz, denn er sitzt auch noch im Aufsichtsrat der Air Berlin, die als erste der von den geplatzten BER-Eröffnungsterminen betroffenen Luftverkehrsgesellschaften eine Feststellungsklage bezüglich ihrer Schadensersatzforderungen gegenüber der FBB eingereicht hat. Mehdorn tritt deshalb von seinem Aufsichtsratsposten zurück und erklärt, sich nicht persönlich in den Rechtsstreit einzumischen.

Mehdorn ist kein Typ, der um den heißen Brei herumredet. Er sagt seine Meinung, ob sie dem Aufsichtsrat oder der Politik nun passt oder nicht. So kommt es gleich an seinem ersten Arbeitstag, dem 11. März, zum Eklat, als er vor dem BER-Sonderausschuss des Potsdamer Landtages erscheint. Entgegen der politischen Vorgaben verkündet Mehdorn zum Entsetzen von Ministerpräsident Platzeck, dass er sich einen Parallelbetrieb des Flughafens Tegel auch nach der Eröffnung des BER vorstellen könne, beispielsweise für Charterflüge. »Muss man Tegel wirklich schließen oder kann man nicht die Last ein bisschen gleich auf die Stadt verteilen?«, fragt der neue Flughafenchef. »Charterflüge in Tegel, was wäre so schlimm daran? Ist nicht so viel, die fliegen auch nicht nachts«, sagt Mehdorn und ergänzt: »Schlauer werden ist ja nicht verboten.«

Ministerpräsident Platzeck reagiert süffisant: »Das sehen wir Herrn Mehdorn, der jetzt genau sieben Stunden im Amt ist, nach, dass er das noch nicht ganz übersehen kann.« Während die Politiker zu einem fast einheitlichen Aufschrei ansetzen und Mehdorns durchaus ernstgemeintes Ansinnen als rechtlich nicht realisierbar bezeichnen, sind die Gedanken des neuen Flughafenchefs für Experten durchaus begründet und logisch. Nach dem bisherigen Zeitplan muss spätestens 2017 die alte Nord- und künftige Südbahn in Schönefeld grundsaniert werden. Ganz abgesehen von den Engpässen, die sich ohnehin schon heute am BER abzeichnen, würde das bedeuten, dass ohne Tegel für den gesamten Berliner Luftverkehr zumindest zeitweise nur eine einzige Piste zur Verfügung stehen würde. Was das bedeutet, war erst im Februar deutlich geworden, als in Schönefeld eine Privatmaschine von der einzigen aktiven Landebahn abkam. Bis zum Abschluss der Bergung musste der Flughafen für gut sechs Stunden komplett gesperrt werden. »Ich gehe geradeaus und sage, was ich denke«, unterstreicht Mehdorn ein paar Tage später. Er gibt zu bedenken, dass die Beschlüsse, den BER zu bauen und Tegel dafür zu schließen, zu einem Zeitpunkt gefallen seien, als völlig andere Voraussetzungen existiert hätten.

Am 20. März 2013 wird dann in Berlin überraschend zur Eröffnung des BER gebeten. Der neue Flughafen, der an diesem Tag vorgestellt wird, besteht aus 100 000 Legosteinen und ist im Gegensatz zu seinem großen Vorbild sogar pünktlich fertig geworden. Er befindet sich im Legoland Discovery Centre am Potsdamer Platz und besteht – naturgetreu im Maßstab 1:65 – aus einem Terminal-Teilstück, dem Tower und einer Landebahn.

Bereits nach kurzer Zeit wird deutlich, dass auch das Verhältnis der beiden neuen Geschäftsführer nicht zum Besten bestellt ist. Nachdem die Generalplaner bereits auf Beschluss des Aufsichtsrates gekündigt wurden, hat Horst Amann auch interne Experten aus dem Team hinausgeworfen und ist – weil inzwischen wohl niemand mehr unter den verbliebenen oder neu hinzugekommenen Mitarbeitern einen Durchblick hat – immer noch mit der Analyse beschäftigt. Auf der Flughafenbaustelle geht schon seit fast einem Jahr kaum etwas voran, wobei selbst dieser Ruhezustand immense Summen verschlingt. Die monatlichen Kosten liegen nach unterschiedlichen Angaben zwischen 15 und 40 Millionen Euro. Hartmut Mehdorn äußert öffentlich seine Verwunderung über den andauernden Stillstand und macht Tempo: »Ich verstehe nicht, warum in den letzten zwölf Monaten nichts oder ganz wenig getan worden ist.« Vorübergehend ist sogar die Rede davon, dass auch Amann wieder gefeuert werden könnte.

Bezüglich der Kapazitäten ist man ebenfalls unterschiedlicher Auffassung. Während Amann zuvor einräumte, dass es bereits bei der Inbetriebnahme eng werden könnte, sieht Mehdorn ausreichend Platz für die nächsten vier bis fünf Jahre, wie er vor dem BER-Ausschuss des Brandenburger Landtages erklärt, oder gar bis 2025, wie er später auf einer Veranstaltung der Berliner IHK sagen wird. Amann-Vorvorgänger Thomas Weyer teilt Mehdorns Einschätzung. Auch wenn man bei der ursprünglichen Planung von einem langsameren Wachstum der Passagierzahlen ausgegangen sei, ist der BER für Weyer nicht zu klein dimensioniert, sondern könnte in seiner Anfangskonfiguration auch 35 Millionen Passagiere bewältigen. »Kapazität ist ein relativer Begriff und hat etwas mit Qualität zu tun«, sagt der Experte, der in München gerade ein Satellitengebäude für elf Millionen Fluggäste baut. Die internationale Luftverkehrsorganisation IATA stuft Flughäfen je nach Größe des Platzes, der einem Passagier zur Verfügung steht, in fünf Klassen von A bis E ein. »Wir haben immer gesagt, dass für den BER eine B-Qualität reicht, die in Spitzenzeiten zur Kategorie C oder kurzfristig sogar D abrutschen kann«, wobei D den derzeitigen Verhältnissen in Tegel entspricht.

Zu den ersten Amtshandlungen von Mehdorn gehört es, das Gespräch mit dem Stararchitekten Meinhard von Gerkan zu suchen, um dessen Expertenteam zurück an Bord des BER-Projektes zu holen. Der Rechtsstreit wird ausgesetzt. Zum neuen Leiter des Flughafenbetriebs wird Elmar Kleinert ernannt, ehemaliger Verkehrsleiter des Flughafens Tegel und zuletzt Geschäftsführer des Flughafens Paderborn/Lippstadt. Auf der Aufsichtsratssitzung am 12. April stellt Mehdorn sein persönlich geleitetes Beschleunigungsprogramm SPRINT vor. Die bis zur Eröffnung anstehenden Arbeiten für den BER werden in 20 bis 30 Module aufgeteilt, die jeweils einen Manager erhalten. »Wir machen jetzt einen Neuanfang an vielen Stellen des Unternehmens«, sagt Mehdorn. »Dies schließt personelle und prozessuale Veränderungen ein, die alle dem Ziel dienen, die Inbetriebnahme des BER zu beschleunigen.« Ministerpräsident Platzeck ist wieder auf einer Linie mit seinem Flughafenchef: »Es ist deutlich zu spüren, dass mit dem Amtsantritt von Hartmut Mehdorn ein Ruck durch die Flughafengesellschaft gegangen ist.«

Am 25. April entscheidet das Oberverwaltungsgericht Berlin Brandenburg im Hauptverfahren, dass die Umsetzung der Schallschutzmaßnahmen durch die FBB im sogenannten Tagschutzgebiet des BER unzureichend ist. In dem Urteil heißt es, dass »die Lärmauflage für den Tag so zu verstehen sei, dass keine Überschreitung des Maximalpegels von 55 dB(A) erlaubt sei (OVG 11 A 7.13, 14.13, 15.13 und 19.13)«. Die FBB reagiert verstimmt. »Ich bezweifle, dass das Urteil des OVG den Anwohnern wirklich hilft«, mutmaßt Mehdorn. »Die Forderung des Gerichts ist in weiten Teilen aus lärmphysikalischer Sicht nicht umsetzbar. Es hat zur Folge, dass für viele Anwohner gar keine Lärmschutzmaßnahmen realisiert werden können, sondern sie mit Entschädigungen vorlieb nehmen müssen.«

Bereits am 1. Mai nimmt im Terminalgebäude des BER das von Mehdorn initiierte Project Management Office (PMO) seinen Betrieb auf. Es soll eine optimale Kontrolle, kurze Reaktionszeiten, schnelle Entscheidungen, ein hierarchiefreies

Arbeiten sowie Transparenz bei den noch zu erledigenden Arbeiten gewährleisten. Geschäftsleitung und Führungskräfte des Flughafens setzen in den folgenden Monaten gemeinsam mit externen Experten die bisher erarbeiteten Details der Bestandsaufnahme in Arbeitspakete um und überwachen vor Ort deren bauliche Umsetzung. Parallel dazu soll in enger Zusammenarbeit mit den Genehmigungsbehörden und den Sachverständigen beispielsweise vom TÜV die Gesamtinbetriebnahme des Flughafens geplant und umgesetzt werden. »Ich baue auf den Teamgeist und den Sachverstand der Mannschaft«, erklärt Hartmut Mehdorn.

Sieben Tage später erweitert der Aufsichtsrat die FBB-Geschäftsleitung um ein drittes Mitglied. Heike Fölster wird zur neuen Geschäftsführerin für den Finanzbereich bestellt. Sie war unter anderem bei Airbus und dem Flughafen Hamburg tätig und zuletzt Finanzdirektorin beim Germanischen Lloyd.

Bei der Bilanzpressekonferenz am 13. Juni gibt die FBB bekannt, dass sie als »einen ersten Schritt auf dem Weg zur Eröffnung des BER die dringend nötige Bereinigung der Baustelle« betreibe. Eine direkte Zufahrt bis zum Terminal ist ab sofort gewährleistet, alle unnötigen Bauzäune werden entfernt, die Zahl der Baucontainer von aktuell 750 auf maximal 250 reduziert. Von 19 Flächen zur Baustelleneinrichtung mit insgesamt 180 000 Quadratmeter bleiben nur zwei mit zusammen 30 000 Quadratmeter übrig. Vorrangig soll die Basisinfrastruktur mit Parkhäusern, Bahnhof und Feuerwachen fertiggestellt werden.

Bei einem um drei Prozent auf 270 Millionen Euro gesteigerten Umsatz hat die FBB 2012 einen Verlust von 185 Millionen Euro gemacht. »Im Konzernabschluss spiegelt sich sehr deutlich, dass wir auf ein schwieriges Jahr 2012 zurückblicken«, sagt die neue Finanzchefin Heike Fölster. Die gesamten laufenden Aufwendungen sind aufgrund der Risikovorsorge und dem Start der Leasingzahlungen für die vorerst leerstehenden Parkhäuser und weiterer Drittinvestobjekte gestiegen. Darüber hinaus schlug der hohe Zinsaufwand zu Buche, nachdem weitere Kredite für den Bau des BER aufgenommen werden mussten.

Einen Tag später weist das Oberverwaltungsgericht Berlin-Brandenburg die Klagen zweier Umweltverbände gegen die Flugrouten über den Müggelsee und den Wannsee ab. Im Gegensatz zum Planfeststellungsverfahren bestehe bei der Festsetzung der Flugrouten keine Pflicht zur Durchführung einer Umweltverträglichkeitsprüfung, so die Richter. »Soweit die Flugrouten über sogenannte ruhige Gebiete führen, steht dies der Flugroutenfestsetzung nicht entgegen. Die Ausweisung ruhiger Gebiete begründet kein absolutes Verschlechterungsverbot. Auch ist es rechtlich nicht zu beanstanden, dass dem Schutz stärker lärmbetroffener Siedlungsgebiete der Vorrang vor dem Schutz von Erholungsräumen eingeräumt wird (OVG 11 A 10.13 und 20.13).«

Am 25. Juni teilt das Helmholtz-Zentrum mit, dass der dortige Forschungsreaktor Ende 2019 abgeschaltet werde. Das relativiert das im Januar vom Oberverwaltungsgericht ausgesprochene Verbot der Wannsee-Flugroute. Ohne den Reaktor könnte die Strecke zukünftig doch genutzt werden.

Ende Juni verständigt sich die Flughafengesellschaft mit den Bürgermeistern der Umlandgemeinden auf den sofortigen Beginn der weiteren Umsetzung des Schallschutzprogramms. Dennoch hat die FBB Beschwerde gegen die Nichtzulassung der Revision beim Schallschutzurteil des Oberverwaltungsgerichts eingelegt. Begründet wird das mit haftungsrechtlichen Gründen. Unabhängig davon werde die FBB ihren Verpflichtungen aus dem OVG-Urteil »vollumfänglich nachkommen«, wird erklärt. Gleichzeitig stellt das Unternehmen klar, dass es sich um keine Klage gegen den Planfeststellungsbeschluss handele.

Die Passagierzahlen explodieren indessen weiter. In der ersten Jahreshälfte steigt das Aufkommen um gut eine halbe

Million auf 12,39 Millionen Reisende. Während Schönefeld mit nur 3,1 Millionen Fluggästen erneut einen Rückgang um 7,1 Prozent verzeichnen muss, steigt das Volumen in Tegel um 9,1 Prozent auf 9,2 Millionen. Wurde angesichts der schon bei der Eröffnung drohenden Engpässe am BER zuvor von Horst Amann mit einer erwarteten Abschwächung der Steigerungsraten argumentiert, spricht Hartmut Mehdorn jetzt von einem »stabilen Wachstumsmarkt«. Bleibt es allein bei der Steigerungsrate der ersten Jahreshälfte, werden die Berliner Flughäfen 2013 auf rund 26,4 Millionen Reisende kommen.

Am 3. Juli wird am BER das neue Cargo Center mit einer Anfangskapazität von 100 000 Tonnen pro Jahr offiziell eröffnet. Ab August soll in diesem die Luftfracht, die auf den Passagierlinienflügen sowie den Frachtflügen der Expressdienste UPS und Fedex am Altflughafen Schönefeld transportiert wird, abgefertigt werden. Im September wird dann auch das sogenannte »Trucking« von Tegel zum neuen Cargo Center verlagert. Darunter versteht man Luftfracht, die unter einer Flugnummer der jeweiligen Airline per Lkw zu einem anderen Flughafen wie beispielsweise Frankfurt, Amsterdam oder Luxemburg transportiert wird, um dort auf einen Langstreckenflug verladen zu werden.

Die Inbetriebnahme verdeutlicht, »dass wesentliche Teile des Flughafens bereits fertiggestellt und funktionstüchtig sind«, sagt Matthias Platzeck. »Der BER ist und bleibt – trotz aller Schwierigkeiten in der Vergangenheit – Standortvorteil, Wirtschaftsmotor und das entscheidende Infrastrukturprojekt der Region.« Mit der Verdoppelung der Passagierzahlen innerhalb von zehn Jahren habe sich die Hauptstadtregion zu einem der wichtigsten Luftfahrtstandorte Europas entwickelt, betont Klaus Wowereit. »Wir brauchen den BER deshalb dringender denn je.« »Ein elementarer Baustein auf dem Weg zur Inbetriebnahme des BER« ist die Eröffnung des Frachtzentrums für Hartmut Mehdorn. »Was funktioniert, wird eröffnet. Mit dem Cargo Center starten wir die ersten Flughafenprozesse am BER und beginnen gleichzeitig damit, die Basisinfrastruktur zu schaffen, die Voraussetzung für einen erfolgreichen Passagierbetrieb ist.«

Bereits zum Jahresende will Mehdorn mit dem für Billigflieger bestimmten Nordpier einen ersten, bescheidenen Probebetrieb am BER mit »sechs oder acht Flugzeugen« und rund »1500 bis 2000« Passagieren am Tag starten. Wie das Ganze in der Praxis funktionieren soll, blieb unbeantwortet. Denn sowohl der Bahnhofsausgang als auch die Check-in-Schalter, die Sicherheitskontrolle und die Gepäckausgabe befinden sich im nach wie vor gesperrten Hauptgebäude, ebenso wie die weiterhin geschlossenen Läden und Gastronomiebetriebe. All das provisorisch in den Nordpier ein- und später wieder auszubauen, würde Zusatzkosten von knapp sechs Millionen Euro verursachen, was der Aufsichtsrat zunächst nur unter Vorbehalt absegnet. Wegen der notwendigen Genehmigungen durch die Bauaufsicht wird das Vorhaben zunächst auf das Frühjahr 2014 verschoben und gilt inzwischen erst im Herbst 2014 als realisierbar. In der Kreisverwaltung steht man den Mehdorn-Plänen eher skeptisch gegenüber, weil sie die Eröffnung des Gesamtkomplexes noch weiter verzögern würden. Dabei drängt die Zeit, denn im Frühjahr 2015 läuft die Baugenehmigung für den BER ab. Ist er dann noch immer nicht eröffnet, muss das gesamte Genehmigungsverfahren neu eröffnet werden.

Am 29. Juli 2013 kündigte Brandenburgs Ministerpräsident Matthias Platzeck aus gesundheitlichen Gründen zum 28. August seinen Rücktritt von allen politischen Ämtern an. Damit wurde auch der Posten des FBB-Aufsichtsratschefs vakant. Zum Nachfolger wird erneut Klaus Wowereit berufen, den vakant gewordenen Posten des Landes Brandenburg übernimmt Staatssekretär Bretschneider. Von der zunächst geforderten Entpolitisierung an der Spitze des Aufsichtsgremiums ist keine

Rede mehr. Die Kosten für den Bau des Flughafens könnten nach jüngsten Gerüchten auf 4,7 Milliarden Euro steigen.

Zeit für ein ausführlicheres Gespräch mit dem Autor hatte Hartmut Mehdorn nicht. »Machen Sie es nicht zu schlimm mit dem BER«, schrieb er in einer E-Mail. »Das wird ein Super-Airport.« Im Herbst will Mehdorn einen neuen Zeitplan für den Airport vorlegen, »nach Möglichkeit«, wie Staatssekretär Gaebler im Abgeordnetenhaus einschränkte. Für Skeptiker Anlass genug, um zu glauben, dass es auch damit nichts werden wird. Und ob ein neuer Termin, wann auch immer er bekanntgegeben wird, wirklich realistisch ist, wird die Zukunft zeigen. Noch ist das Ende der BER-Geschichte jedenfalls nicht abzusehen.

LITERATURVERZEICHNIS

Artikel in: *Berliner Morgenpost*, *Berliner Zeitung*, BZ, *Der Spiegel*, *Der Tagesspiegel*, *Die Welt*, *Spandauer Volksblatt Berlin*.

Archiv Rainer W. During

Berliner Flughafen-Gesellschaft (Hrsg.): *Gelandet in Berlin. Zur Geschichte der Berliner Flughäfen*. Berlin 1974.

During, Rainer W.: *75 Jahre Berliner Flughafen-Gesellschaft*. Berlin 1999.

During, Rainer W. und Hans von Przychowski: *Die Berliner Flughäfen. Johannisthal, Tempelhof, Gatow, Tegel, Schönefeld*. München 2010.

Flughafen Berlin Brandenburg GmbH: Pressemitteilungen, Geschäfts- und Verkehrsberichte.

Grenzdörfer, Joachim und Karl-Dieter Seifert: *Geschichte der ostdeutschen Verkehrsflughäfen. Die Verkehrsflughäfen und -landeplätze in den neuen Bundesländern von 1919 bis 1995 und in den ehemaligen deutschen Ostgebieten bis 1945*. Bonn 1997.

Przychowski, Hans von: *Luftverkehr in Berlin. Die Flughäfen im Wandel der Zeit 1945–1996*. Berlin 1996.

Przychowski, Hans von: Fehlstart oder Bruchlandung. Zehn Jahre Berlin-Brandenburger Flughafenpolitik 1990–2000. Berlin 2001.

REGISTER